STUDENT ACTIVITIES MANUAL

Manuel Martínez

Ohio Dominican University

Mónica Ayala

Denison University

for

CONEXIONES

Comunicación y cultura

Fourth Edition

Prentice Hall
Upper Saddle River   London   Singapore
Toronto   Tokyo   Sydney   Hong Kong   Mexico City

Acquisitions Editor: Donna Binkowski
Editorial Assistant: Gayle Unhjem
Senior Marketing Manager: Denise Miller
Marketing Coordinator: Bill Bliss
Development Editor: Celia Meana
Development Editor for Assessment: Melissa Marolla Brown
Senior Managing Editor (Production): Mary Rottino
Associate Managing Editor (Production): Janice Stangel
Production Supervision: Nancy Stevenson
Composition/Full-Service Project Management: Natalie Hansen and Sue McKinnon, Black Dot Group
Media/Supplements Editor: Meriel Martínez
Senior Media Editor: Samantha Alducin
Editorial Coordinator/Assistant Developmental Editor: Jennifer Murphy
Senior Operations Supervisor: Brian Mackey
Operations Specialist: Cathleen Petersen
Senior Art Director: Pat Smythe
Art Director/Cover Design: Miguel Ortiz
Publisher: Phil Miller
Printer/Binder: Bind-Rite Graphics
Cover Printer: Bind-Rite Graphics

This book was set in 11/13 Sabon.

10 9 8 7 6 5 4 3 2 1

Prentice Hall
is an imprint of

www.pearsonhighered.com

ISBN 10: 0-205-66426-1
ISBN 13: 978-0-205-66426-9

CONTENTS

Esas modas que van y vienen

Primera parte

¡Así lo decimos! Vocabulario (TEXTBOOK P. 5)

1-1 En familia. Completa las siguientes oraciones usando una variación de cada palabra en itálica. Si necesitas ayuda, consulta la sección llamada **Ampliación** en el libro de texto.

MODELO: En los años 90, la Macarena era uno de los *bailes* más populares. Se <u>*bailaba*</u> en todas las fiestas.

1. La _____ de una moda nueva es muy rápida por la Internet. *Se difunde* en cuestión de horas por todo el mundo.

2. Algunas modas no son muy _____. No *duran* más que unos meses.

3. Muchas veces los diseñadores se _____ porque creen que *la imitación* es una manera de conseguir más ventas.

4. Los jóvenes tienen mucha *influencia* sobre las modas. Ellos _____ en muchos de los nuevos estilos que aparecen cada año.

5. El actor *ha cambiado* su peinado, pero el nuevo _____ no le gustó al público.

1-2 Quiero ser diseñador de moda. Completa lo que dice Pablo sobre sus sueños para el futuro con estas palabras de *¡Así lo decimos!*

destacan	diseñadores	fuera de onda	la influencia	se dieron cuenta de
diseñar	en onda	imitar	realizar	

Yo quiero (1) _____ mi sueño de ser diseñador de moda. Cuando era

niño me gustaba dibujar y (2) _____ ropa nueva. Mis maestros

(3) _____ que tenía mucho talento y me ayudaron a desarrollarlo. A mí no

me gusta (4) _____ o copiar a los (5) _____

famosos como Calvin Klein. Aun así, en mis diseños se puede ver (6) _____

de algunas personas famosas del mundo de la moda. Por ejemplo, me gustan los diseños de Carolina

Herrera, la famosa venezolana. Los míos, como los de ella, se (7) _____ por

su sencillez (*simplicity*) y el uso del color. En realidad, me gustaría ser tan famoso como Óscar de la

Renta. Él logró cambiar la percepción de la moda en Estados Unidos y creó un estilo que era menos

formal, pero que todavía estaba (8) _____. Sobre todo, yo quiero diseñar

ropa con un estilo duradero que nunca esté (9) _____.

1-3 ¿Cuál es la palabra? Escucha las siguientes frases y determina cuál es la palabra de la lista que debes usar para completarla. Escriba la palabra en el espacio correspondiente.

duran	imitar	de moda	diseño	maquillaje	peinado

1. _____   4. _____

2. _____   5. _____

3. _____

1-4 La moda. Pablo reflexiona sobre las cosas importantes en el mundo de la moda. Completa las oraciones con la palabra apropiada. No te olvides de hacer las modificaciones necesarias.

| marca | moda pasajera | modelo | publicidad | pegar fuerte |

1. La _____ en revistas y televisión es muy importante para difundir un nuevo modo de vestir.

2. Se debe contratar (*hire*) una _____ famosa, como Kate Moss, para influir sobre el público.

3. También es importante cuando los diseños _____ y se hacen populares.

4. De esa manera, una _____ puede llegar a ser tan popular como Gucci.

5. No es bueno aceptar inmediatamente una _____ como los pantalones de campaña o los zapatos de plataforma.

1-5 De compras. Ayer Pablo fue de compras. En la narración que vas a escuchar nos cuenta lo que hizo. Después de escuchar, selecciona las palabras o los verbos de la lista que menciona en su narración. ¡OJO! Los verbos pueden estar conjugados.

década	destacar	en boga	fuera de onda	influir
de moda	diseñar	estilo	imitar	publicidad

1-6 ¡Cuidado! Completa cada frase con la forma correcta de una de las siguientes expresiones.

| darse cuenta de | realizar | solo/a | sólo |

1. Cuando los Beatles hicieron su primera gira (*tour*) por Estados Unidos, no _____ que los jóvenes iban a imitar su corte de pelo.

2. Aunque la carita alegre ha durado mucho tiempo, su creador _____ la consideró una creación pasajera.

3. Con el invento del videojuego Pac-Man, Nolan Bushnell _____ su sueño de crear el primer videojuego de gran éxito comercial.

4. Con el teléfono celular, los viajeros nunca se sienten _____.

¡Así lo hacemos! Estructuras

1. The preterit tense (TEXTBOOK P. 7)

1-7 Julio Verne. A Pablo le encantan las obras de Julio Verne, el padre de la ciencia ficción. Ayuda a Pablo a completar la cronología de la vida de Julio Verne. Completa las oraciones con el pretérito de uno de los verbos entre paréntesis.

Este gran escritor (1) _____ (nacer/vivir) el 8 de febrero de 1828 en

Nantes, Francia. En 1847, su padre lo (2) _____ (enviar/pedir) a París

para que estudiara leyes. Pero a Verne sólo le gustaba la literatura, y en 1850

(3) _____ (comprar/publicar) su primera obra de teatro. Verne

(4) _____ (escribir/llevar) su primera novela, *Un viaje en globo,* en 1851.

Esta novela le (5) _____ (entregar/traer) a Verne un éxito, que

(6) _____ (ser/tener) incrementando durante toda su vida. Julio Verne

(7) _____ (dormir/morir) el 24 de marzo de 1895 en Amiens, Francia.

Muchas personas piensan que Julio Verne, además de ser un gran escritor,

(8) _____ (estar/ser) un visionario del futuro. El 31 de julio de 1935 se

(9) _____ (fundar/visitar) La Sociedad Julio Verne en París. En 1999 se

(10) _____ (añadir/crear) el nombre de Julio Verne al prestigioso Salón de

la Ciencia Ficción y la Fantasía. Verne (11) _____ (empezar/lograr)

escribir 65 novelas de ciencia ficción que se han traducido a muchos idiomas y vivirán para siempre

en nuestra imaginación.

1-8 Cómo se llega a ser diseñador. Ricardo es un joven diseñador de moda. Escucha su relato tantas veces como sea necesario y completa cada frase con el verbo apropiado. Debes cambiar el verbo de primera a tercera persona.

MODELO: Yo comí y bebí mucho.

              Él *comió* y *bebió* mucho.

1. Ricardo _____ y _____ en Nicaragua.

2. Él _____ en la Universidad Centroamericana.

3. En 2001 se _____ en diseño de moda.

4. En la universidad Ricardo _____ muchas cosas interesantes.

5. Él participó en concursos en la universidad; por eso _____ ideas valiosas.

6. Por mucho tiempo _____ que un día llegaría a crear algo importante.

7. Ricardo nunca se _____ que ganaría tanto dinero con su talento.

1-9 Un cumpleaños a la moda. Alicia, la hermana de Pablo, habla de la fiesta de disfraces (*costume party*) que hizo en su casa para celebrar su cumpleaños. Completa su relato con el pretérito de los verbos de la lista.

disfrazarse	ser	tener

El día 18 de febrero de 2007 mis amigos y yo (1) _____ una fiesta de disfraces

en mi casa para celebrar mi cumpleaños. (2) _____ una fiesta muy divertida,

porque todos los invitados (3) _____ de personajes reales o de ficción del pasado.

asustarse	maquillarse	ponerse	vestirse

Yo (4) _____ la cara como Marilyn Monroe y (5) _____ una

peluca rubia. Mi amigo Jeremías (6) _____ de E.T., el extraterrestre, y todos

(7) _____ mucho al verlo.

| ganar | gustar | sorprenderse | traer | venir |

De hecho, él (8) _____ el premio al mejor disfraz de la fiesta. Mi novio Enrique

(9) _____ a la fiesta vestido como Joe DiMaggio. Él (10) _____

una pelota de béisbol auténtica, firmada por el propio DiMaggio. Yo (11) _____

mucho al verlo, porque él había mantenido en secreto su disfraz durante semanas.

¡Nos (12) _____ mucho la idea de ser una pareja famosa sólo por una noche!

1-10 Una conversación sobre el pasado. A continuación escucharás una entrevista con el legendario Óscar de la Renta. Escucha la grabación tantas veces como sea necesario, y después indica si es **Cierto** o **Falso** lo que dijo durante la entrevista.

1. Nació en la República Dominicana.   Cierto   Falso

2. Tuvo una niñez muy difícil.   Cierto   Falso

3. Estudió derecho en España.   Cierto   Falso

4. En España se interesó por la moda y el diseño.   Cierto   Falso

5. Fue discípulo de Cristóbal Balenciaga.   Cierto   Falso

6. Trabajó en Canadá.   Cierto   Falso

7. Óscar de la Renta fundó una compañía con Carolina Herrera.   Cierto   Falso

1-11 Ordena la historia. A Alicia le encanta la historia del Siglo XX. Para ayudarla a reescribir la siguiente información, coloca las oraciones en orden cronológico y escribe los verbos en el pretérito. Sigue el modelo con cuidado.

- El Reverendo Martin Luther King, Jr., **pronunciar** su famoso discurso *Tengo un sueño*. [1963]

- **Estallar** la Primera Guerra Mundial. [1914]

- **Caer** el muro de Berlín. [1989]

- **Comenzar** la Segunda Guerra Mundial. [1939]

- El hombre **llegar** a la luna por primera vez. [1969]

- Albert Einstein **postular** la teoría de la relatividad. [1919]

- Diana, la princesa de Gales, **morir** en Francia. [1997]

- **Iniciarse** la Perestroika en la antigua Unión Soviética. [1987]

- Los bolcheviques **ganar** la Revolución Rusa. [1917]

- Nelson Mandela **ser** elegido presidente de Sudáfrica. [1994]

MODELO: *Estalló la Primera Guerra Mundial en 1914.*

1. _____

2. _____

3. _____

4. _____

5. _____

6. _____

7. _____

8. _____

9. _____

1-12 Estoy furiosa. Mariana llama a su amiga Lina para contarle sus problemas sentimentales. Escucha la grabación cuantas veces sea necesario, y completa las oraciones con uno de los dos verbos entre paréntesis. Debes escribir el verbo en el pretérito.

1. Enrique _____ (salir de/ir a) la fiesta en casa de Patricio.

2. En la fiesta, Enrique _____ (conocer/ver) a Rolando.

3. Rolando y una chica _____ (pelearse en/llegar juntos a) la fiesta.

4. Rolando _____ (bailar/divertirse) mucho con esa chica.

5. Enrique le _____ (decir/esconder) muchas cosas a Lina, y ahora ella tiene muchos celos.

2. The imperfect tense (TEXTBOOK PP. 14–16)

1-13 Carolina Herrera. Alicia quiere saber más sobre Carolina Herrera, que tanto inspiró a su hermano Pablo. Lee el texto. Después completa las frases con la información correcta para formar oraciones lógicas.

> Carolina Herrera, la diseñadora venezolana, tenía ya desde niña gran interés en desarrollar su creatividad, la cual la llevaría a la cima del mundo de la moda. Cuando era niña, le encantaba usar su imaginación mientras jugaba entre las flores del jardín de su casa. Sus padres le daban constante apoyo, y también inspiraban en ella un sentido de disciplina que le serviría durante toda su vida.
>
> Mientras vivía en Caracas, Venezuela, Carolina estudiaba en una escuela británica y fue ahí donde aprendió a hablar inglés. Cuando ella tenía doce años, la familia se mudó por un tiempo a Nueva York, y Carolina pudo así conocer esa maravillosa ciudad.
>
> Fue en 1980 cuando Carolina lanzó su primera colección. Esa colección tuvo tanto éxito que su familia se mudó a Nueva York para estar con ella y apoyarla en su carrera. En 1988 Carolina añadió un perfume a su línea de productos. Años más tarde añadió más perfumes a su colección; el último, en colaboración con su hija Carolina Adriana.

1. _____ Carolina Herrera sentía gran interés   a. en Nueva York.

2. _____ A Carolina le gustaba jugar   b. en desarrollar la creatividad.

3. _____ Sus padres le ofrecían   c. perfumes a su línea de productos.

4. _____ Cuando era niña practicaba   d. su carrera en Nueva York.

5. _____ Ella vivía   e. el inglés.

6. _____ Ella continuó   f. apoyo.

7. _____ Carolina Herrera añadió   g. entre las flores.

1-14 Carolina de niña. Un reportero está escribiendo un artículo sobre lo que hacía Carolina Herrera cuando era niña. Usando la siguiente información, narra una historia oralmente sobre sus gustos y preferencias.

usar su imaginación	comer dulces con sus hermanos
vestirse con ropa elegante	inventar juegos para jugar con sus amigos
estudiar inglés en Venezuela	preferir estar en el jardín

1-15 Los Beatles en la televisión. La abuela de Alicia le cuenta qué pasó cuando los Beatles aparecieron en el programa de Ed Sullivan por primera vez. Completa su narración con el imperfecto de los verbos entre paréntesis.

(1) _____ (Ser) de noche cuando se emitieron las primeras imágenes de

esos muchachos ingleses sobre los cuales habíamos leído. Los jóvenes que vieron por la televisión el

programa de Ed Sullivan (2) _____ (estar) en sus casas o en las casas de sus

amigos. Hay que recordar que no todo el mundo (3) _____ (tener)

televisión en casa. En mi casa (4) _____ (haber) un televisor en blanco y

negro pequeño, pero (5) _____ (funcionar) muy bien. Recuerdo que

mis vecinos a veces (6) _____ (venir) a mi casa por la tarde para ver las

noticias, porque ellos no (7) _____ (poder) comprarse un televisor.

Mis amigas (8) _____ (estar) muy emocionadas al ver y oír a Paul,

John, George y Ringo por primera vez. Les (9) _____ (parecer) un sueño

o una visión. Yo también (10) _____ (pensar) lo mismo.

1-16 Un accidente automovilístico. Hace muchos años en la ciudad de Caracas, Venezuela, hubo un horrible accidente automovilístico. A continuación escucharás el relato de una testigo de este accidente. Escucha la grabación cuantas veces sea necesario y escribe un resumen del relato usando el imperfecto. Necesitas cambiar los verbos de primera a tercera persona.

_____

_____

_____

_____

_____

_____

1-17 Preguntas a un diseñador. Imagínate que estás escuchando un programa de radio en el que el público llama y le hace preguntas a la persona invitada. En este caso es un joven diseñador de moda. Escucha las preguntas y durante las pausas escribe las respuestas que crees que el diseñador daría. No te olvides que debes conjugar el verbo y usar oraciones completas al contestar.

MODELO: ¿Dónde vivía cuando tenía diez años?

Vivía en Madrid con mis padres y mis abuelos.

1. _____

2. _____

3. _____

4. _____

5. _____

1-18 Expediente X. Alicia y su abuela están viendo un episodio de su serie favorita: *Expediente X*. En el episodio de hoy, Scully está entrevistando a una persona que asegura que tuvo una experiencia en el más allá. Completa el diálogo con el imperfecto de los verbos entre paréntesis.

SCULLY: Los médicos dicen que mientras lo (1) _____ (operar), usted

pasó unos minutos sin mostrar señales de vida. Yo (2) _____

(querer) hacerle unas preguntas sobre lo que recuerda de esta experiencia.

PACIENTE: Bueno, mientras yo (3) _____ (dormir) bajo los efectos de

la anestesia, (4) _____ (soñar) que

(5) _____ (caminar) por un largo pasillo.

SCULLY: ¿Cómo (6) _____ (ser) ese pasillo que usted vio?

PACIENTE: Me (7) _____ (parecer) muy estrecho y oscuro.

SCULLY: ¿(8) _____ (Haber) algo al final del pasillo?

PACIENTE: Sí, me acuerdo de que me (9) _____ (atraer) una luz muy

fuerte al fondo del pasillo. Allí se (10) _____ (ver) una

sombra que me (11) _____ (llamar) cuando de repente la luz se

apagó y me desperté.

SCULLY: ¿Recuerda usted qué hora (12) _____ (ser) cuando se despertó?

PACIENTE: No, lo siento, no me acuerdo… pero puede preguntarles a los médicos.

SCULLY: De acuerdo. Muchas gracias por su tiempo y su colaboración.

Nombre: _____ Fecha: _____

Conéctate

1-19 Menudo. Menudo es un grupo que ha cambiado de acuerdo con el tiempo y sus modas. Los miembros del grupo han representado estos cambios en la manera de vestirse y de cantar de acuerdo a la época. Ve a la Internet y busca un video de los años iniciales de Menudo y uno más reciente de uno de sus ex miembros más famosos, Ricky Martin. Luego escribe un ensayo para comparar la manera de vestir, cantar y cualquier otro aspecto que quieras destacar, entre los dos videos. Usa el pretérito y el imperfecto en tu respuesta.

_____

_____

_____

_____

_____

_____

_____

Segunda parte

¡Así lo decimos! Vocabulario (Textbook p. 21)

1-20 En familia. Completa las siguientes oraciones con una variación de la palabra en itálica. Si necesitas ayuda, consulta la sección llamada **Ampliación** en el libro de texto.

MODELO: Según las revistas de automóviles, hay ciertos modelos que no son muy _duraderos_, y otros que _duran_ muchos años.

1. —¿Cuál es tu _____: un auto descapotable o un vehículo utilitario deportivo?
   —_Prefiero_ el vehículo utilitario deportivo.

2. Cuando cumplió veinte años, mi hermano _____ cinco mil dólares en el auto de sus sueños. Para él, fue un _gasto_ muy grande.

3. —¿En qué año dejaron de _____ el Porsche 356?
   —Creo que fue en 1965. Antes lo hacían a mano en una _fábrica_ en Austria.

4. El _____ del automóvil fue uno de los más importantes del Siglo XX. Fue _inventado_ por un ingeniero alemán.

1-21 Un gran paso para la humanidad. Patricia y tú están leyendo un artículo sobre la llegada del hombre a la luna. Completa las oraciones con palabras de *¡Así lo decimos!*

apodo	auto compacto	espacioso	manejaron	todoterreno
auto	convertible	kilómetros por hora	novedad	velocidad

El 31 de julio de 1971, un vehículo muy extraño apareció sobre la superficie de la luna. A bordo de la nave espacial del proyecto Apolo 15 había un (1) _____ muy especial. Se trataba del primer (2) _____ extraterrestre (*extraterrestrial*). El vehículo se llamaba "*lunar rover*" pero su (3) _____ era "*moon buggy*". Este vehículo fue diseñado por Boeing en su fábrica de Kent, en el estado de Washington. Era un concepto nuevo y estaba considerado una (4) _____. Fue diseñado pequeño para su largo viaje a la luna; era un verdadero (5) _____. No usaba gasolina, era eléctrico y tenía una (6) _____ máxima de trece.

(7) _____. El "*lunar rover*" no tenía techo (*roof*), es decir que era un

(8) _____. Necesitaba ser muy (9) _____ porque los astronautas David Scott y James Irwin llevaban sus trajes espaciales. Los astronautas pasaron un total de tres días en la luna y (10) _____ mucho. De hecho, en un sólo día lograron llegar a cinco kilómetros de distancia de la nave espacial.

1-22 El auto ideal. Imagínate que ganaste un concurso (*contest*) y una fábrica de autos va a diseñar un auto especial para ti. Utilizando al menos ocho de las palabras y expresiones de *¡Así lo decimos!,* escribe una pequeña composición sobre el auto que van a fabricar.

El auto de mis sueños es…

_____

_____

_____

_____

_____

_____

_____

1-23 Asociaciones. Selecciona la palabra o frase que no se pueda asociar lógicamente con las otras dos.

1. conducir   gastar   manejar

2. el apodo   el exterior   el interior

3. espacioso   gastado   lujoso

4. el dueño   la tracción a cuatro ruedas   las bandas decorativas

5. el todoterreno   el vehículo deportivo utilitario los kilómetros por hora

1-24 ¿Lógico o ilógico? Después de escuchar las frases, decide si son **lógicas** o **ilógicas**.

1. lógico   ilógico   4. lógico   ilógico

2. lógico   ilógico   5. lógico   ilógico

3. lógico   ilógico

1-25 ¡Cuidado! Escribe oraciones para indicar cuándo fue la última vez que te ocurrieron estas cosas o si te pasaron (*happened*) alguna vez.

dejar	dejar de + infinitivo	dejar + infinitivo

MODELOS: llaves: *Anoche dejé mis llaves en casa.*

o

fumar: *Dejé de fumar el año pasado.*

o

tus padres/comprar tu primer auto: *Mis padres me dejaron comprar mi primer auto cuando empecé a estudiar en la universidad.*

Algunas posibilidades:

Acciones
un policía/exceder el límite de velocidad
usar tu móvil en tu auto
tus padres/darte dinero para la gasolina
pedir direcciones
tus amigos/escuchar música *country* mientras
   conducías
un amigo/conducir tu auto
¿ ... ?

Objetos
tarjeta de seguro
tarjeta de crédito
licencia de conducir
llaves
auto

teléfono móvil
¿ ... ?

_____

_____

_____

_____

_____

_____

_____

_____

_____

Nombre: _____ Fecha: _____

¡Así lo hacemos! Estructuras

3. Preterit vs. imperfect (Textbook pp. 24–25, 28)

 1-26 Identificar. Escucha cada frase y decide qué verbos están en el pretérito y cuáles en el imperfecto. Luego escríbelos en la columna correspondiente.

MODELO: Cuando llegó la ambulancia, yo pensaba qué hacer.

<u>Pretérito</u>   <u>Imperfecto</u>

llegó   *pensaba*

1. _____   _____

2. _____   _____

3. _____   _____

4. _____   _____

5. _____   _____

1-27 Henry Ford. Tienes que hacer un resumen de la juventud de Henry Ford para tu clase de historia. Elige entre el pretérito y el imperfecto de los verbos en paréntesis.

Henry Ford (1) (nació/nacía) en Dearborn, Michigan, el 30 de julio de 1863. Su familia

(2) (tuvo/tenía) una granja donde él (3) (vivió/vivía) con sus padres y sus hermanos. Desde muy

temprana edad le (4) (gustó/gustaba) la mecánica. De hecho Henry normalmente (5) (reparó/reparaba)

los relojes de sus vecinos. Todo (6) (cambió/cambiaba) el día que se (7) (murió/moría) su madre en

1876. A pesar de que su padre (8) (esperó/esperaba) que Henry se quedara en la granja, el joven

(9) (se mudó/se mudaba) a Detroit para buscar trabajo. En esa ciudad, él (10) (fue/era) empleado de

varias compañías. También en Detroit, Henry Ford (11) (conoció/conocía) a Clara Ala Bryant, su

futura esposa. Ellos (12) (se casaron/se casaban) en 1888. Henry y Clara (13) (tuvieron/tenían) un sólo

hijo, Edsel Bryant Ford. A Henry Ford le (14) (fue/iba) muy bien en su carrera profesional, y el 16 de

junio de 1903 él (15) (fundó/fundaba) la Ford Motor Company. Pasaron los años y la compañía

(16) (tuvo/tenía) éxito. En octubre de 1908 Henry Ford (17) (introdujo/introducía) al mercado el

primer auto Modelo T. Fue justamente con la introducción de este auto innovador que la sociedad

(18) (empezó/empezaba) a cambiar. Este fenómeno (19) (transformó/transformaba) para siempre al

mundo. Henry Ford (20) (vivió/vivía) hasta los 83 años.

Nombre: _____ Fecha: _____

1-28 La sociedad del Siglo XX y el transporte. Tu compañero/a de clase y tú tienen que hacer una investigación para la clase de sociología sobre el impacto de los autos en la sociedad. Completa este texto con el pretérito o el imperfecto del verbo entre paréntesis.

Durante el Siglo XX, (1) _____ (aparecer) en todo el mundo numerosas

innovaciones automovilísticas. El trepidante desarrollo del auto que (2) _____

(tener) lugar desde finales del Siglo XIX hasta finales del XX (3) _____

(cambiar) la vida, la sociedad, la forma de viajar y también (4) _____

(transformar) la forma de trabajar. El cambio social (5) _____ (ser)

dramático. De esta y otras maneras, en el Siglo XX se (6) _____ (agilizar) el

ritmo de los cambios sociales para transformar un mundo que (7) _____

(necesitar) adaptarse a un medio cada vez más y más moderno.

El auto en el Siglo XX (8) _____ (hacer) posible una mayor movilidad

de la población. Por primera vez, una familia media (9) _____ (tener)

la posibilidad de visitar lugares que antes (10) _____ (ser) imposible

conocer. Este (11) _____ (ser) sólo uno de los aspectos que

(12) _____ (influir) enormemente en la sociedad de principios del

Siglo XX, pero que también sigue influyendo hoy en día.

1-29 Hechos del Siglo XX. Escucha las siguientes oraciones tantas veces como sea necesario e identifica si los verbos están en el pretérito o en el imperfecto. Después, explica la razón de tu elección. Algunas oraciones tienen más de un verbo.

MODELO: Eran las tres de la tarde del 21 de abril de 1997 cuando España envió por primera vez el minisatélite Minisat-01 al espacio.

Eran: imperfecto, porque se refiere a la hora. Envió: pretérito, porque se refiere a un momento específico.

1. _____

2. _____

3. _____

4. _____

5. _____

1-30 En mis propias palabras. Vuelve a escuchar la grabación que corresponde al ejercicio anterior. Primero identifica cuál es el infinitivo de los verbos que están en el pretérito o el imperfecto. Luego escribe una reacción lógica o un comentario a cada oración, usando el pretérito y/o el imperfecto.

MODELO: Eran las tres de la tarde del 21 de abril de 1997 cuando España envió por primera vez el minisatélite Minisat-01 al espacio.

Fue un día importante para el mundo de las comunicaciones en España.

1. _____

2. _____

3. _____

4. _____

5. _____

Nombre: _____   Fecha: _____

1-31 El Siglo XX y la revolución en la música. Lee el siguiente artículo sobre uno de los acontecimientos sociales más significativos del Siglo XX y escribe la forma correcta del pretérito o imperfecto de los verbos entre paréntesis.

En el Siglo XX (1) _____ (ocurrir) varias revoluciones como la de

los bolcheviques en 1917 o la cubana en 1959. Pero no todas las revoluciones del Siglo XX

(2) _____ (ser) políticas o violentas. La música popular

(3) _____ (cambiar) mucho en el Siglo XX. Al final del Siglo XIX y al

comienzo del XX la música normalmente se (4) _____ (escuchar) en

conciertos y clubes. Esa tendencia (5) _____ (empezar) a cambiar con

la invención del fonógrafo de Thomas Edison. Por primera vez, una familia

(6) _____ (poder) escuchar música en su casa sin tener que contratar

músicos. Los primeros fonógrafos (7) _____ (tener) forma de

cilindro, pero en 1929 los fonógrafos (8) _____ (ser) reemplazados

definitivamente por los discos. El nuevo medio de comunicación (9) _____

(hacer) posible que el público conociera a una mayor variedad de artistas. La invención de la radio

(10) _____ (favorecer) la creación de "estrellas"; ídolos como Frank

Sinatra (11) _____ (lograr) mucha popularidad. La música popular se

(12) _____ (convertir) en un fenómeno global. A pesar de la popularidad

de los artistas, normalmente ellos no (13) _____ (tener) que presentarse en

persona. Con la invención de la televisión, los artistas (14) _____ (tener)

que ser más visuales en sus representaciones. Las revoluciones en la electrónica y la computación

también (15) _____ (afectar) la música popular. Esto ha hecho posible la

experimentación y la mezcla de diferentes estilos de música. Hoy en día, la música popular sigue

cambiando.

¡Así lo expresamos!

Imágenes

1-32 La moda y el estilo. La moda y el estilo no solamente cambian de una época a otra sino que también varían de región a región o de país a país. Visita la página web de El Corte Inglés, y explora una sección o unas secciones que te interesen. Después, escribe un párrafo para comparar las diferencias y similitudes entre algún producto que se venda en España y el mismo producto en Estados Unidos. ¿Qué diferencia ves entre el estilo y diseño del producto español y el norteamericano? Por ejemplo, ¿pueden observarse diferencias en los vestidos de mujer? ¿Hay alguna diferencia o similitud entre la ropa deportiva española y la norteamericana?

_____

_____

_____

_____

_____

_____

Ritmos

1-33 Un *rap*. ¿Escribiste alguna vez un poema o una canción? ¿Intentaste alguna vez escribir una canción de *rap*? María Isabel López creó algo nuevo cuando escribió su *rap* flamenco. Tú también puedes crear algo nuevo y no parecerte "a nadie" como dijo María Isabel. Visita la Internet y busca consejos para escribir un *rap*. Luego, ve a la página web de YouTube y busca videos de *rap* en español para inspirarte. Al final, escribe tu propio *rap*. Intenta usar el pretérito y el imperfecto según el contexto.

_____

_____

_____

_____

_____

_____

Páginas

1-34 Antes de leer. Para entender mejor la información que vas a leer sobre la historia de los autos y la música, contesta las siguientes preguntas.

1. ¿Tienes auto?

   _____

   _____

2. ¿Qué tipo de música prefieres?

   _____

   _____

3. ¿Te gusta escuchar música mientras manejas?

   _____

   _____

4. ¿Crees que escuchar música mientras manejas es peligroso (*dangerous*)? ¿Por qué?

   _____

   _____

1-35 A leer. Ahora lee el artículo y estudia las palabras y expresiones que siguen. Después completa las oraciones con las expresiones del vocabulario clave.

Hacia la autopista de la música

Los autos y la música tienen una larga asociación. Se sabe que los primeros autos, parecidos a los que tenemos hoy en día, se fabricaron en el Siglo XIX. El primer modelo, que funcionó a base de gasolina y que tuvo éxito, fue fabricado por Charles Edgar Duryea en 1893. En aquel entonces, los autos eran sencillos y no muy lujosos. Aun así despertaron la imaginación popular de los que leían sobre ellos y mucho más de los que tuvieron la suerte de verlos. Esta fascinación con los coches influyó en la música popular. La primera canción con una letra que se refería a los coches se titulaba *The Auto Man*. Esta canción estableció una conexión entre el coche y un cierto nivel social de sofisticación. A pesar de esto, el automóvil de esa época tenía una tendencia a tener problemas mecánicos y esto se reflejaba en canciones humorísticas como *Get Out and Get Under* de 1913. Estos problemas mecánicos dejaban a veces solos al dueño del carro y su pasajera. Estas oportunidades románticas se convirtieron en temas de canciones como *Up and Down the Eight Mile Road* de 1926. Pero las canciones no solamente servían de entretenimiento, sino también de publicidad. Las canciones se convirtieron en una manera de informar al público sobre las nuevas marcas de carros que se estaban fabricando. La canción *In My Merry Oldsmobile* es un buen ejemplo de esto. Las canciones anunciaban hasta cambios de modelo. Por ejemplo, la canción *Henry's Made a Lady Out of Lizzie* marcó la transición entre el Modelo T y el Modelo A de Ford en 1928. En el título de la canción, el apodo *Lizzie* se usa para referirse al Modelo T.

En los años 30, la relación entre el auto y la música cambió para siempre. Fue durante esa década que los primeros radios se instalaron en los autos. Esa novedad pudo realizarse gracias a la Galvin Manufacturing Corporation. Los dueños de la compañía eran los hermanos Paul y Joseph Galvin. Ellos hicieron posible la instalación de un radio en un auto al lograr fabricar un aparato que podía funcionar a base de la corriente eléctrica producida por un coche. El primer tocadiscos en un coche lo ofreció Chrysler en 1956. El primer casete en un carro apareció en el mercado en 1964. Hoy en día, el simple radio de antaño ha sido reemplazado por aparatos sofisticados, con los cuales no solamente se puede escuchar música, sino también ver películas, jugar videojuegos o navegar en la Red.

Después de más de cien años de historia en común, el público sigue fascinado por los autos y su música. Tal y como en sus primeros días, esta fascinación se sigue reflejando en la música popular. De hecho, algunas canciones han logrado tanta fama como los modelos de los carros más icónicos. Uno puede pensar en canciones como *409* de los Beach Boys, *Back Seat of My Car* de Paul McCartney o inclusive *Born to be Wild* de Steppenwolf. A veces, hasta las marcas mismas todavía aparecen en los títulos de las canciones. Ese es el caso de *Cadillac Ranch* de Bruce Springsteen, *Cadillac* de Bo Diddley o *Cowboy Cadillac* de Garth Brooks.

El futuro diseño de los autos no se puede predecir, pero lo que sí se puede decir con seguridad es que la fascinación del público por los autos y la música continuará existiendo.

antaño	*days gone by*	relación	*relationship*
entretenimiento	*entertainment*	sencillo	*simple, plain*
icónico	*iconic*	suerte	*luck*
letra	*lyrics*	tema	*subject*

1. ¿Está pasada de moda la música de _____?

2. El Corvette es un modelo de auto _____.

3. La música es una forma de _____ que es muy popular.

4. Yo prefiero la _____ de las canciones románticas.

5. A mí no me gustan los autos lujosos. Yo prefiero tener un auto _____.

6. Mi amigo Juan ganó la lotería. ¡Qué buena _____ tiene!

7. El _____ del artículo que leímos es la música y los autos.

8. Entre la música y los autos existe una _____ interesante.

1-36 Después de leer. Basándote en lo que has leído en el artículo anterior sobre los autos y la música, determina si las siguientes afirmaciones son **Ciertas** o **Falsas.**

1. Los primeros autos en Estados Unidos eran lujosos.   Cierto   Falso

2. La primera canción con una letra referente al auto se llamaba *The Auto Man.* Cierto   Falso

3. Las canciones se usaban como publicidad para las marcas de autos.   Cierto   Falso

4. El apodo del Modelo A era *Lizzie.*   Cierto   Falso

5. Los primeros radios se instalaron en los autos en los años 40.   Cierto   Falso

6. El primer casete en un auto se ofreció en el mercado en 1964.   Cierto   Falso

7. *Born to Be Wild* es una canción de Paul McCartney.   Cierto   Falso

Taller

1-37 Antes de escribir. Imagínate que eres un nuevo equipo de entretenimiento para usar en un auto. Piensa en tus características y tus funciones. ¿Cómo has evolucionado? Haz una lista cronológica de los sucesos (*events*) más importantes en tu invención y en tu evolución.

_____   _____

_____   _____

_____   _____

1-38 A escribir. Ahora escribe, en primera persona, la historia de tu invención, tus características físicas y tus usos. Cuenta los cambios por los que has pasado desde un simple radio para auto hasta convertirte en lo que eres hoy. Para terminar tu historia escribe un párrafo en el que describas tu importancia en los autos de hoy.

_____

_____

_____

_____

_____

_____

_____

La tecnología y el progreso

Primera parte

¡Así lo decimos! Vocabulario (TEXTBOOK P. 41)

2-1 En familia. Completa las siguientes oraciones usando una variación de cada palabra en itálica. Si necesitas ayuda, consulta la sección llamada *Ampliación* en el libro de texto.

MODELO: Se dice que la nuestra es una sociedad que *desecha* casi todo lo que usa. Los <u>desechos</u> de plástico representan una de las fuentes más problemáticas para la conservación del medio ambiente.

1. Los *contaminantes* causan mucho daño en la salud de la gente joven. Pueden

    _____ el aire, el agua y la tierra.

2. Muchas ciudades tienen un programa de _____ obligatorio. Usan

    camiones especiales que recogen las latas, el papel y el cristal para llevarlos a *reciclar*.

3. Muchas sustancias químicas contribuyen a la *destrucción* de la capa de ozono. Se dice que para

    el año 2020 la zona encima del Polo Sur estará totalmente _____.

4. Es necesario proteger los animales en peligro de _____ antes de que se

    extingan por completo.

5. Los veranos _____ en el hemisferio norte pueden apuntar al

   calentamiento global.

6. La *conservación* del medio ambiente es la meta de varias organizaciones ecológicas. Esperan

   _____ los recursos de la Tierra para futuras generaciones.

2-2 Campañas ecológicas. Un grupo de activistas ha propuesto varias campañas para proteger el medio ambiente. Completa las ideas con palabras y expresiones de la siguiente lista.

basura	combustibles	humo
bosques	desechos	plomo

1. Pedir a las industrias que reduzcan la producción de _____ tóxicos.

2. Proponer el uso de energía limpia en lugar de _____ tales como el

   petróleo o el carbón.

3. Emprender programas de reciclaje con el fin de limitar la cantidad de

   _____.

4. Establecer un sistema para la eliminación de la pintura que contiene

   _____.

5. Participar en manifestaciones contra la deforestación de los _____

   tropicales.

6. Reducir la contaminación del aire por _____ a través de incentivos para

   el uso del transporte público.

2-3 ¿Cuál no pertenece? Selecciona la palabra que no pertenece al grupo.

1. basura   desecho   fuentes   humo

2. conservación extinción   contaminación destrucción

3. petróleo   carbón   combustible   selva

4. reciclar   destruir   conservar   renovar

5. selva   bosque   capa de ozono contenedor

Nombre: _____ Fecha: _____

2-4 Nuestro mundo. Escucharás un programa de radio sobre el medio ambiente. Después de escucharlo, completa lógicamente cada oración con palabras de *¡Así lo decimos!* que hayas escuchado.

1. Si seguimos estos consejos podremos _____ la destrucción del medio

   ambiente.

2. Debemos hacer todo lo posible para que las especies de animales no lleguen al peligro de

   _____.

3. Cuando veamos a un animal herido, lo debemos _____.

4. El plástico no se debe _____.

5. Mejoraremos nuestro _____ si seguimos estos consejos.

2-5 Predicciones. Uno de los invitados a un programa de radio sobre el medio ambiente hace predicciones acerca de la mejora de las condiciones ambientales. En la siguiente grabación escucharás una serie de frases que hablan del futuro de la tecnología y del medio ambiente. Escúchala cuantas veces sea necesario y luego completa las oraciones con las palabras de *¡Así lo decimos!* que escuchaste.

1. _____ no afectará más a los agricultores.

2. Todas las personas del mundo podrán tener agua _____.

3. _____ desaparecerá.

4. Habrá una máquina que eliminará _____ del aire.

5. _____ será muy barato porque nadie lo usará.

2-6 Una búsqueda ambiental. En el siguiente diagrama, busca palabras relacionadas con el medio ambiente en sentido horizontal, vertical y diagonal.

ambiental	calentar	desechar	potable	renovar
basura	contenedor	dificultar	reciclar	rescatar
bosque	cristal	plomo	recogida	selva

```
D  C  R  E  S  C  A  T  A  R  S  J  K  Ñ  I
P  X  Z  G  P  O  M  H  D  E  Q  I  S  T  X
D  G  N  Y  Y  N  C  R  I  S  T  A  L  W  W
I  U  C  L  H  T  B  E  G  X  Z  F  S  H  E
F  N  E  L  J  E  L  L  W  D  R  A  Z  U  D
I  D  Z  Z  V  N  Ñ  U  T  Ñ  D  O  Q  E  L
C  T  Y  K  O  E  D  I  S  I  V  S  U  I  L
U  Q  H  X  F  D  F  R  G  W  O  D  P  R  W
L  Y  R  G  F  O  M  O  E  B  Q  E  V  O  N
T  W  C  N  W  R  C  V  V  C  J  S  Z  L  P
A  A  M  B  I  E  N  T  A  L  I  E  M  Y  C
R  I  A  E  R  S  U  D  X  R  Q  C  L  X  K
A  Q  B  D  Q  T  Y  H  H  E  D  H  L  D  W
E  Z  I  H  V  S  L  Y  F  N  H  A  A  A  Q
W  I  Q  N  T  R  K  X  Ñ  O  I  R  V  W  R
N  U  S  P  L  O  M  O  D  V  G  H  B  A  Y
E  A  E  C  A  L  E  N  T  A  R  Ñ  A  R  Z
H  W  L  S  T  B  A  S  U  R  A  N  T  U  R
L  M  V  U  S  R  P  O  T  A  B  L  E  N  G
Y  X  A  I  J  F  F  Q  G  Y  I  N  I  J  L
```

2-7 ¡Cuidado! Completa las oraciones con la forma correcta de **un poco de, pocos/as, poco/a, pequeño/a** según el contexto.

Con (1) _____ buena voluntad, la mayoría de los problemas del medio

ambiente se pueden resolver. Hay cosas (2) _____ que todos podemos

hacer. Por ejemplo, tener un carro (3) _____ y usarlo

(4) _____ . ¡Pero (5) _____ personas tienen

ganas de hacer este sacrificio!

¡Así lo hacemos! Estructuras

1. Uses of *ser, estar,* and *haber* (Textbook pp. 45–47)

2-8 La contaminación atmosférica. Luis hace una lista de problemas medioambientales actuales. Completa la lista con la forma correcta del presente de **ser, estar** o **haber.**

1. La temperatura de la Tierra (es, está, hay) aumentando como consecuencia del efecto invernadero.

2. (Es, Está, Hay) una concentración excesiva de óxidos de carbono en la capa inferior de la atmósfera.

3. La lluvia ácida (es, está, hay) un resultado de la contaminación del aire.

4. Hoy (es, está, hay) muchas especies en peligro de extinción a causa de la contaminación del aire, de la tierra y del agua.

5. Los vehículos automotores (son, están, hay) unos de los mayores productores de *smog*.

6. En las grandes ciudades (es, está, hay) zonas industriales contaminadas por desechos tóxicos.

7. El humo de los cigarrillos (es, está, hay) dañino para el organismo de los fumadores y de las personas a su alrededor.

8. El aire de los centros urbanos (es, está, hay) lleno de contaminantes como el monóxido de carbono.

2-9 Lluvia de contaminantes. Escucharás una noticia acerca de la contaminación del lago Cocibolca en un programa de radio. Después de escucharla, indica si las siguientes oraciones son **Ciertas** o **Falsas**.

1. El lago Cocibolca es más grande que el lago Titicaca.	Cierto	Falso
2. En este momento hay peligro de que el lago Cocibolca se contamine tanto como el Xolotlán.	Cierto	Falso
3. El Xolotlán es una fuente importante de agua potable para Granada.	Cierto	Falso
4. En la costa de Granada no hay contaminación.	Cierto	Falso
5. El Cocibolca está contaminado por desechos industriales y urbanos.	Cierto	Falso
6. La única manera de prevenir más contaminación de este lago es educar a la población.	Cierto	Falso

2-10 Una organización ecológica. Tu compañero/a de cuarto pertenece a una organización ecológica. Te pide ayuda para escribir una descripción de su organización. Complétala con la forma correcta del presente del verbo entre paréntesis.

Amigos del ambiente (1. ser) _____ un grupo dedicado a la protección del

medio ambiente. Nuestra oficina (2. estar) _____ localizada en el centro

estudiantil de la universidad. Todos los socios del grupo (3. ser) _____ estudiantes

universitarios, y nosotros (4. estar) _____ interesados en prevenir los efectos

dañinos de nuestra universidad en el medio ambiente. Actualmente nosotros (5. estar)

_____ trabajando para mejorar los programas de reciclaje de la universidad.

Aunque (6. haber) _____ basureros de reciclaje en todas las facultades, calculamos

que sólo el 50 por ciento de los estudiantes los usa. (7. Haber) _____ que

convencer a los estudiantes de que (8. ser) _____ importante reciclar todos los

productos de papel y aluminio. (9. Haber) _____ una reunión esta semana para

los que (10. estar) _____ interesados en este tema.

2-11 Un reportaje. Ángel Morales, un reportero que se ocupa de las crisis ecológicas, está hablando en un programa de la tele. Completa su reportaje con la forma correcta del presente de **ser, estar** o **haber.**

Buenos días. (1) _____ Ángel Morales, reportero del Canal 7. Ahora

(2) _____ en la ciudad de Miami, donde (3) _____ una crisis

ecológica al derramar un barco petrolero varias toneladas de petróleo en el océano. La situación

(4) _____ alarmante. Los ecólogos (5) _____ analizando los

efectos de este accidente en el ecosistema y (6) _____ muy preocupados. Muchos

animales marinos (7) _____ afectados. Un grupo de ecólogos ya

(8) _____ empezado la limpieza del derrame, pero la playa todavía

(9) _____ cubierta de petróleo. Las autoridades de la ciudad dicen que

(10) _____ que pedir ayuda voluntaria a los ciudadanos para resolver el problema.

2-12 ¿Por qué lo dijo? Lee de nuevo el párrafo anterior y explica por qué Ángel Morales usó los verbos que usó.

MODELO: Ángel Morales está hablando con un reportero del Canal 7.

Está: se usa con el presente progresivo.

1. _____   6. _____

2. _____   7. _____

3. _____   8. _____

4. _____   9. _____

5. _____   10. _____

2-13 Un proyecto con éxito. Tu compañero/a de cuarto se ha puesto en contacto con otro grupo de estudiantes que tiene un proyecto ecológico muy interesante. Han publicado un artículo en el periódico de la universidad. Lee y completa el artículo con la forma correcta de **ser, estar** o **haber.**

Nosotros (1) _____ un grupo de estudiantes voluntarios y

(2) _____ trabajando en la rehabilitación ambiental de la isla de San Miguel. En esta

pequeña islita (3) _____ más de cien especies de animales, sin contar los insectos.

(4) _____ una parte rocosa y una playa pequeña. La playa (5) _____

en el norte de la isla y es el hábitat de varias aves, reptiles y mamíferos. La parte rocosa

(6) _____ al suroeste de la isla. Esta parte (7) _____ un hábitat

complejo y frágil donde viven crustáceos, moluscos y otros animales. Nuestro proyecto, Rehabilitación y

Protección de San Miguel (RPSM), (8) _____ un esfuerzo por preservar la flora y

fauna de la isla. San Miguel no sólo (9) _____ patrimonio de nuestro país, sino de

todo el mundo. (10) _____ seguros de que, trabajando juntos, podremos conservar la

naturaleza de esta islita y lograr que los barcos petroleros utilicen otra ruta para llegar al puerto.

(11) _____ evidente que la ruta actual (12) _____ la manera más

rápida. Sin embargo, pensamos que vale la pena desviarse un poco para ayudar a salvar la flora y fauna

de San Miguel. Si ustedes (13) _____ interesados en unirse a nosotros, visítennos.

Nuestras oficinas centrales (14) _____ en la avenida Bolívar, frente al monumento.

RPSM (15) _____ una organización sin fines de lucro.

2-14 Los titulares de hoy. Escuchas un programa de titulares de noticias en la radio. Pero cada vez que dicen un titular, suena una campana y no puedes escuchar el verbo. Escribe el verbo que falta: **ser, estar** o **haber,** y después explica por qué se usa este verbo.

MODELO: La fábrica *[a bell sounds]* desechando su basura en el lago de la ciudad.

Está: "estar desechando" forma el presente progresivo

1. _____

2. _____

3. _____

4. _____

5. _____

2. The future tense (Textbook pp. 49–51)

2-15 Los agujeros de la capa de ozono. Beatriz Romero es una ecóloga que estudia el estado de la capa de ozono. Completa cada una de sus predicciones sobre las consecuencias de la disminución de la capa de ozono con el verbo correspondiente.

1. Los índices de cáncer de piel _____.

2. Los seres humanos _____ problemas con el sistema inmunológico.

3. _____ más casos de enfermedades infecciosas a causa de la reducción de la efectividad inmunológica.

4. Ciertas especies de vegetación _____.

5. Otras plantas _____ sustancias tóxicas.

6. La disminución del ozono _____ resultar en una pérdida de fitoplancton en el océano.

7. Algunos animales _____ enfermedades.

8. La concentración del ozono en la superficie terrestre _____ problemas respiratorios en los seres humanos.

a. Habrá

b. contraerán

c. subirán

d. podrá

e. causará

f. producirán

g. morirán

h. tendrán

2-16 El proyecto del verano. Mireya es estudiante universitaria. Para poder terminar sus estudios, tendrá que participar en un proyecto ecológico este verano. Escucha la conversación que tiene con su profesor para hablar de sus planes de investigación, y luego completa la información que falta. Escucha la grabación cuantas veces sea necesario y no te olvides de escribir el verbo en la tercera persona del futuro.

1. Mireya _____ a Granada.

2. _____ una campaña para educar a la gente.

3. Les _____ a las personas sobre los efectos dañinos que tiene la contaminación.

4. _____ trabajando en este proyecto por seis semanas.

5. _____ al profesor Rojas para hacer una cita con él cuando regrese de su viaje.

2-17 Preguntas sobre tu proyecto. Imagínate que eres Mireya, la estudiante universitaria que escuchaste en la actividad anterior. Tú irás a Granada para trabajar en el proyecto del lago Cocibolca, pero antes de irte, el profesor Rojas te llama a su oficina para hacerte algunas preguntas. Escucha las preguntas y luego contéstalas de una manera lógica.

1. _____

2. _____

3. _____

4. _____

2-18 La incineración de desechos. La ecóloga Beatriz Romero quiere prohibir la incineración de desechos industriales. Completa la entrevista que le hacen sobre este tema con el futuro de los verbos correspondientes.

escribir	hacer	perjudicar	reducir	sufrir
haber	informar	publicar	ser	tener

ENTREVISTADOR: Muchos creen que la incineración de desechos industriales

(1) _____ mucha de la basura producida por las

industrias. ¿Por qué se opone usted a este método?

DRA. ROMERO: La evidencia científica prueba que la incineración de desechos peligrosos

(2) _____ efectos dañinos en el medio ambiente porque

este proceso libera metales pesados al aire.

ENTREVISTADOR: ¿Cuáles (3) _____ algunas de las consecuencias de este

tipo de contaminación?

DRA. ROMERO: La incineración de ciertas sustancias (4) _____ la salud

humana. Las personas expuestas a estas emisiones

(5) _____ problemas del sistema inmunológico.

Además, (6) _____ un aumento en los casos de cáncer.

ENTREVISTADOR: ¿Qué (7) _____ usted para combatir este problema?

DRA. ROMERO: Yo (8) _____ al público sobre los peligros de la

incineración por medio de anuncios publicitarios. Los científicos

(9) _____ los resultados de los experimentos realizados.

Además, mis colegas y yo (10) _____ cartas a los

representantes públicos para que tomen conciencia del problema.

2-19 Una campaña. Eres miembro de un grupo de voluntarios, amigos de Beatriz Romero, que quiere limpiar las zonas naturales de los alrededores de la ciudad. Explica lo que hará cada miembro del grupo. Escriba la forma correcta de los verbos entre paréntesis en el futuro para completar las oraciones.

1. Yo _____ (pedir) apoyo económico del gobierno.

2. Tú _____ (conseguir) la ayuda de los voluntarios.

3. Cristina y Tomás _____ (poner) basureros en los parques.

4. Alma y yo _____ (recoger) envases de aluminio.

5. Celia _____ (reciclar) botellas.

6. Ustedes no _____ (tirar) basura.

2-20 ¿Por qué será? A tu amiga Mireya le molesta el comportamiento de Gloria, su compañera de cuarto. Tú tratas de ayudarla a entender por qué su compañera se comporta de esa manera. Haz conjeturas sobre lo que Mireya te cuenta. Responde verbalmente a lo que escuchas.

MODELO: Ella nunca lava su ropa.

Querrá ahorrar agua.

2-21 No estoy de acuerdo. Cuando Mireya se fue a Nicaragua, Gloria y tú se hicieron muy amigos/as, pero los/las dos son muy diferentes. Gloria siempre es optimista respecto al medio ambiente y piensa que para el año 2015 todos los problemas se habrán solucionado. Tú eres muy pesimista y contradices a Gloria. Escucha lo que dice Gloria y luego escribe tu respuesta, conjugando el verbo en el futuro.

MODELO: El problema de la capa de ozono va a terminar para el año 2015.

El problema de la capa de ozono no *terminará* para el año 2015.

1. Las fábricas _____ los ríos.

2. Las fábricas no _____ sus desperdicios.

3. Las fábricas tampoco _____ más el medio ambiente.

4. Las playas no _____ más limpias.

5. Las playas siempre van a estar sucias y los peces _____.

6. El problema no se _____ en unos pocos años.

Conéctate

2-22 Una verdad inconveniente. ¿Has visto el documental del ex vicepresidente de Estados Unidos, Al Gore, sobre el calentamiento global? Si no lo has visto, puedes ir a YouTube para tener una idea de qué se trata. Además de verlo, deberías investigar en línea lo que se ha escrito en pro y en contra de él. Después, escribe un párrafo para expresar tu opinión al respecto, tomando una posición a favor o en contra del calentamiento global.

_____

_____

_____

_____

_____

Segunda parte

¡Así lo decimos! Vocabulario (TEXTBOOK P. 57)

2-23 En familia. Completa las siguientes oraciones usando una variación de cada palabra en itálica. Si necesitas ayuda, consulta la sección llamada *Ampliación* en el libro de texto.

MODELO: El gobierno *ha agravado* la crisis del medio ambiente al permitir más excavaciones de petróleo. Ignora <u>*la gravedad*</u> de la contaminación de los mares.

1. La oveja Dolly fue el primer animal que se *clonó*. El anuncio de su _____

   causó gran consternación.

2. El Censo de EE. UU. *predice* que para el año 2015, los hispanos serán el mayor grupo

   minoritario. Vamos a ver si _____ es cierta.

3. La *manipulación* del ADN crea nuevas especies y productos. Se necesitan condiciones estériles

   para _____ los genes.

4. *Hemos avanzado* mucho en el tratamiento del cáncer y otras enfermedades graves. Estos

   _____ se deben a la rigurosa investigación científica.

5. Antes de comprar un comestible, es bueno leer bien _____ para ver si los

   ingredientes están claramente *etiquetados*.

Nombre: _____ Fecha: _____

2-24 Los anuncios clasificados del Siglo XXI. Imagínate que eres un/a estudiante de ciencias y estás buscando trabajo. Completa los siguientes anuncios de trabajo con las palabras de la lista.

ADN	bioquímicos/as	ingeniero/a	programación
astrofísica	cibernética	microbiólogos/as	transgénicos/as
astrofísico/a	genetistas	nuclear	

- Se necesitan expertos en (1) _____ de computadoras para diseñar varios

  programas. Favor de llamar a la compañía COMPROG.

- Buscamos tres (2) _____ para el laboratorio forense de la policía

  de la ciudad de San Ignacio. Preferimos expertos en el análisis y la comparación del

  (3) _____. Favor de llamar al capitán Pedro Juárez.

- Tenemos un puesto vacante para un/a experto/a en (4) _____ que se

  encargue de diseñar y mantener nuestra página en la Red. Favor de presentarse

  personalmente a DIGINET.

- Se necesita urgentemente un/a (5) _____ experto/a en energía

  (6) _____ para el diseño de un supertransformador que distribuirá

  electricidad a varias regiones del país. Favor de entregar la solicitud personalmente en la oficina

  del Ministerio de Energía.

- La Universidad de Los Ríos busca un/a (7) _____ para enseñar tres

  clases por semestre, dirigir el Departamento de (8) _____, y coordinar una

  investigación sobre las lunas de Júpiter. Favor de llamar a la oficina de personal.

- Los laboratorios Mendel de la ciudad de Itama buscan (9) _____

  cualificados para efectuar el aislamiento de los genes responsables de varias enfermedades.

  Preferimos expertos en la manipulación de productos (10) _____. Favor

  de presentarse en la oficina central de L.M.I. en la calle Estuardo.

2-25 Las profesiones del futuro. Asocia el campo o la profesión con la tarea o tareas de que se ocupa.

1. _____ la astrofísica
2. _____ la bioquímica
3. _____ la cibernética
4. _____ la genética
5. _____ la ingeniería nuclear
6. _____ la microbiología
7. _____ la programación

a. programar computadoras
b. manipular el ADN
c. identificar microbios
d. trabajar con aparatos radioactivos
e. trabajar con la Internet
f. neutralizar desechos tóxicos
g. predecir los movimientos de los planetas

2-26 ¿Cuál será su profesión? Un amigo/a y tú están hablando de las profesiones y el futuro. Primero lee las siguientes oraciones y luego escucha la grabación cuantas veces sea necesario. Después de escuchar, determina qué palabra de *¡Así lo decimos!* debes usar para completar cada oración.

1. Desde que mi mejor amigo era niño soñaba con ser _____.

2. Nunca estudiaré para ser _____.

3. Por eso en el futuro seré _____.

4. Creo que en la universidad estudiaré para ser _____.

2-27 Nuestro futuro. Lee las oraciones que siguen y luego escucha cuantas veces sea necesario lo que tu amigo tiene que decir sobre el futuro y la informática. Identifica cuál de las palabras de *¡Así lo decimos!* debes usar para completar cada oración.

1. Nadie puede _____ el futuro.

2. _____ y _____ cambiarán nuestro mundo.

3. Muchas personas estudian para ser _____.

4. La gente que trabaja en este campo tiene que tener _____ excelentes.

5. Las computadoras son _____ sofisticados.

2-28 ¡Cuidado! Completa cada oración con la forma correcta de *calidad* o *cualidad*.

MODELO: La buena educación depende de la *calidad* de los profesores.

1. La _____ de los autos hechos en Alemania consiste en su durabilidad.

2. La simpatía es una de las _____ de mi madre.

3. La generosidad es una de las _____ más apreciadas.

4. Hay muchos vinos chilenos de alta _____.

5. Los materiales de los reactores nucleares tienen que ser de buena _____.

6. Es evidente que la honestidad no es una _____ de todos los políticos.

¡Así lo hacemos! Estructuras

3. The subjunctive in noun clauses (TEXTBOOK PP. 59–62)

2-29 Un técnico. Un técnico del laboratorio de computadoras de la universidad habla sobre las tareas y responsabilidades que implica su trabajo. Completa las oraciones con el subjuntivo de los verbos entre paréntesis.

1. Quiero que mis colegas _____ (poner) todos los disquetes dañados en la basura.

2. Prefiero que los estudiantes _____ (sacar) sus documentos de la impresora

   inmediatamente.

3. Aconsejo que todos _____ (saber) usar la base de datos y el procesador de textos.

4. Recomiendo que los profesores _____ (comunicarse) por correo electrónico.

5. Me molesta que _____ (haber) tantos virus en los sistemas informáticos.

6. Me gusta que las pantallas de los monitores _____ (estar) limpias.

7. Insisto en que los estudiantes me _____ (dar) su carnet de estudiante al entrar

   en el laboratorio.

8. Sugiero que los empleados del laboratorio _____ (apagar) las computadoras

   antes de salir.

2-30 La opinión de un científico. El Sr. Galeano, un científico famoso, da sus opiniones sobre la tecnología moderna y el medio ambiente. Combina las frases usando el subjuntivo.

MODELO: A veces la manipulación genética daña el medio ambiente. Es malo.

Es malo que a veces la manipulación genética dañe el medio ambiente.

1. Algunos avances tecnológicos no son buenos. Tengo miedo.

_____

2. Las compañías etiquetan los productos transgénicos. Es preciso.

_____

3. Tú manipulas el ADN con cuidado. Es necesario.

_____

4. Mi laboratorio clona animales de buena calidad. Es crucial.

_____

5. La gente aumenta el uso de productos reciclados. Es bueno.

_____

2-31 Siempre digo que no. Gloria, tu amiga optimista, tiene algunas opiniones sobre el medio ambiente, y tú, que eres muy pesimista, la contradices. Escucha la grabación cuantas veces sea necesario y cambia los verbos del indicativo al subjuntivo.

1. No es evidente que fumar _____ beneficioso para la capa de ozono.

2. No estoy seguro/a de que el agua del lago _____ potable.

3. No pienso que el gobierno _____ a hacer algo para controlar el precio del petróleo.

4. No creo que muchos parques de nuestra ciudad _____ libres de plomo.

2-32 A clasificar. No te gusta ser tan pesimista, y crees que es hora de empezar a ver las cosas de otro modo. Escucha las siguientes oraciones tantas veces como sea necesario y después clasifica cada oración en una de las categorías siguientes.

a. voluntad   b. duda / negación   c. emoción   d. hecho real

1. ____   3. ____   5. ____

2. ____   4. ____   6. ____

2-33 De compras. Sonia, tu hermanita, piensa comprar una computadora nueva. Completa su párrafo con el subjuntivo, el indicativo o el infinitivo de los verbos siguientes.

buscar	costar	requerir	ser
comprar	ir	sacar	tener

Quiero (1) _____ una computadora nueva porque este año empiezo mi carrera

universitaria. Espero que no (2) _____ más de dos mil dólares. Papá me aconseja

que (3) _____ un sistema barato para ahorrar dinero, pero yo prefiero que la

computadora no (4) _____ muy antigua porque estoy segura de que el nuevo

software (5) _____ mucha memoria. Es importante que la computadora

(6) _____ un buen procesador de textos. Mamá dice que ella me

(7) _____ a comprar una impresora láser para imprimir mis trabajos. ¡Espero

(8) _____ buenas notas en mis clases con la ayuda de mi nueva computadora!

2-34 Es necesario ahorrar dinero. Este año Orlando y Dora, tus vecinos, han tenido muchos problemas. Dora ha decidido hablar con su marido para ver si puede mejorar su relación. Imagínate que tú eres Orlando y que estás de acuerdo con Dora. Escucha la grabación cuantas veces sea necesario y luego responde a las sugerencias de Dora usando el mismo verbo que ella usó.

MODELO: Es urgente modificar ciertos hábitos.

                Sí, es urgente que nosotros *modifiquemos* ciertos hábitos.

1. Sí, es importante que nosotros _____ a divertirnos.

2. Sí, también es preciso que _____ menos.

3. Sí, es posible que yo _____ el tiempo que paso en el gimnasio.

4. Sí, es bueno que nosotros _____ en un restaurante elegante.

5. Sí, es necesario que nosotros _____ estos cambios si queremos seguir juntos.

2-35 Preguntas personales. Imagínate que estás a punto de graduarte, pero tu futuro te asusta un poco. Por eso decides ir a hablar con un consejero de la universidad. A continuación escucharás cinco preguntas personales que te hace el consejero. Contesta la pregunta con una oración completa y de manera lógica. No debes repetir los verbos.

1. _____

2. _____

3. _____

4. _____

5. _____

2-36 Antonio Berni. Escucharás a continuación información sobre el pintor argentino Antonio Berni. Después de escuchar la grabación, indica si las siguientes oraciones son **Ciertas, Falsas,** o si lo que se afirma **No se dice** en la grabación.

1. El arte de Antonio Berni era surrealista.	Cierto	Falso	No se dice.
2. El artista pintó niños pobres porque él también fue un niño pobre.	Cierto	Falso	No se dice.
3. Juanito era su hijo, por eso escogió ese nombre.	Cierto	Falso	No se dice.
4. Berni usó a Juanito en muchos de sus cuadros.	Cierto	Falso	No se dice.
5. Juanito representa a todos los niños pobres de Argentina.	Cierto	Falso	No se dice.

¡Así lo expresamos!

Imágenes

2-37 Juanito. En el texto has visto el cuadro *Juanito en la laguna* de Antonio Berni. Ve a un programa de búsqueda en la Internet como *Google* y escribe: "Juanito, Antonio Berni". Busca imágenes de otros cuadros de Antonio Berni en los que aparezca Juanito. Elige uno de los cuadros que encontraste y descríbelo en un párrafo breve. ¿Qué similitudes y diferencias ves entre el cuadro que encontraste y el cuadro del texto?

_____

_____

_____

_____

_____

_____

_____

Ritmos

2-38 La Madre Tierra y la música. La canción de Bebe *Ska de la tierra* forma parte de una larga tradición de canciones de protesta en español. A través de los años ha habido muchos ejemplos de este tipo de música que se refieren a problemas que existen en el mundo. Otros ejemplos de canciones de este tipo son *El Niágara en bicicleta* de Juan Luis Guerra, *¿Dónde jugarán los niños?* de Maná, o *¿Qué pasa?* de Juanes. Busca en la Internet la letra (*lyrics*) de estas canciones o quizás un video. Luego, escoge una de las canciones y usa el subjuntivo para ofrecer soluciones a los problemas que plantea. Puedes usar frases con expresiones como **es importante, es necesario,** y es **crucial,** para ofrecer tus soluciones.

_____

_____

_____

_____

_____

_____

Nombre: _____ Fecha: _____

Páginas

2-39 Antes de leer. Tu hermana te pasa un artículo sobre Colombia y la Asociación de Protectores de la Fauna Colombiana y del Medio Ambiente (APROFAC). Para entender mejor la lectura, estudia las siguientes palabras y expresiones del vocabulario clave y úsalas para completar las oraciones. No te olvides de hacer los cambios correspondientes.

Vocabulario clave			
abogar por	*to advocate*	especie	*species*
biodiversidad	*biodiversity*	poner en peligro	*to put in danger*
caimán	*alligator*	reto	*challenge*
contribuir	*to contribute*	sin fines de lucro	*non-profit*
enfrentar	*to confront, to face*		

1. Los ecologistas _____ proteger el medio ambiente.

2. Existen muchas _____ de animales en el bosque amazónico.

3. Un cocodrilo se parece mucho a un _____.

4. Si no hacemos algo para proteger al medio ambiente, vamos a _____ la extinción de muchos animales.

5. Todas las personas pueden _____ a la protección del medio ambiente.

6. Hay organizaciones como Amnistía Internacional que no ganan dinero por sus esfuerzos. Son organizaciones _____.

7. Proteger el medio ambiente es el principal _____ que el mundo enfrenta en este siglo.

8. El ser humano _____ el peligro de la destrucción de la naturaleza.

9. El bosque amazónico se conoce por su _____.

Nombre: _____   Fecha: _____

2-40 A leer. Lee el siguiente texto con cuidado y luego contesta las preguntas de acuerdo a la información de la lectura.

Protectores del medio ambiente colombiano

Colombia es un país dotado de una gran riqueza en su flora y fauna. Desde los Andes hasta la costa caribeña y la del Pacífico, el país tiene una biodiversidad notable. Como muchos otros países, Colombia también enfrenta ciertos retos con respecto a su medio ambiente. Entre los problemas que tiene el país están la erosión de tierra, la deforestación, y la conservación de la fauna. Desde los años setenta, Colombia ha perdido millones de acres de bosques. Esta pérdida de bosques ha contribuido a la erosión de la tierra que, a la vez, ha contribuido a poner en peligro muchas especies de animales. Entre los animales que están en peligro de extinción hay cinco especies de tortugas, dos de caimanes, y dos de cocodrilos, entre muchos otros.

Felizmente, el gobierno colombiano ha hecho varias cosas para proteger el medio ambiente. Primero, estableció leyes para proteger ciertas regiones como el bosque amazónico, la región andina, y la costa pacífica. En 1969 el gobierno creó el Instituto Nacional de Recursos Naturales Renovables y del Ambiente, la agencia principal para la defensa del medio ambiente en Colombia. También ha dictado normas sobre el nivel de contaminación y ha establecido programas de capacitación para los responsables del medio ambiente al igual que programas educativos en el sistema escolar de todo el país.

Pero los esfuerzos por conservar el medio ambiente no se limitan al gobierno. También existen grupos como la Asociación de Protectores de la Fauna Colombiana y del Medio Ambiente (APROFAC). Esta es una organización sin fines de lucro que aboga por la protección del medio ambiente colombiano. Según APROFAC, su misión es promover "el respeto, cuidado y conservación de los recursos . . . para lograr vivir en paz y en armonía con la naturaleza". En su página web, declaran que entre sus objetivos están:

a. Ofrecer servicios de consulta, tratamiento, cirugía y hospitalización de animales heridos, enfermos o maltratados, y otros servicios como laboratorio clínico, guardería y peluquería.

b. Brindar capacitación a la comunidad y a las autoridades civiles y militares respecto a la legislación y la conservación de la fauna y el ambiente.

c. Defender y promulgar los derechos y las leyes de protección a los animales consagrados en la constitución.

d. Desarrollar programas y actividades de sensibilización para niños, jóvenes y adultos en el respeto y conservación de la fauna y el ambiente.

e. Hacer campañas de control contra el tráfico de fauna silvestre.

1. ¿Por qué es Colombia un país dotado de una gran riqueza en su flora y fauna?

_____

2. Menciona dos regiones geográficas de Colombia: (a) _____

   (b) _____

3. ¿Qué organización creó el gobierno colombiano para proteger el medio ambiente?

_____

4. ¿A qué se dedica la Asociación de Protectores de la Fauna Colombiana y del Medio Ambiente?

_____

Taller

2-41 Antes de escribir. Piensa en los conflictos que existen entre el progreso tecnológico y el medio ambiente. Haz una lista de medidas que los gobiernos podrían tomar para no perjudicar el ecosistema.

_____   _____

_____   _____

_____   _____

_____   _____

_____   _____

2-42 A escribir. En tu opinión, ¿son compatibles la tecnología y el progreso? ¿Cuál debe ser nuestra prioridad, el avance tecnológico o la protección del medio ambiente? Escribe una composición para expresar tus ideas.

_____

_____

_____

_____

_____

Nombre: _____   Fecha: _____

Los derechos humanos

Primera parte

¡Así lo decimos! Vocabulario (TEXTBOOK P. 77)

3-1 En familia. Completa las siguientes oraciones usando una variación de cada palabra en itálica. Si necesitas ayuda, consulta la sección llamada *Ampliación* en el libro de texto.

MODELO: Las tropas federales *asaltaron* a los rebeldes. <u>*El asalto*</u> duró más de tres días.

1. En El Salvador, el Padre Romero fue víctima de un *asesinato* por una facción derechista. Se dice que

   la persona que lo _____ tenía la protección del gobierno.

2. En algunos países los miembros de sectas minoritarias son _____ por

   sus creencias. Esta *persecución* tiene la aprobación de las autoridades.

3. En muchos países la mujer está *oprimida*. Hay que erradicar _____

   para que se respete la igualdad de todos los seres humanos.

4. Si el juez permite la *ejecución*, el prisionero será _____ a medianoche.

5. En Argentina durante la "guerra sucia" de los años ochenta muchos presos políticos

   _____; por eso se los llamó los "*desaparecidos*".

6. En las guerras las mujeres son víctimas de _____. Estas mujeres son

   violadas por hombres de ambos lados del conflicto.

3-2 La situación ya mejoró. Tu amigo hace algunas afirmaciones pesimistas. Después de escucharlas, cambia los verbos de *¡Así lo decimos!* que él usa, del imperfecto al presente del indicativo. Empieza cada oración con **El gobierno ya**.

MODELO: El gobierno siempre amenazaba a la gente.

               El gobierno ya no amenaza a la gente.

1. _____

2. _____

3. _____

4. _____

5. _____

3-3 Protección a las mujeres maltratadas. María Isabel Milán quiere abrir un albergue para mujeres maltratadas. Completa con las palabras de la lista siguiente la propuesta que ella hace.

asegurar	disfrutar	nivel de vida	sin fines de lucro
desarrollar	escoger	trato	violadas

Queremos establecer un centro (1) _____ donde las mujeres maltratadas o

(2) _____ puedan encontrar protección sin tener que preocuparse por el

dinero. Muchas mujeres son maltratadas por sus parejas y no huyen de su casa porque temen que el

agresor las persiga. Nosotros queremos crear un centro donde estas mujeres puedan recibir un

(3) _____ profesional y vivir protegidas y seguras. Animaremos y

apoyaremos a las víctimas para que denuncien a sus atacantes. Es necesario que estos estén presos,

de modo que no puedan amenazar a las mujeres. Ellas y sus hijos tienen derecho a

(4) _____ de la vida sin tener que preocuparse por sus agresores. En

nuestro centro también les ofreceremos a estas mujeres educación para ayudarlas a

(5) _____ sus destrezas (*skills*) y (6) _____ una

vida mejor para ellas y sus hijos en el futuro. Las mujeres podrán (7) _____

entre una variedad de cursos como computación, administración y contabilidad. De esta manera,

podrán mejorar su (8) _____ y su situación económica.

3-4 ¿Qué significa esta palabra? A continuación escucharás definiciones que corresponden a palabras de la sección *¡Así lo decimos!* Lee la lista de palabras y después de escuchar las definiciones, decide qué palabra corresponde a cada definición.

1. _____   a. exigir

2. _____   b. un delito

3. _____   c. el asilo

4. _____   d. la esclavitud

5. _____   e. asesinar

3-5 Un discurso. Ana Aguirre, una activista compañera de María Isabel Milán, pronuncia un discurso en un foro por la paz y la justicia mundial. Completa su discurso con las palabras apropiadas de la lista siguiente.

asesinado	exigimos	perseguidos	protegidos
delito	juicio	presos	violaciones
detiene	oprimen	promover	violan
esclavitud			

Estamos en el Siglo XXI y aun muchos gobiernos (1) _____

sistemáticamente los derechos humanos de sus ciudadanos. Estos gobiernos

(2) _____ al pueblo por medio de la intimidación y el miedo.

Todavía hoy en día hay gobiernos que permiten la mano de obra (*labor*) infantil. Aunque

creamos que la (3) _____ pertenece al pasado, aun hay regiones en las que

se practica el trabajo forzado.

Existen países cuya policía o fuerza militar (4) _____ a cientos de

personas sólo por expresar ideas políticas distintas a las del gobierno. Muchas de estas personas

son declaradas culpables (*guilty*) sin tener derecho a un (5) _____ justo y

rápido. Muchas cárceles del mundo siguen estando pobladas de (6) _____

cuyo "crimen" ha sido pensar de una forma diferente a lo que prescribe su gobierno. Miles de

jóvenes han desaparecido misteriosamente, para luego encontrarse sus cadáveres en fosas comunes

(*mass graves*). Muchos de los responsables "oficiales" de estos crímenes aún están

(7) _____ por sus gobiernos.

Algunos líderes de organizaciones no gubernamentales han sido

(8) _____, amenazados e intimidados por las autoridades oficiales. A otros

los han (9) _____ sin que nunca se castigue (*punish*) a los autores del

(10) _____.

¡No descansaremos hasta que dejen de existir las (11) _____ de los

derechos humanos! Nosotros (12) _____ que se acaben los abusos

apoyados por los gobiernos contra sus ciudadanos. Por un mundo mejor, y para

(13) _____ la eliminación de toda forma de abuso… únanse a

nuestra causa.

3-6 Fuera de orden. Primero, ordena las letras de las siguientes palabras de *¡Así lo decimos!*
Después pon en orden las letras numeradas de cada palabra para revelar el nombre de un personaje
famoso relacionado con los derechos humanos.

1. ___ ___ ___ ___ ___ ___ ___   rneeted
          6   11
2. ___ ___ ___ ___ ___ ___ ___ ___ ___   raedlolrrsa
       13   3   12
3. ___ ___ ___ ___ ___ ___   lecrác
    8
4. ___ ___ ___ ___ ___   isaol
    4   5
5. ___ ___ ___ ___ ___ ___ ___   ratsebein
          9   2
6. ___ ___ ___ ___ ___ ___ ___   rpomiri
          7
7. ___ ___ ___ ___ ___ ___ ___ ___ ___   azraargnti
          1
8. ___ ___ ___ ___ ___ ___ ___ ___   urfratids
   10

   ___ ___ ___ ___ ___ ___
    1   2   3   4   5   6

   ___ ___ ___ ___ ___ ___ ___
    7   8   9   10 11 12 13

3-7 ¡Cuidado! La Declaración Universal de los Derechos Humanos fue firmada en 1948 por la Asamblea General de las Naciones Unidas. Completa las oraciones siguientes con la forma correcta de los verbos **recordar, acordarse de** y **acordar** para ver cuál era la situación laboral en Estados Unidos antes de 1948.

Mi abuelo Luis (1) _____ que en su fábrica de muebles había

discriminación contra las mujeres, pero nadie protestaba. Él (2) _____ que

en aquella época, los hombres ocupaban las posiciones importantes y las mujeres eran las

secretarias. Y la diferencia en los salarios era grande. Yo (3) _____ de

haber leído que hasta la Segunda Guerra Mundial muy pocas mujeres tenían puestos

administrativos. Por la falta de hombres durante esa guerra, la situación se puso tan mala, que

todos los empleados, hombres y mujeres, (4) _____ ir a una huelga (*strike*)

si no se terminaba con la discriminación en el trabajo. Felizmente, los dueños de la fábrica

escucharon a los empleados, mejoraron el salario de las mujeres y les dieron acceso a puestos

administrativos.

¡Así lo hacemos! Estructuras

1. Indirect commands (TEXTBOOK P. 80)

3-8 Amnistía Internacional. Imagínate que estás en una conferencia de Amnistía Internacional (AI) sobre los derechos humanos. Completa las oraciones con el presente del subjuntivo de los verbos entre paréntesis.

Es verdad que hay gente encarcelada a causa de sus creencias. La posición de AI es: que

(1. haber) _____ menos presos políticos en el mundo; que (2. garantizar)

_____ los derechos humanos de los presos políticos.

Es cierto que los presos políticos no son juzgados de manera justa. AI pide que (3. recibir)

_____ un juicio imparcial; que (4. ser) _____

juzgados de manera adecuada.

Es una lástima que en muchos países exista la pena de muerte. AI espera que se (5. eliminar)

_____ este castigo; que no se (6. ejecutar) _____ a

más personas.

Es increíble que algunos gobiernos violen los derechos humanos. La posición de AI es: que se

(7. proteger) _____ los derechos humanos de todos; que las personas

(8. disfrutar) _____ de todos sus derechos.

Es obvio que algunas personas "desaparecen" misteriosamente por expresar sus opiniones

políticas. AI exige que no (9. desaparecer) _____ las personas

misteriosamente por expresar sus opiniones políticas; que (10. detener)

_____ a los que cometen estos delitos.

3-9 Violaciones de los derechos humanos. A pesar de la firma de la Declaración Universal de los Derechos Humanos en 1948, todavía hay personas que no pueden disfrutar de todos sus derechos. Forma oraciones completas con mandatos indirectos para expresar opiniones sobre estos casos. Añade los elementos necesarios y haz los cambios correspondientes para que la oración sea correcta. Sigue el modelo.

MODELO: no / negar / gobiernos / derechos / de / ciudadanos

Que no nieguen los gobiernos los derechos de los ciudadanos.

1. tener / todo / personas / derecho / sufragio universal / en / todo / países

_____

2. no / ser / oprimido / presos / político

_____

3. no / trabajar / niños / pequeño

_____

4. recibir / seres / humano / alimentación / adecuado

_____

5. no / ejecutar / personas / inocente

_____

6. eliminarse / discriminación / religioso / en / mundo

_____

3-10 Identificar. Vas a escuchar diez oraciones. Si escuchas un mandato indirecto, marca **Sí**. Si no es un mandato indirecto, selecciona **No**.

1. Sí No	3. Sí No	5. Sí No	7. Sí No	9. Sí No
2. Sí No	4. Sí No	6. Sí No	8. Sí No	10. Sí No

3-11 El trabajo infantil. Se ha acusado a una fábrica de emplear a niños. Una reportera investiga el caso. Completa su reportaje con los mandatos indirectos apropiados. Usa el subjuntivo.

dar	disfrutar	estudiar	haber	promover	trabajar

REPORTERA: Soy Carla Domínguez, reportera del Canal 7. Les estoy hablando desde una fábrica de pelotas de fútbol. Ahora vamos a hablar con el gerente de la fábrica, el Sr. Parras, para averiguar la verdad. Sr. Parras, se dice que algunas fábricas permiten que los niños trabajen porque son mano de obra barata y porque no tienen que pagarles mucho dinero. ¿Hace esto su fábrica?

SR. PARRAS: Es posible que haya casos de niños trabajando en fábricas. Pienso que es horrible.

Que (1) _____ los adultos. Los niños no deben trabajar;

deben ser niños. Que los niños (2) _____ de su niñez

(*childhood*). Los gobiernos deben ofrecer y garantizar la educación básica de todos

los niños. Que los gobiernos les (3) _____ una buena

educación a los niños. Que los niños (4) _____ en la escuela.

Es terrible que no sigamos las reglas (*rules*) básicas de las Naciones

Unidas. Que los gobiernos (5) _____ la

Declaración Universal de los Derechos Humanos.

REPORTERA: Gracias, Sr. Parras. Es bueno saber que hay personas responsables en el mundo.

Que (6) _____ más personas responsables como usted. Eso es

lo que esperamos.

3-12 Cambiar. Vas a escuchar a un representante de Amnistía Internacional informar a un nuevo miembro del grupo. Cambia cada oración a un mandato indirecto.

MODELO: La esclavitud tiene que desaparecer.

Que desaparezca la esclavitud.

1. _____

2. _____

3. _____

4. _____

5. _____

3-13 Cómo mejorar el mundo. María y Roberto, compañeros de clase, hablan con su profesor acerca de las ideas que tienen para cambiar el mundo. A continuación escucharás su conversación. Al final de algunas frases del profesor, hay una pausa. Imagínate que tú eres el profesor, y contesta los comentarios de tus alumnos, usando un mandato indirecto.

1. Sí, estoy de acuerdo. _____ un buen líder.

2. Todos deben estar de acuerdo. _____ de acuerdo.

3. Esto también es la responsabilidad de todos. _____ con la represión.

4. Es difícil pero no es imposible tener paz. _____ paz en el mundo.

5. No hay que alarmarse tanto, pero estoy de acuerdo. _____ algo pronto.

3-14 Una carta al jefe del gobierno. Inés, la presidenta de la organización estudiantil por los derechos humanos, le escribe al presidente del gobierno para hacerle una petición. Llena los espacios en blanco con las frases apropiadas de la lista. Debes cambiar las frases a mandatos indirectos.

- Los estudiantes deben denunciar los asesinatos y las desapariciones.

- El presidente debe dialogar con los estudiantes.

- Las personas pueden expresar sus desacuerdos sin violencia.

- La policía no debe amenazar a los ciudadanos.

- Se debe liberar a los estudiantes.

Estimado Sr. Presidente:

Como presidenta de la Organización Estudiantil por los Derechos Humanos, le escribo para

expresar nuestra preocupación por las continuas violaciones de los derechos humanos en nuestro

país y para solicitarle lo siguiente:

1. _____.

   Insistimos en que la libertad de expresión y la protesta pacífica sean respetadas.

2. _____.

   Le pedimos que entienda que los estudiantes, como ciudadanos, tenemos la obligación de

   denunciar las violaciones a los derechos humanos en nuestro país.

3. _____.

   Le pedimos que la policía proteja a los ciudadanos.

4. _____.

   Le recordamos que es injusto que una persona esté en la cárcel sin ir a un juicio.

5. _____.

   Es importante que un presidente dialogue con los estudiantes.

Muy atentamente,

Inés Castañeda

3-15 Quejas y más quejas. Tú tienes un amigo que no puede disfrutar de nada porque nunca está conforme. Escribe las quejas que escuchas en forma de mandatos indirectos.

MODELO:　　　No quiero estudiar más.

　　　　　　　Que estudien los profesores.

1. _____ mi compañero de cuarto.

2. _____ mis amigos.

3. _____ mi perro.

4. _____ mi hermana.

5. _____ mis padres.

Conéctate

3-16 Un hogar digno. ¿Cómo es el lugar donde vives? ¿Vives en una casa o en un apartamento? Ve a la página web de Hábitat para la Humanidad, e investiga el tipo de casa que esta organización construye alrededor del mundo. Escribe un breve párrafo para comparar el lugar donde vives con las casas que construye Hábitat para la Humanidad. ¿Qué diferencias ves? ¿Cómo cambiaría tu vida si vivieras en una de esas casas? ¿Te gustaría vivir en una de esas casas? ¿Por qué?

_____

_____

_____

Segunda parte

¡Así lo decimos! Vocabulario (TEXTBOOK P. 85)

3-17 En familia. Completa las siguientes oraciones usando una variación de cada palabra en itálica. Si necesitas ayuda, consulta la sección llamada *Ampliación* en el libro de texto.

MODELO:　　　Los dos comités *se unieron* para formar una organización más fuerte. Esta *unión* no duró más que unos pocos años.

1. La ONU ayer _____ fuertemente la trata de niños. Esta *denuncia* fue publicada en el acta (*minutes*) de la última sesión.

2. La Organización Mundial de la Salud espera _____ la tuberculosis en los próximos quince años. Desafortunadamente *la erradicación* es muy difícil.

3. El día _____ de los voluntarios de Hábitat es largo y difícil. Sin embargo es una *labor* que da mucha satisfacción.

4. Una de las funciones de la UNESCO es _____ y preparar a los maestros para que puedan darles una *educación* adecuada a los niños de su país.

3-18 El lado humanitario de las estrellas. Inés ha visto en la televisión un reportaje sobre el trabajo humanitario de la esposa de su cantante favorito. Ayúdala a completar la información del reportaje.

1. Todos conocen las carreras artísticas de las estrellas famosas. Lo que no se conoce es su labor social. Pocos saben que ellos suelen ser personas...

    a. protectoras.

    b. humanitarias.

    c. unidas.

2. La Sra. Brecha, la esposa de mi cantante favorito, viajó a Itumá, que...

    a. queda a más de cien kms. de San Miguel.

    b. se queda a más de cien kms. de San Miguel.

    c. quedó a más de cien kms. de San Miguel.

3. Allí, ella...

    a. erradicó una nueva escuela para niños.

    b. mostró una nueva escuela para niños.

    c. ayudó a construir una nueva escuela para niños.

4. Ahora Itumá tiene su propia (*own*) escuela. Esto es muy importante para la villa porque...

    a. la educación es muy importante.

    b. la denuncia es muy importante.

    c. la erradicación es muy importante.

5. La Sra. Brecha estuvo en la villa una semana y enfrentó muchos peligros. Los habitantes de la villa se sorprendieron de su...

    a. alianza.

    b. denuncia.

    c. valor.

6. La Sra. Brecha y los habitantes de la villa...

    a. quedaron contentos con la nueva escuela.

    b. se quedaron en la villa una semana.

    c. quedaron desconformes con la situación.

7. Ahora los niños de Itumá podrán recibir...

    a. una constitución.

    b. una educación.

    c. una campaña.

3-19 Crucigrama. Ayuda a Inés a completar este crucigrama.

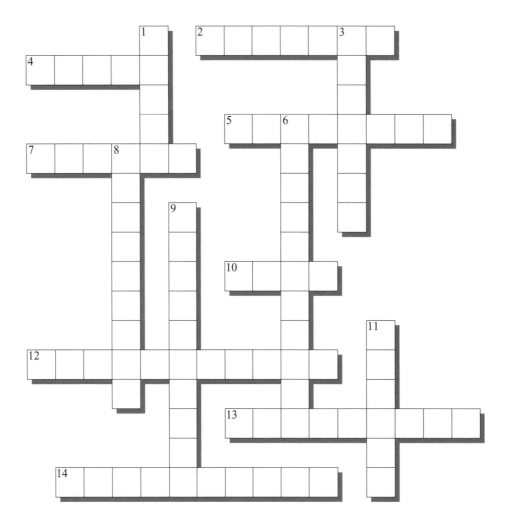

Horizontales

2. Sinónimo de trabajar

4. Lo que una persona valiente tiene (característica)

5. No moverse de un lugar

7. Dos personas que se unen están...

10. El objeto de un esfuerzo

12. Hábitat para la Humanidad hace un trabajo...

13. La _____ Ricky Martin se estableció en 2004

14. Alentar y dar apoyo monetario

Verticales

1. El tráfico de seres humanos

3. Una unión que establece una conexión

6. Acción y efecto de usar injustamente a otra persona

8. Sinónimo de acusar

9. Algo que está eliminado está...

11. Enseñar a los niños

3-20 La visita al orfanato (orphanage). Escucharás un informe sobre la visita de un personaje importante a un orfanato. Primero, lee las oraciones que siguen. Después de escuchar la grabación, rellena los espacios con la palabra correspondiente.

1. La persona que visitó el orfanato fue _____.

2. El orfanato está patrocinado por su _____ caritativa.

3. Para llegar al orfanato usó su _____.

4. Esta persona fue al orfanato para lanzar una _____.

5. Rogelio _____ en el orfanato todo el día.

3-21 ¿Sabes cuál es la palabra? Escucha las siguientes oraciones y determina qué palabra de la sección *¡Así lo decimos!* debes usar para completar cada una.

1. _____

2. _____

3. _____

4. _____

5. _____

3-22 ¡Cuidado! Completa el párrafo con la forma correcta de **quedar(se)** según el contexto.

El equipo de Médicos sin Fronteras acaba de regresar de El Salvador donde

(1) _____ seis semanas en el interior del país atendiendo a pacientes que

padecían de cólera. Todos (2) _____ bastante satisfechos de haber podido

controlar la enfermedad con la ayuda del gobierno y realizar un proyecto de purificación de las

fuentes de agua. Sin embargo, la gente (3) _____ triste al verlos marcharse.

Uno de los niños les gritó, "¡(4) _____ (ustedes) con nosotros un día más!".

Pero todos tenían que volver a Miami donde se habían (5) _____ sus

familias. El próximo año en esa misma fecha, el equipo médico saldrá otra vez para atender a gente

necesitada en otra región del mundo.

¡Así lo hacemos! Estructuras

2. Direct and indirect object pronouns and the personal *a*
(Textbook pp. 88–91, 93)

3-23 Efectos de un ciclón. A Inés la han impactado mucho los efectos que ha tenido un ciclón y decide informarse mejor acerca de la situación de los niños del país después de lo que ocurrió. Completa los espacios en blanco con la *a* personal si es necesario o con una X si no lo es.

En las zonas más afectadas por el ciclón, varias organizaciones no gubernamentales (ONGs) han unido sus fuerzas y han intentado crear (1) _____ centros de cuidado infantil para ayudar (2) _____ los menores a superar (3) _____ las consecuencias físicas, psicológicas y emocionales producidas por la tragedia. Estos niños están atravesando (*going through*) (4) _____ un período de alta vulnerabilidad, por lo que a las organizaciones de ayuda les preocupa el estado emocional de estos niños, además del físico. También, les inquieta especialmente el abuso sexual, las enfermedades contagiosas y el tráfico de menores. Por eso, quieren dirigir (5) _____una parte importante de su ayuda humanitaria a abrir centros y crear programas para proteger (6) _____ los niños afectados, especialmente la salud física y emocional de aquéllos que han perdido (7) _____ sus padres en el ciclón.

Lo primero que hay que hacer es ayudar (8) _____ las víctimas a retomar el control de sus vidas. Por eso es importante que las escuelas vuelvan a ser reconstruidas cuanto antes para que los niños retomen (9) _____ su rutina y cotidianidad anteriores.

El apoyo de todos permite que se pueda prestar ayuda en estas situaciones rápida y eficazmente. Ahora tenemos la oportunidad de respaldar (*support*) (10) _____ los actuales programas de ayuda en emergencias creados por estas organizaciones colaboradoras.

3-24 Condiciones injustas de trabajo. Completa la carta que Fernando, el novio de Inés, escribe a la presidenta de su compañía sobre algunas prácticas injustas. Usa los pronombres de objeto directo e indirecto y la *a* personal cuando sea necesario.

Estimada señora:

(1) _____ escribo esta carta para informar (2) _____

sobre algunas prácticas injustas que he descubierto en nuestra oficina. Hay un supervisor

que no respeta (3) _____ todos los empleados por igual. Por ejemplo,

hace una semana el supervisor promovió (4) _____ uno de nuestros

ejecutivos, pero no (5) _____ dio la promoción al candidato con las

mejores calificaciones sino que (6) _____ (7) _____

dio a un primo suyo. Además, el mes pasado algunos empleados recibieron un aumento

de sueldo pero otros no (8) _____ obtuvieron. Parece que el supervisor

sólo (9) _____ dio un aumento a los empleados que son amigos

suyos. Creo que el favoritismo es injusto y espero que usted haga lo posible para

erradicar (10) _____ de nuestra compañía. Es importante que usted hable

con el supervisor sobre estas prácticas para que él (11) _____ cambie

inmediatamente.

Atentamente,

Fernando Casares

3-25 Las últimas noticias. El equipo de Médicos sin Fronteras fue atacado mientras prestaban servicios médicos en Afganistán. Escucha las preguntas de Alejandro, y rellena los espacios de las respuestas de su colega Victoria con el objeto directo correspondiente para evitar la redundancia.

1. _____ cerrarán esta semana.

2. _____ cerrarán porque cinco médicos fueron asesinados.

3. _____ han dado por más de 30 años.

4. No, todavía no _____ han arrestado.

5. He dicho que espero que encuentren pronto a los culpables y que _____ lleven a la cárcel.

3-26 No lo puedo creer. Roberto acaba de oír la noticia sobre lo que ocurrió en Afganistán con Médicos sin Fronteras. Él no lo puede creer y para confirmarlo, llama a Victoria. Imagínate que eres Victoria. Contesta cada pregunta de Roberto usando el objeto directo, el objeto indirecto o la *a* personal.

1. Sí, es verdad que _____ asesinaron.

2. Sí, desafortunadamente ya no _____ dará servicios médicos.

3. Persiguen _____ unos comandantes locales, miembros de un grupo terrorista.

4. No sé si el gobierno quiere arrestar _____.

5. Sí, _____ conté la noticia anoche.

3-27 Un/a multimillonario/a. Alicia y Fernando conocen a un señor que es multimillonario. Imagínate que tú eres el/la multimillonario/a y que el coordinador de un orfanato te pide ayuda económica. Contesta las preguntas de forma afirmativa con oraciones completas. Utiliza los pronombres de objeto directo e indirecto juntos.

MODELO: ¿Es cierto que usted les donará comida y medicinas a los niños?

              Sí, se las donaré.

1. ¿Nos dará usted los fondos necesarios para construir un nuevo orfanato?

   _____

2. ¿Nos conseguirá muebles usados para el orfanato?

   _____

3. ¿Les comprará ropa a los huérfanos?

   _____

4. ¿Les regalará juguetes a los chicos?

   _____

5. ¿Le pagará usted las medicinas al niño que está en el hospital?

   _____

6. ¿Me dará un cheque ahora?

   _____

3-28 Un/a activista incansable. Fernando, en su tiempo libre, trabaja como activista para liberar a los presos de conciencia. Imagínate que tú eres Fernando y contesta las preguntas del reportero utilizando pronombres de objeto directo e indirecto juntos. Sigue el modelo con cuidado.

MODELO:　　　¿Quiénes van a darle publicidad a su causa?

Varias agencias van a dármela gratuitamente.

1. ¿Cuántos abogados están donando su tiempo a la organización?

_____

2. ¿Quiénes le proveen los fondos necesarios para hacer su trabajo?

_____

3. ¿Qué cadenas de televisión van a ofrecerle a usted la oportunidad de hablarle al público sobre el problema?

_____

4. ¿Quiénes les enviarán cartas a las autoridades?

_____

5. ¿Qué organizaciones van a darle a usted el Premio Libertad por su labor?

_____

6. ¿Qué compañías se comprometen a darles trabajo a los presos liberados?

_____

3. *Gustar* and similar verbs (TEXTBOOK PP. 96–97)

3-29 Un discurso interesante. Imagínate que estás en un congreso sobre los derechos humanos. Completa el discurso en el que un político habla de un Tribunal Penal Internacional. Usa la forma correcta de los verbos entre paréntesis y los pronombres de objeto indirecto apropiados.

¡Ciudadanos! A mí (1. parecer) _____ que hay un número inaceptable de

criminales de guerra que han permanecido impunes. (2. sorprender) _____

que estos criminales no hayan sido llevados a la justicia. El problema es que a nosotros, los

ciudadanos del mundo, (3. hacer falta) _____ un riguroso sistema de justicia internacional que pueda juzgar los crímenes de estas personas. Dada esta carencia, a mí

(4. interesar) _____ mucho la creación de un Tribunal Penal Internacional.

A muchos de los miembros de la ONU también (5. gustar) _____ la idea.

No obstante, hay oposición por parte de algunos países a los que (6. molestar)

_____ esta propuesta. A las personas a favor del establecimiento de un

Tribunal Penal Internacional (7. quedar) _____ mucho por hacer para

persuadir a los gobiernos de estos países. Si a ustedes (8. importar) _____

este tema, les ruego que firmen esta petición que voy a presentar ante la Asamblea General. Gracias

por su atención.

3-30 Los gustos de Roberto. Escucharás a Roberto hablar de sus gustos y preferencias respecto a la acción humanitaria. Cada oración que dice corresponde a uno de los verbos de la lista. Escucha la grabación cuantas veces sea necesario y luego escoge el verbo que tenga más sentido para describir la reacción de Roberto. Usa un verbo diferente cada vez.

| Me cae mal | Me impresionó | Me molestan |
| Me fascina | Me interesan | |

MODELO: Mi organización caritativa favorita es la Cruz Roja.

Me encanta.

1. _____

2. _____

3. _____

4. _____

5. _____

3-31 Una entrevista. Imagínate que eres Elba Díaz, una chica que acaba de regresar de un viaje humanitario a Ecuador. Has sido invitada a un programa de radio para hablar sobre tu viaje. En la entrevista, el presentador del programa te hará una serie de preguntas. Escribe la respuesta usando uno de los dos verbos entre paréntesis. No te olvides de escribir la forma correcta del verbo.

1. _____ (gustar / hacer falta) ayudar a la gente porque creo que es mi

    deber ayudar a quien necesita ayuda.

2. _____ (impresionar / interesar) mucho los niños. Todos eran muy

    lindos y dulces.

3. _____ (quedar / parecer) cruciales para todos.

4. No sé, es que eso es bastante político y a mí no _____

    (caer mal / interesar) la política.

5. Me encantaría, pero todavía _____ (quedar / hacer falta) muchos

    proyectos por terminar.

3-32 Una petición. Adela, una chica que conociste en el congreso de Derechos Humanos, le escribe al gobernador sobre la sentencia de un preso. Completa la carta de Adela. En cada caso usa la forma correcta del verbo más lógico y el pronombre de objeto indirecto apropiado.

Estimado gobernador:

Le escribo la presente para pedirle que no deje que se cumpla la sentencia del preso que está

condenado a ser ejecutado esta semana. A mí (1. molestar / gustar / importar)

_____ que nuestro sistema judicial quiera quitarle su derecho

fundamental, el derecho a vivir. A todos nosotros (2. faltar / parecer / interesar)

_____ horribles los crímenes que cometió este hombre, pero en mi

opinión basta con que pase los años de vida que (3. quedar / interesar / gustar)

_____ en la cárcel. Pienso que este castigo es suficiente, y por eso a mí

no (4. caer mal/ molestar / gustar) _____ que los criminales sufran un

castigo tan cruel como la pena de muerte. Yo no soy la única persona que piensa de esta manera: he hablado con varios amigos a quienes (5. parecer / interesar / caer mal)

_____ los derechos humanos, y usted va a recibir cartas de protesta

de ellos también. Es evidente que a usted (6. molestar / sorprender / importar)

_____ los votos de los ciudadanos, y para asegurárselos es

imprescindible que respete su opinión.

Respetuosamente,

Adela Sanz

3-33 Preguntas sobre Elba. Roberto escuchó la entrevista de radio de Elba, pero tuvo problemas para entender algunas cosas porque su radio tenía muchas interferencias. Para confirmar lo que escuchó, él llama a su amiga Victoria. Imagina que tú eres Victoria. Después de cada pregunta, contéstala usando el mismo verbo que Roberto usa en la pregunta.

MODELO: ¿Es verdad que a ella le interesa ayudar a los niños?

　　　　　　 Sí, *le interesa* ayudar a los niños.

1. No, _____ la política.

2. Sí, _____ muchos proyectos por terminar.

3. No, _____ el viaje a Ecuador.

4. Sí, _____ los niños.

5. Sí, _____ muy bien.

3-34 Una manifestación estudiantil. Adela y tú intercambian opiniones acerca de la situación actual de los estudiantes universitarios. Escribe oraciones completas para expresar la opinión de los estudiantes.

MODELO: A mí / interesar / tema / de / derechos / de / estudiantes

A mí me interesa el tema de los derechos de los estudiantes.

1. A nosotros / caer mal / profesores / injusto

   _____

2. A los estudiantes / molestar / trato / desigual

   _____

3. A la universidad / faltar / código de justicia

   _____

4. A los administradores / no / importar / derechos / de / estudiantes

   _____

5. ¿A ti / parecer / bien / injusticia / contra / minorías / de / universidad?

   _____

6. A la Federación de estudiantes / quedar / mucho por hacer

   _____

3-35 Más gustos. Ahora te toca a ti hablar de tus gustos y de los de tus amigos y familiares. A continuación escucharás una serie de verbos. Escucha la grabación y luego responde verbalmente con una oración, original y completa, usando el verbo que escuchaste. ¡OJO! No te olvides de usar el pronombre de objeto indirecto y de la forma correcta del verbo.

MODELO: caer mal

A él le caen mal los políticos corruptos.

1. A nosotros

2. A mis padres

3. A mí

4. A Enrique y a Isabel

5. A ti

6. A mi mejor amiga y a mí

3-36 La Colcha del SIDA. Te interesa saber más sobre el tema del SIDA. A continuación escucharás información sobre la Colcha del SIDA o *AIDS Quilt*. Después de escuchar la grabación indica si las siguientes oraciones son **Ciertas** o **Falsas**.

1. La Colcha del SIDA o *AIDS Quilt* se originó en San Francisco en el año 1987.   Cierto   Falso

2. La Colcha del SIDA tiene aproximadamente 43.000 paneles.   Cierto   Falso

3. La Colcha viaja sólo por Estados Unidos.   Cierto   Falso

4. La Colcha del SIDA es un tributo a los médicos que tratan de encontrar una cura para el SIDA.   Cierto   Falso

5. Cada panel representa la memoria de una hermana, madre, hija, tía, o un hermano, padre, hijo o tío de alguien.   Cierto   Falso

¡Así lo expresamos!

Imágenes

3-37 El arte y la protesta política. El cuadro de Carlos Alonso contiene una crítica a una situación política en su país. Muchos otros artistas latinoamericanos han usado su talento para denunciar injusticias. El famoso pintor mexicano Diego Rivera, por ejemplo, hacía murales con un alto contenido político. Entre otros artistas se pueden incluir Marta María Pérez Bravo de Cuba, Roberto Matta de Chile, Fernando Botero de Colombia, Antonio Ruiz de México o Joaquín Torres García de Uruguay. Ve a la Internet y busca imágenes de obras hechas por estos artistas. Escoge una que te parezca similar a la de Carlos Alonso que aparece en el texto. En un breve ensayo, explica por qué se parecen. ¿Hay similitudes de tema o de composición? ¿Qué diferencias ves? ¿Cómo explicas esas diferencias y/o semejanzas?

_____

_____

_____

_____

_____

_____

_____

_____

Ritmos

3-38 Amor y paz. No todo el arte latinoamericano se crea con la intención de señalar problemas. La canción de Iván Pérez López, por ejemplo, ofrece una visión llena de esperanza sobre como podemos solucionar los problemas del mundo. Ve a la Internet, pero esta vez busca obras de artistas que hablen sobre la paz, el amor y la solidaridad. Escribe un breve ensayo para hablar sobre el contraste entre las dos perspectivas artísticas.

_____

_____

_____

_____

_____

Páginas

3-39 Antes de leer. Las palabras que siguen aparecen en la lectura. Estúdialas y luego úsalas para completar las oraciones. Recuerda hacer los cambios pertinentes (género y número de sustantivos y adjetivos; conjugación de los verbos según su contexto).

ómnibus	*bus*	premio	*prize*
pañales	*diapers*	influyente	*influential*
periodismo	*journalism*	solicitar	*to request*
permiso	*permission*	negar	*to deny*
gracioso	*humorous*		

1. Los comentarios _____ me hacen reír.

2. El *Pulitzer Prize* es un _____ que se da a la excelencia en el

   _____.

3. Yo no tengo auto; por eso tomo un _____ para ir al trabajo.

4. Cuando yo era estudiante siempre _____ el

   _____ de la profesora antes de salir de la clase.

Capítulo 3   Los derechos humanos   **69**

5. Ricky Martin tiene mucha influencia en el mundo de la música. Él es un cantante

_____.

6. Compré _____ para mi bebé.

7. No creo que existan personas en otros planetas. Yo _____ que existan.

3-40 A leer. Lee el artículo con cuidado y luego contesta las preguntas que siguen.

Los derechos humanos y la Red

Artículo 13

1. Toda persona tiene derecho a circular libremente y a elegir su residencia en el territorio de un país.

2. Toda persona tiene derecho a salir de cualquier país incluso del propio, y a regresar a su país.

Declaración Universal de
Derechos Humanos

Los derechos humanos de todas las personas están garantizados por leyes internacionales. Aun así, algunos gobiernos continúan violando los derechos de sus ciudadanos. A pesar de la opresión de estos gobiernos, algunas personas con mucho valor insisten en denunciar estas violaciones.

Una de estas personas es Yoani Sánchez, una joven *blogger* cubana. Ella es licenciada en Filología y vive en La Habana. Yoani es autora de un *blog*, en el cual hace comentarios sobre la vida cotidiana en la isla. Ella ha escrito sobre una gran variedad de temas: el transporte público, la calidad del pan, el costo del detergente, entre otros. Sus comentarios, lejos de ser simplemente polémicos, se pueden caracterizar como graciosos, elocuentes y, sobre todo, honestos.

Un ejemplo de esto se puede ver en sus comentarios sobre la decisión del gobierno cubano de negarle permiso para viajar a España en mayo de 2008.

Yoani había solicitado permiso para ir a Madrid para recibir el premio de periodismo Ortega y Gasset. Escribió sobre cómo se sentía mientras esperaba el permiso para viajar que nunca llegó. En su *blog* comenta que se sentía como "un bebé en pañales". Al final afirma que "¡Qué ganas tengo de crecer... de hacerme adulta y que me dejen salir y entrar de casa sin permiso!"

En otra entrada relata un incidente que tuvo con el chofer de un bicitaxi en La Habana. Mientras conducía, el chofer le preguntó si ella era de La Habana. Yoani respondió que sí, lo era. Al oír esto, el chofer le confiesa que es de Guantánamo y que está buscando a alguien con quien casarse para poder vivir legalmente en La Habana. Ella describe la reacción del chofer al responderle que no podía casarse con él: "El hombre me mira como si lo estuviera condenando al centro de retención de 'ilegales' por el que ya ha pasado. El mismo sitio de donde salen ómnibus cada semana para extraditar, junto a un acta de advertencia, a los que están 'sin papeles' en La Habana".

En 2008 la revista *Time* nombró a Yoani Sánchez una de las 100 personas más influyentes del mundo.

Puedes leer más del *blog* de Yoani Sánchez, *Generación Y,* en la Internet.

1. ¿Cómo están garantizados los derechos humanos?

_____

_____

2. ¿Quién es Yoani Sánchez?

_____

_____

3. ¿Cómo se violaron los derechos humanos de Yoani Sánchez?

_____

_____

4. ¿Por qué quiso el chofer de bicitaxi casarse con Yoani Sánchez?

_____

_____

5. ¿Qué premios ganó Yoani Sánchez?

_____

_____

6. ¿Cómo se llama su *blog*?

_____

_____

Taller

3-41 Antes de escribir. Piensa en un caso actual de violación de los derechos humanos que te interese. Apunta la información más importante sobre el caso: el lugar, los agresores, las víctimas, el derecho que se les niega, las causas de la injusticia y sus consecuencias.

_____

_____

_____

_____

_____

3-42 A escribir. Escribe ocho o diez oraciones que expresen tu reacción a estos hechos. Usa expresiones impersonales y verbos como **gustar.**

_____

_____

_____

_____

_____

_____

3-43 Después de escribir. Ahora escríbele una carta de protesta al jefe de gobierno del país donde ha ocurrido el caso. Incluye información sobre los hechos con expresiones impersonales de certidumbre (**Es verdad, es cierto...**). Usa otras expresiones impersonales (**Es malo, es horrible...**) y verbos como **gustar** para explicar por qué la situación debe solucionarse.

_____

_____

_____

_____

_____

_____

El individuo y la personalidad

Primera parte

¡Así lo decimos! Vocabulario (Textbook p. 109)

4-1 En familia. Completa las siguientes oraciones usando una variación de cada palabra en itálica. Si necesitas ayuda, consulta la sección llamada *Ampliación* en el libro de texto.

MODELO: La señora ha vivido sola por más de veinte años y ahora se siente totalmente *aislada*. <u>Se ha aislado</u> de todos sus amigos.

1. Ese _____ me dijo que era rico. Ahora niega haberme *mentido*.

2. Gracias por _____ en mí. Tu *confianza* me tranquiliza.

3. ¡Qué _____ lo del escándalo! Nos sentimos totalmente *avergonzados*.

4. En su adolescencia el joven fue *analizado* por un psiquiatra. El _____

   del psiquiatra lo ayudó a mejorar la relación con sus padres.

5. Por favor, *evalúa* los resultados de la prueba de personalidad para ver si la

   _____ es válida.

4-2 ¡Una superpersonalidad! Para su clase de psicología, Carlos ha escrito una composición sobre alguien a quien admira. Completa lo que él ha escrito con las siguientes palabras de *¡Así lo decimos!*

apoyan	bondadoso	confianza	honrada	miente
aprecian	carácter	desenvuelto	maduro	soporta

La persona que he elegido para esta composición es mi hermano mayor. Él representa todo lo que yo admiro en una persona porque tiene un (1) _____ excelente. Él es muy extrovertido; es muy (2) _____ con todo el mundo, por eso todos lo quieren mucho.

A mi hermano le gusta siempre ayudar a los demás; es muy (3) _____. Él parece ser una persona mayor; es muy (4) _____ para su edad. Mi hermano nunca (5) _____; siempre dice la verdad. Trabaja en un bufete (*law office*) sin fines de lucro y sus clientes le tienen mucha (6) _____. Es una persona muy (7) _____ y no (8) _____ que nadie se aproveche de los más débiles.

Muchas organizaciones (9) _____ lo que él hace para los más desfavorecidos, y por eso lo (10) _____ en su esfuerzo contra la injusticia.

4-3 ¿Qué tipo de personalidad le atrae a Teresa? En la siguiente grabación Teresa describe a la persona de sus sueños. Escucha lo que ella dice y anota en los espacios los adjetivos que usa Teresa para describir a la persona ideal.

1. _____   5. _____

2. _____   6. _____

3. _____   7. _____

4. _____

Nombre: _____   Fecha: _____

4-4 Una conversación con el consejero. Carlos habla con su consejero sobre su carrera universitaria. Completa su conversación con las siguientes palabras de *¡Así lo decimos!*

acostumbrarte	apoyar	confianza	vergüenza
ansioso	autoestima	relajarte	

CARLOS: Dr. Enríquez, necesito su consejo sobre mi progreso académico. Mi meta es obtener buenas notas en todas mis clases. Normalmente salgo bien en los exámenes escritos porque estudio mucho, pero en las presentaciones orales saco notas mediocres porque me pongo muy (1) _____. Es que siento mucha (2) _____ cuando tengo que hablar delante de la clase. Mi (3) _____ es muy baja y temo que mis compañeros se rían de mí. ¿Puede usted darme unas sugerencias?

DR. ENRÍQUEZ: La timidez puede ser una dificultad muy seria, Carlos, pero hay medidas que puedes tomar para cambiar tu actitud en las presentaciones orales. Por ejemplo, puedes ensayar con un grupo de amigos para (4) _____ a la idea de hablar en público. Estoy seguro de que tus amigos te van a (5) _____ y te van a dar sugerencias constructivas para mejorar la presentación. Te sentirás mejor durante la presentación en clase si sigues sus sugerencias. Además, puedes hacer ejercicios de respiración para (6) _____ unos minutos antes de la presentación. Esto reduce la tensión en el cuerpo, facilita la oratoria y hará que aumente tu (7) _____ en ti mismo.

CARLOS: Gracias, doctor. Voy a tomar estas medidas la próxima vez que haga una presentación oral.

4-5 Antónimos. Combina las palabras del vocabulario con sus antónimos.

1. _____ portarse bien   a. inseguro
2. _____ ansioso   b. avergonzado
3. _____ honrado   c. despreocupado
4. _____ confiado   d. portarse mal
5. _____ orgulloso   e. mentiroso

4-6 El novio de mi hermana. En la siguiente grabación escucharás a Teresa hablar sobre José Luis, el novio de su hermana. A Teresa le preocupa esta relación porque le cae mal José Luis. Escucha la narración cuantas veces sea necesario, y luego completa el párrafo con las palabras que escuchaste.

Mi hermana está enamorada de José Luis. Esa relación me preocupa. Yo soy una persona intuitiva

y mi (1) _____ me dice que ese hombre no es una buena persona. José

Luis tiene una (2) _____ muy baja. No tiene personalidad ni

(3) _____. Uno de sus problemas es que no tiene

(4) _____. A él no le importan las responsabilidades, y siempre llega tarde.

José Luis trabaja en un bufete (*law office*), pero no tiene muchos clientes. Él no es muy

(5) _____ en su carrera. Pero mi hermana lo adora, y yo tendré que

aceptar y (6) _____ a José Luis.

4-7 ¡Cuidado! Completa el diálogo con la forma correcta de las expresiones siguientes.

| apoyar | el apoyo | la memoria | soportar | recordar | el recuerdo |

LUISA: ¡Qué mala (1) _____ tengo! No

(2) _____ el nombre de ese chico que está con Gracia.

PABLO: Yo sí lo (3) _____, pero es un malvado y no lo

(4) _____.

LUISA: ¿Por qué dices eso? Si no (5) _____ mal, él

(6) _____ mucho a Gracia.

PABLO: No es verdad. ¿Recuerdas cuando todos estábamos en Cancún el año pasado? Gracia le pidió

(7) _____ cuando perdió su bolsa, pero él no la ayudó en nada.

LUISA: Bueno, no insistas. Mira, siempre voy a tener buenos (8) _____ del

tiempo que tú y yo pasamos juntos en Cancún, pero no me interesa la historia de Gracia y

ese chico y ni me acuerdo de lo que pasó.

PABLO: Es verdad que tienes una (9) _____ muy mala. ¿No

(10) _____ que cuando estábamos allí me dijiste que no

(11) _____ ni el sol ni el calor?

LUISA: De acuerdo. Pero los (12) _____ siempre son más lindos que la

realidad.

¡Así lo hacemos! Estructuras

1. Reflexive constructions (Textbook pp. 114–115)

 4-8 ¿Cómo eres? Toma la siguiente prueba de personalidad. Complétala oralmente usando una de las sugerencias que ves en el modelo. Usa los pronombres reflexivos apropiados.

MODELO: Enfadarse con tu hermano

Siempre me enfado con mi hermano.

o

Nunca me enfado con mi hermano.

o

Algunas veces me enfado con mi hermano.

1. ...   4. ...   6. ...

2. ...   5. ...   7. ...

3. ...

 4-9 ¿Cómo eras tú? En la siguiente grabación escucharás a Rebeca y a Luis hablar sobre su niñez. Escucha la grabación cuantas veces sea necesario y luego indica si las siguientes oraciones son **Ciertas** o **Falsas**.

1. Rebeca se portaba bien.	Cierto	Falso
2. Los padres de Rebeca no se podían relajar porque ella era intranquila.	Cierto	Falso
3. Luis y sus padres se acostaban a las 11:30.	Cierto	Falso
4. Luis no se dormía inmediatamente.	Cierto	Falso
5. Luis se levantaba a las 11:45.	Cierto	Falso
6. Luis se enamoró de muchas chicas.	Cierto	Falso

Nombre: _____   Fecha: _____

4-10 Unos niños rebeldes. Ayer Patricia cuidó a sus sobrinos todo el día. Ahora le está contando a su hermana Mercedes cómo le fue. Completa el diálogo con el pretérito o el imperfecto de los verbos entre paréntesis. ¡OJO! Algunos casos requieren una construcción reflexiva y otros una construcción no reflexiva.

MERCEDES: Gracias por cuidarme a los niños ayer, Patricia. ¿Cómo (1. portar(se))

_____?

PATRICIA: ¡Qué niños más rebeldes! Yo (2. poner(se)) _____ furiosa

con ellos.

MERCEDES: Pero, ¿qué hicieron?

PATRICIA: Bueno, los problemas comenzaron por la mañana cuando ellos

(3. preparar(se)) _____ para ir a la escuela. Yo

(4. peinar(se)) _____ a Natalia, pero ella

(5. poner(se)) _____ a llorar porque dijo que le hacía daño. Y

Nicolás no (6. cepillar(se)) _____ los dientes por mucho que

insistí. Por la tarde, cuando los niños (7. volver(se)) _____ de

la escuela, fue peor. Nicolás (8. olvidar(se)) _____ de traer sus

libros a casa, entonces (9. mirar(se)) _____ la televisión toda

la tarde en vez de hacer la tarea. Y Nuria y Natalia (10. pelear(se))

_____ porque las dos querían jugar con la misma muñeca. Al

final yo (11. poner(se)) _____ la muñeca en el armario, apagué

la televisión y (12. preparar(se)) _____ la cena. Pero cuando

estábamos sentados en la mesa, los niños (13. portar(se)) _____

de manera bastante grosera. Yo (14. cansar(se)) _____ de su

actitud, y acabé por mandarlos a sus cuartos.

MERCEDES: ¿Entonces pudiste (15. relajar(se)) _____ por fin?

PATRICIA: ¡No! Los niños no (16. dormir(se)) _____, sino que pasaron

toda la noche hablando. ¡Son incansables!

© 2010 Pearson Education, Inc.

4-11 Una entrevista. Imagínate que eres Letizia Ortiz, la futura reina de España, y te han invitado a un programa de radio para hablar sobre tu vida con el príncipe Felipe de Borbón. El presentador te hará una serie de preguntas. Completa las respuestas escribiendo el verbo en el presente, pasado o futuro, según corresponda. No te olvides de usar los pronombres reflexivos.

1. Felipe y yo _____ en diciembre de 2003. Usted sabe que yo era reportera.

   Él visitó Galicia a causa de una catástrofe y yo estaba trabajando allí para cubrir la noticia.

2. No, eso es totalmente falso. Yo _____ muy bien con la reina Sofía.

3. No me molesta lo que la gente piense. Yo estuve casada por un año, pero Felipe y yo

   _____ dichosos con nuestra boda y eso es lo único que importa.

4. Es muy pronto para saber cómo _____. Eso lo decidiremos en el futuro.

4-12 El arreglo personal. Los fines de semana, Patricia y sus compañeras de cuarto pasan mucho tiempo arreglándose para salir. Completa esta descripción de lo que hacen con los verbos reflexivos apropiados. Un verbo se repite.

divertirse	enojarse	maquillarse	ponerse	vestirse
ducharse	lavarse	peinarse	secarse	

Mis compañeras y yo somos muy desenvueltas y (1) _____ mucho

cuando salimos con nuestros amigos los fines de semana. Todos los sábados empezamos a

prepararnos temprano porque tenemos una rutina de arreglo personal bastante compleja. Yo

(2) _____ la cara con agua tibia y un jabón suave y

(3) _____ la cara y las manos con una toalla (*towel*). Después

(4) _____ con base (*foundation*), lápiz labial y rímel (*mascara*). Mi

compañera Marimar tiene ropa preciosa y (5) _____ muy guapa cuando

salimos. Ella (6) _____ muy elegante los sábados; siempre lleva un vestido

y tacones altos. Mi compañera Raquel tiene el cabello muy largo. Después de

(7) _____, (ella) (8) _____ el pelo con un secador y

(9) _____ con un peine de plata. Es un proceso muy largo. ¡Marimar y yo

(10) _____ con ella porque pasa demasiado tiempo en el cuarto de baño!

4-13 Un buen compañero. La doctora Gutiérrez, una psicóloga que se especializa en relaciones domésticas, les dio a Patricia y a sus amigas unos consejos para ser buenas compañeras de cuarto. Completa la lista con la forma recíproca de los verbos entre paréntesis. ¡OJO! El verbo puede estar en el subjuntivo, indicativo o infinitivo.

- Ante todo, es sumamente importante que los compañeros de cuarto (1. respetarse)

  _____. Es probable que dos personas (2. entenderse)

  _____ bien si cada una tiene en mente los derechos de la otra. Pueden

  evitar situaciones problemáticas si (3. preguntarse) _____ qué tipo de

  comportamiento encuentran inaceptable en vez de dar por sentado que tienen las mismas opiniones.

- Es posible que las personas que viven juntas en la residencia estudiantil no (4. conocerse)

  _____ bien. En este caso, es preferible que (5. hablarse)

  _____ con frecuencia con el fin de entender mejor el carácter de cada

  uno. Aunque no tengan mucho en común, deben intentar establecer una relación cordial porque

  tienen que (6. verse) _____ todos los días.

- Hay algunas cosas que nunca deben hacer. Es malo que los compañeros (7. mentirse)

  _____ porque es muy probable que el otro o la otra se entere de la

  mentira; esto puede crear tensión. Tampoco es bueno que (8. engañarse)

  _____, sobre todo cuando se trata de asuntos económicos.

- Una buena comunicación entre compañeros es la clave para una relación pacífica. Pregúntale a

  cualquier persona que tenga una buena relación con su compañero o compañera de cuarto y te

  dirá: «Nos llevamos bien porque (9. comunicarse) _____». Por el

  contrario, una persona que nunca habla con su compañero de cuarto posiblemente te dirá:

  « ¡Es urgente que mi compañero y yo (10. separarse) _____ porque

  (11. odiarse) _____!»

4-14 Los novios. María José tiene un nuevo novio, Alejandro. Escucha la narración de Alejandro cuantas veces sea necesario y completa las siguientes oraciones con uno de los dos verbos entre paréntesis para recontar la historia. Necesitas escribir el verbo en el pretérito o en el imperfecto.

Fue una ocasión especial cuando María José y Alejandro (1. enamorarse/conocerse)

_____. Él (2. llamar a/enamorarse de) _____ ella

inmediatamente. Ellos (3. tratarse/llevarse) _____ bien desde el principio y

(4. llamarse/escribirse) _____ por teléfono constantemente. Ellos

(5. regalarse/darse) _____ el primer beso debajo de un árbol.

Conéctate

4-15 ¡Mejora tu autoestima! Busca la palabra *autoestima* en la Internet. Luego escoge entre las opciones y lee sobre cómo mejorar la autoestima o toma un autoexamen. ¿Estás de acuerdo con la información que encontraste? ¿El autoexamen te dio los resultados que esperabas? Escribe un breve ensayo con tu respuesta. Incluye en él tu opinión sobre la mejor manera de mantener o mejorar la autoestima.

_____

_____

_____

_____

_____

_____

_____

_____

_____

_____

_____

Segunda parte

¡Así lo decimos! Vocabulario (TEXTBOOK P. 121)

4-16 En familia. Completa las siguientes oraciones usando una variación de cada palabra en itálica. Si necesitas ayuda, consulta la sección llamada *Ampliación* en el libro de texto.

MODELO: ¡Ten *valor,* niño! Hay que ser *valiente.*

1. Me _____ las películas de horror; desafortunadamente, esta *pasión* me

   priva de dormir después que veo una.

2. Para mí es una *obsesión* hacer mis tareas a tiempo. Estoy totalmente

   _____ con entregarlas antes de las fechas indicadas.

3. Cuando lees tu poesía, lo haces con mucha *emoción.* Los que te escuchan también

   _____.

4. ¿Qué _____ ayer en clase? Tus apuntes no indican bien lo *sucedido.*

4-17 La actitud de los estudiantes. Patricia entrevista a dos de sus compañeros sobre la psicología de los estudiantes universitarios. Relaciona cada palabra de *¡Así lo decimos!* con la definición correspondiente.

1. _____ amor propio
2. _____ apasionado
3. _____ conducta
4. _____ experimentar
5. _____ engañar
6. _____ superar
7. _____ valientes

a. comportamiento
b. personas con valor; sin miedo
c. vencer; salir de una situación difícil
d. entusiasta
e. orgullo
f. mentir, no decir la verdad
g. probar y examinar algo

4-18 Los estudiantes opinan. Ahora completa la entrevista. Usa las palabras correspondientes de la primera columna del ejercicio anterior.

PATRICIA: ¿Creen ustedes que los estudiantes universitarios tienen complejos (*mental complexes*)

que les impiden alcanzar sus metas?

CLARA: Sí. Un problema que tienen muchos jóvenes es su falta de

(1) _____. La (2) _____ de algunos de

mis compañeros demuestra que no se respetan a sí mismos. Podrían tener mucho éxito

en la vida, pero se sienten incapaces cuando se les presenta una dificultad y no quieren

tratar de (3) _____ la situación. Además, a veces son ingenuos

(*naïve*) y se dejan (4) _____ por los demás en vez de valorar sus

propias ideas y juicios. Creo que es porque todavía no se han acostumbrado a la

independencia que tienen como adultos ni a pensar por sí mismos.

TEO: No estoy de acuerdo con lo que dice Clara. Yo veo que mis compañeros buscan nuevas

oportunidades y retos porque son (5) _____ y no se sienten

inseguros ante lo desconocido. Si no tienen éxito al principio se esfuerzan aun más.

También pienso que les gusta (6) _____ y probar cosas nuevas

porque tienen un espíritu enérgico y (7) _____, lo que es normal

en los jóvenes.

4-19 Mi pobre hermana. En la siguiente grabación escucharás a Teresa hablar sobre Ricardo, el nuevo novio de su hermana. A Teresa le preocupa esta relación porque Ricardo le cae mal. En esta grabación, Teresa describe a Ricardo pero no termina las oraciones. Durante las pausas completa lo que ella dice con uno de los siguientes adjetivos.

dichoso	humilde	sensible	valiente	vicioso
enajenado	ingrato	terco	vanidoso	

1. _____   4. _____

2. _____   5. _____

3. _____   6. _____

4-20 Secretos para el éxito profesional. Luis, un especialista en relaciones laborales, está preparando una lista de claves para el éxito profesional. Completa su lista con las palabras de *¡Así lo decimos!* que correspondan.

apasionado	conducta	ingrato	placer	terco
beneficiar	egoísta	inquieto	sensible	vanidoso

1. Trabajar mucho para solucionar un problema es bueno, pero usted nunca debería ser

   _____.

2. Es recomendable compartir con sus colegas y evitar ser _____.

3. Es necesario demostrar que el trabajo no es un sacrificio, sino un

   _____ porque los empleados entusiastas reciben más atención de sus

   supervisores que los desinteresados.

4. Si usted es el jefe, su _____ debe servir de modelo para los demás

   empleados de la empresa. Siempre debe ser honesto y actuar de una forma correcta y respetable.

5. Como buen empleado, siempre debe tomar decisiones que van a _____

   a su compañía.

6. Es malo dar la impresión de ser _____. Es natural estar orgulloso de

   sus logros, pero una actitud humilde es mejor que la arrogancia.

7. A veces es bueno ser _____ a los problemas personales de sus colegas

   para poder llevarse bien con ellos.

8. Es aconsejable mantenerse _____ en el trabajo para ser más feliz.

9. Para hacer un buen trabajo es mejor ser disciplinado y tranquilo y no

   _____.

10. Nunca debe ser _____ con las personas que lo han ayudado en su

    trabajo. Siempre debe mostrarles su agradecimiento.

4-21 Una evaluación psicológica. El psicólogo de Cristina, la hermana de Teresa, le ha hecho una evaluación psicológica, que ha grabado. Escucha la grabación y determina cuál de las siguientes palabras completa lógicamente las frases que escuchaste.

el amor propio	conducta	engaña	presumida
apasionada	enajenada	obsesionada	suceso

1. _____

2. _____

3. _____

4. _____

5. _____

4-22 ¡Cuidado! Completa las frases siguientes con *pero* o *sino* (*que*) para inventar una historia sobre una experiencia increíble.

> Ayer volví a casa a medianoche,...
> No entré por la puerta,...
> Una vez en casa, vi una luz que salía de mi habitación,...
> Oí algunos ruidos extraños,...
> No tenía miedo,...
> Fui por el teléfono,...
> No llamé a la policía,...
> Ahora puedes preguntarme qué pasó después,...

_____

_____

_____

_____

_____

_____

_____

_____

¡Así lo hacemos! Estructuras

2. Agreement, form, and position of adjectives (TEXTBOOK PP. 125–127)

4-23 El *test* psicológico. Como parte de su test psicológico, Cristina hizo una prueba de asociación libre, y ahora te toca a ti. En la siguiente grabación escucharás una serie de frases. Después de cada una, elige la descripción que mejor corresponda a lo que escuchaste.

1. a. una mujer pobre
   b. una pobre mujer

2. a. una mujer grande
   b. una gran mujer

3. a. el amor propio
   b. el propio amor

4. a. las víctimas pobres
   b. las pobres víctimas

5. a. un hombre puro
   b. un puro hombre

4-24 Las manías. El doctor Montes ha hecho un estudio sobre los estudiantes universitarios y sus manías. Completa su estudio con la forma apropiada de los adjetivos entre paréntesis. Coloca el adjetivo antes o después del sustantivo según su significado, y haz los cambios necesarios para que concuerden en género y número. Si el espacio no necesita ningún adjetivo, márcalo con una "X".

1. Muchos estudiantes tienen la manía de comprar _____ ropa

   _____ cada semestre. (nuevo)

2. Algunos estudiantes tienen la costumbre de llevar siempre la _____

   camisa _____ cuando tienen un examen porque creen que les trae

   suerte. (mismo)

3. Algunos tienen la costumbre de morderse las uñas cuando se encuentran en

   _____ situaciones _____ tensas. (cierto)

4. Un alto porcentaje de los estudiantes insiste en llevar una _____

   mochila _____ llena de objetos poco útiles. (grande)

5. La vida estudiantil no es fácil. Muchas veces los _____ estudiantes

   _____ no obtienen los resultados que esperaban y se frustran. (pobres)

6. Muchos estudiantes insisten en estudiar solos en vez de colaborar con otros estudiantes

   porque tienen su _____ estilo _____ de

   trabajo. (propio)

4-25 Vamos a describir. El psicólogo le hace a Cristina algunas preguntas. Después de escuchar cada pregunta, contéstala oralmente. Usa en tu respuesta uno de los dos adjetivos descriptivos que están entre paréntesis.

MODELO: ¿Cómo son tus hermanos? (desenvuelto/desenvueltos)

              Son desenvueltos.

1. ... (guapo/guapos)

2. ... (trabajadora/trabajadoras)

3. ... (divertido/divertidas)

4. ... (gran/grande)

5. ... (bondadosos/bondadosas)

4-26 El desarrollo psicológico. La Sra. Antigua es maestra de escuela primaria y está evaluando el desarrollo psicológico de sus alumnos. Completa cada evaluación con la forma correcta del adjetivo correspondiente.

capaz	dichoso	inseguro	terco
cariñoso	inquieto	malhumorado	valiente

A pesar de su corta edad, los estudiantes ya han desarrollado características definidas. Rosita es la más (1) _____ del grupo; no puede quedarse sentada por más de unos minutos. Eva y Dania son dos chicas un poco (2) _____; cuando quieren algo nadie puede hacer que cambien de opinión y no les gusta cooperar con los otros niños. Toñito y Jorge son muy inteligentes y pueden hacer cualquier cosa; son bastante (3) _____. Lourdes y Manolo son (4) _____ y no tienen miedo de intentar cosas nuevas. A Sarita le gusta cuidar de los demás y mostrarles afecto porque es una niña (5) _____. Me da lástima decirlo, pero Pepe me preocupa porque a este chico tan (6) _____ no lo he visto sonreír en todo el año. En cambio, Luisito siempre está contento. Él es un muchacho (7) _____. Fátima y Pili son un poco (8) _____, pero parece que poco a poco van adquiriendo más confianza en sí mismas.

4-27 Una influencia positiva. Álvaro, uno de tus compañeros de clase, ha escrito una composición sobre una persona que lo influyó mucho. Completa la composición con la forma correcta de los adjetivos.

afligido	bueno	grande	santo	tercero
apasionado	cien	puro	sensible	viejo

La persona que tuvo más influencia en mi desarrollo personal fue Marcos Godoy, mi

(1) _____ profesor de (2) _____ grado. El señor

Godoy era un (3) _____ profesor porque respetaba a sus alumnos, aunque

teníamos tan sólo ocho años. Era un hombre (4) _____ que siempre pensaba

en los sentimientos de los niños antes de actuar. Tenía un (5) _____

entendimiento de la psicología infantil. Él no se molestaba con los estudiantes. Yo nunca lo vi

(6) _____ por un estudiante. El señor Godoy también era una persona

(7) _____ por su carrera. Era obvio que se emocionaba cuando enseñaba.

Además, el señor Godoy era un hombre caritativo (*charitable*). Es increíble, pero él no aceptaba

dinero por su trabajo en la escuela. Decía que no enseñaba para ganarse la vida sino por

(8) _____ placer. ¡No es sorprendente que los ciudadanos de la

comunidad lo llamaran (9) _____ Marcos! ¡Ojalá que hubiera

(10) _____ de profesores como él!

3. The past participle and the present perfect indicative and subjunctive (Textbook pp. 129–130)

4-28 El progreso personal. Luz María está pensando en todo lo que ha hecho este año para ser mejor. Escribe oraciones completas en el presente perfecto para expresar lo que ella dice. No te olvides de hacer los cambios necesarios.

MODELO: (Yo) estudiar / en / el extranjero

Yo he estudiado en el extranjero.

1. Este / año / (yo) ir / gimnasio / todo / día

_____

2. (Yo) escribirles / cartas / todo / mi / amigos

_____

3. Mi / amiga / y / yo / participar / organización / caritativo

_____

4. Mi / novio / y / yo / asistir / clases / yoga

_____

5. (Yo) trabajar / como / voluntaria / hospital

_____

6. Mi / familia / hacer / reuniones / todo / semanas

_____

7. (Yo) ver / mucho / programas / educativo / televisión

_____

8. (Yo) leer / vario / obras / literario

_____

4-29 Todo está listo. Imagínate que estás a cargo de organizar la boda de Anita, la prima de Cristina. La madre de la novia, que quiere saber si todo está listo, te llama para hacerte una serie de preguntas. Rellena cada espacio en blanco con el participio pasado que escuchaste.

MODELO: ¿Cuándo diseñaron el vestido de Anita?

El vestido fue *diseñado* el año pasado.

1. El servicio de banquete fue _____ el mes pasado.

2. Sí, los problemas con el salón están _____.

3. Sí, las invitaciones fueron _____ el mes pasado.

4. El contrato con el fotógrafo está _____.

5. La iglesia está _____.

4-30 Buscando pareja. Ricardo, el ex novio de Cristina, no ha podido encontrar novia; por eso tiene una entrevista en un servicio que ayuda a encontrar pareja. Escucha la grabación y luego indica si las siguientes oraciones son **Ciertas** o **Falsas**.

1. Todas las novias de Ricardo han sido feas.	Cierto	Falso
2. Ricardo no ha cometido ningún delito.	Cierto	Falso
3. Ricardo ha sido diagnosticado con una enfermedad mental.	Cierto	Falso
4. Ricardo ha superado su última relación amorosa.	Cierto	Falso
5. Ricardo ya le ha pagado a la secretaria.	Cierto	Falso

© 2010 Pearson Education, Inc.

4-31 Un grupo de apoyo. Javier participa en un programa de apoyo para personas que quieren dejar sus malos hábitos. En su diario se refleja el progreso que han hecho los miembros de su grupo. Completa las oraciones con los verbos apropiados en el presente perfecto.

acostumbrarse	decir	leer	ser
alcanzar	dejar	pasar	superar
apoyar	descubrir	reducir	tener
cambiar	ir		

Mis compañeros de terapia de grupo y yo (1) _____ muchas metas importantes este mes con la ayuda del grupo. ¡Yo casi (2) _____ de fumar! Cuando empecé a asistir a las reuniones fumaba dos paquetes de cigarrillos al día, y ahora (3) _____ tres meses sin fumar un solo cigarrillo. Es cierto que (4) _____ momentos difíciles, pero (5) _____ la tentación. Otro miembro de nuestro grupo, Samuel, tiene muchos problemas de salud porque tiene el colesterol alto, pero él (6) _____ muchos libros sobre ese problema y, de hecho, ya (7) _____ su dieta. Dice que (8) _____ a comer más frutas y verduras y (9) _____ que estos alimentos le gustan más que las comidas grasosas. Dorotea y Gil son los miembros del grupo que (10) _____ que tienen una adicción a la Red informática. Con el apoyo de nuestro grupo (11) _____ su uso de la Internet a una hora diaria. El proceso de controlar los hábitos (12) _____ muy arduo, pero mis compañeros y yo nos (13) _____ durante estos difíciles momentos. Lo importante es ser constante. Yo (14) _____ a todas las reuniones.

4-32 Cómo ha cambiado mi vida. Cristina finalmente se ha dado cuenta de que los novios que hasta este momento ha tenido no han sido de lo mejor. En la siguiente grabación, ella nos dice lo que ha hecho para cambiar de vida. Después de escucharla debes informar sobre lo que dijo. Cambia los verbos según el sujeto de cada oración.

1. Cristina _____ que luchar para mejorar su autoestima.

2. Cristina _____ completamente a sus estudios.

3. Su psicólogo le _____ que necesita tiempo para estar sola.

4. Cristina _____ de todos los hombres.

5. Sus padres y amigos la _____ mucho.

6. Todos _____ un gran cambio en su vida.

4-33 Una compañera vanidosa. Luz María tiene una compañera de cuarto muy vanidosa. Para completar su descripción convierte el infinitivo de los verbos de la lista en participio pasado.

cortar	escribir	obsesionar	reflejar	vestir
cubrir	maquillar	peinar	romper	

Es importante tener una imagen positiva de sí mismo, pero mi compañera de cuarto está

(1) _____ con su aspecto físico. Por ejemplo, no puede pasar frente a

un espejo sin pararse para verse (2) _____ en él. Nunca sale de

la casa sin tener la cara (3) _____ y el cabello perfectamente

(4) _____. Siempre que va a la peluquería sale con el pelo

(5) _____ a la perfección. Hace unos días vio que tenía una uña

(6) _____ y se puso a llorar. Además, siempre va

(7) _____ a la última moda. Ella lee todo lo que está

(8) _____ en las revistas de moda. Su escritorio está

(9) _____ de estas revistas; es lo único que lee.

¡Qué exagerada!

4-34 Ahora escribo yo. A continuación escucharás una serie de verbos en el infinitivo. Después de escucharlos, escribe una oración original. Debes cambiar el verbo del infinitivo al participio pasado. Puedes usar los verbos **estar** o **haber** en tu oración.

MODELO: invitar

Me han invitado a la boda del príncipe Felipe y Letizia.

o

Estoy invitado/a a la boda del príncipe Felipe y Letizia.

1. _____
2. _____
3. _____
4. _____
5. _____
6. _____

¡Así lo expresamos!

Imágenes

4-35 Diego y yo. En el texto, viste la pintura *Las dos Fridas* de Frida Kahlo. A pesar de que casi todas sus obras fueron autorretratos, algunas veces Frida incluyó en ellas a su esposo Diego Rivera. Una de estas pinturas se titula *Diego y yo*. Ve a la Internet; busca la pintura y obsérvala. Después de haber estudiado las dos pinturas, escribe un breve ensayo para comparar cómo se representa la pintora en *Las dos Fridas*, donde se la ve con "la otra Frida", y en *Diego y yo*. En tu ensayo, comenta si su autoimagen cambia dependiendo de quién la acompaña o si se mantiene igual.

_____
_____
_____
_____
_____
_____
_____

Ritmos

4-36 Soy. En la personalidad influyen muchos factores como la familia, la situación económica, la historia personal y la cultura. En la canción *Soy* de Willy Chirino y la descripción que hace de su personalidad, se notan la influencia de la cultura caribeña en general y de la cultura cubana en particular. ¿Cuán diferente habría sido la canción de Willy Chirino si él hubiera nacido en Estados Unidos? ¿Habría sido distinta la canción si la hubiera escrito una mujer? Ve a la Internet e intenta encontrar una canción similar a *Soy*, escrita por otra persona. Un ejemplo puede ser la canción *I Am* de Hilary Duff. Escribe un breve ensayo para comentar las diferencias y semejanzas entre las dos descripciones. ¿Ves algunas diferencias culturales o de género?

_____

_____

_____

_____

_____

_____

Páginas

4-37 Antes de leer. En la lectura encontrarás el siguiente vocabulario. Estúdialo y luego completa las oraciones de la actividad con la opción apropiada.

al respecto	*in that respect*	padecer de	*to suffer from*
daño	*damage*	peligro	*danger*
ebrio	*inebriated, drunk*	profundo	*deep*
física	*physical*	propenso	*susceptible*
incomodidad	*discomfort*	radicar	*to reside*
insomnio	*insomnia*	reciente	*recent*
insulina	*insulin*	sueño	*sleep; dream*
obeso	*obese*		

1. En el accidente de tránsito que tuve, mi auto sufrió muchos _____.

   a. daños   b. peligros   c. profundos

2. Mi padre no está bien; él _____ muchas enfermedades (*illnesses*).

   a. radio   b. propenso   c. padece de

3. Mi hermano pesa (*weighs*) 325 libras. Yo temo que él sea _____.

   a. ebrio   b. insomnio   c. obeso

4. Yo pienso lo mismo que el experto _____.

   a. padece de   b. al respecto   c. radica

5. Luz María hace mucho ejercicio, por eso su condición _____ es muy buena.

   a. física   b. reciente   c. incomodidad

6. La _____ es lo que ayuda a controlar el azúcar en el cuerpo.

   a. física   b. insulina   c. obesidad

7. Nunca bebas demasiado alcohol si no quieres estar _____.

   a. ebrio   b. profundo   c. propenso

4-38 A leer. Lee el siguiente artículo con cuidado. Luego indica si las oraciones son **Ciertas** o **Falsas**, según la lectura.

Los buenos sueños, sueños son

Dormir bien contribuye a la buena salud

Todos entendemos la importancia de dormir bien cada noche. Si tiene una duda al respecto, deje de dormir una noche y se dará cuenta de los efectos negativos del insomnio. Pero, ¿sabía usted que la falta de sueño no solamente resulta en una incomodidad física pasajera, sino que puede resultar en daños a la salud y hasta cambios de personalidad? Esos daños comienzan la primera vez que uno no duerme lo necesario. Según los resultados de recientes investigaciones, dejar de dormir por una noche entera tendrá el mismo efecto en el conductor de auto que haber consumido suficiente alcohol como para estar legalmente ebrio.

Aun así, el verdadero peligro radica en que muchas personas permiten que la falta de sueño se convierta en un vicio. Los científicos han descubierto que las personas que no duermen normalmente lo suficiente se vuelven menos sensibles a la insulina, lo cual los hace más propensos a desarrollar diabetes y a padecer de presión alta. Además, se ha comprobado que la falta de sueño hace que uno coma más al día siguiente. Si eso se hace con regularidad, la probabilidad de ser obeso aumenta. Todo esto tiene un impacto dañino sobre el funcionamiento del cerebro. De hecho, los investigadores han establecido una conexión entre los problemas de insomnio y la pérdida de la memoria, y hasta con el desarrollo de la depresión.

¿Qué se puede hacer? Según los expertos, hay muchas cosas que se pueden hacer para lograr dormir bien todas las noches. Hacer ejercicio regularmente antes de acostarse contribuye a que uno duerma bien. Habría que tener una rutina fija cada noche que incluyera, además, disminuir la intensidad de la luz. Estas dos cosas le indicarán al cerebro que está llegando el momento de dormir. No beba ni cafeína ni alcohol de 4 a 6 horas antes de acostarse. La cafeína dificultará el sueño y el alcohol contribuirá a que no se pueda dormir profundamente. Mantenga su cuarto oscuro y a una temperatura fresca.

Si sigue estas recomendaciones, los expertos afirman que dormir bien dejará de ser sólo un sueño.

1. El insomnio no afecta la salud física.	Cierto	Falso
2. Dejar de dormir por una noche y estar ebrio tienen el mismo efecto.	Cierto	Falso
3. Hay una conexión entre el insomnio y la obesidad.	Cierto	Falso
4. Dejar de dormir no tiene un impacto dañino sobre el cerebro.	Cierto	Falso
5. El alcohol contribuye al sueño profundo.	Cierto	Falso

Taller

4-39 Antes de escribir. Haz una lista de adjetivos que describan tu carácter. Piensa luego en la imagen que proyectas y en cómo te ven los otros. ¿Crees que los demás estarían de acuerdo con la descripción que hiciste? Pregúntales a algunos compañeros cómo te describirían y haz una lista de los adjetivos que usan en sus descripciones. ¿Qué discrepancias hay entre tu propia imagen y la imagen que tus amigos tienen de ti?

_____   _____

_____   _____

_____   _____

4-40 A escribir. Imagínate que encuentras a alguien por primera vez. Si esa persona tuviera que describirte después de este primer encuentro, ¿qué diría? Escribe una descripción de ti mismo desde la perspectiva de esa persona que acaba de conocerte. Emplea adjetivos específicos. Intenta usar expresiones reflexivas para describir el aspecto físico (por ejemplo: se viste bien).

_____

_____

_____

_____

_____

_____

_____

Las relaciones personales

Primera parte

¡Así lo decimos! Vocabulario (TEXTBOOK P. 143)

5-1 En familia. Completa las siguientes oraciones con una variación de cada palabra en itálica. Si necesitas ayuda, consulta la sección llamada *Ampliación* en el libro de texto.

MODELO: Los novios *se comprometieron* hace diez años. Es uno de los <u>*compromisos*</u> más
                 largos que conozco.

1. El joven me pidió *disculpas* por haberme ofendido. Lo _____ porque

   aunque me había hablado de mala manera, ahora estaba arrepentido.

2. La mujer se sintió muy ofendida por la *calumnia* de su amiga. Es una gran ofensa

   _____ a otra persona.

3. ¡No estés *celoso* de tus compañeros! Todos ustedes tienen gran mérito. Los

   _____ pueden causar sentimientos negativos.

4. Los *chismes* y rumores son muy destructivos. Todos conocemos a gente que

   _____.

5. Es una *molestia* tener que resolver los problemas de los demás. ¿Estás

_____ conmigo?

6. Después de una *discusión* desagradable, la pareja decidió ver a un consejero matrimonial.

Ahora, después de un año de consultas, ellos casi no _____ nunca.

7. Te *agradezco* todas tus atenciones durante mi enfermedad. Te estoy muy

_____.

5-2 Invitación al diálogo. Este es el panfleto de una organización estudiantil dedicada a promover la resolución de conflictos interpersonales por medio del diálogo y la negociación. Usa las siguientes palabras de *¡Así lo decimos!* para completarlo.

celos	comprometernos	discusión	propósito
chisme	disculpar	entendimiento	

En la vida estudiantil suelen presentarse conflictos con otros estudiantes. Las

diferencias de edad, de cultura, de idioma o el (1) _____ y los

(2) _____ son algunas de las cosas que pueden crear tensiones. Nuestra

organización tiene un objetivo importante: el (3) _____ de

promover el (4) _____ entre las personas a través de la

(5) _____ abierta. Queremos (6) _____ en la

tarea de lograr una mejor comunicación. Los conflictos son parte de nuestra vida cotidiana

y son inevitables pero (7) _____ y agradecer son claves para empezar

a resolverlos.

5-3 Crucigrama. Completa este crucigrama con las palabras de *Así lo decimos* que correspondan.

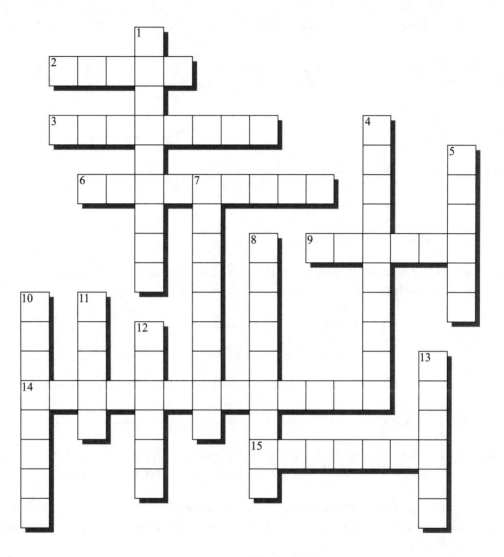

Horizontales

2. Causar daño
3. Debatir
6. Rapidez
9. Dos, dúo
14. Facultad de comprender
15. Poner entre los brazos

Verticales

1. Perdonar
4. Promesa, dar su palabra
5. Sinónimo de aburrida
7. Dar parte de lo que uno tiene a los demás.
8. Constancia en los afectos e ideas
10. Fastidio, fatiga
11. Expresión de la cara o el cuerpo
12. Calidad de bueno
13. Conseguir, obtener

5-4 Una buena pareja. En la siguiente grabación Ana nos va a hablar de su amiga Helena y el novio de Helena, Julio. Escucha la grabación cuantas veces sea necesario y luego completa cada frase con una de las siguientes palabras de *¡Así lo decimos!* Haz los cambios que sean necesarios.

cariñoso/a	chismoso/a	mandón/mandona
celoso/a	fiel	pesado/a

1. Helena es _____ y _____.

2. Helena no es _____ ni _____.

3. Julio es _____.

4. Julio no es _____.

5-5 ¿Sabes cuál es la palabra? Escucharás a Antonio hablarnos de su novia. Después de escucharlo rellena los espacios en blanco con la palabra de *¡Así lo decimos!* que hayas escuchado.

A la novia de Antonio le importa mucho la (1) _____ y el

(2) _____ de la pareja. Ella no es (3) _____ ni le

gusta el (4) _____. Ella es la novia perfecta. Ahora Antonio quiere casarse

con ella y por eso él va a comprarle un anillo de (5)_____.

5-6 ¡Cuidado! Escribe un episodio de una telenovela o serie de televisión que hayas visto en el cual los personajes sufrían por cuestiones de amor. Usa frases con **querer** y **amar** para describir la acción.

MODELO: *Conchita era una chica pobre que hacía la limpieza en la casa de don Felipe. Ella quería casarse con Enrique, el hijo de don Felipe. Aunque Enrique la amaba, sus padres...*

_____

_____

_____

_____

_____

¡Así lo hacemos! Estructuras

1. Subjunctive vs. indicative in adjective clauses (TEXTBOOK P. 146)

5-7 Una cita a ciegas. Beatriz organiza una cita a ciegas (*a blind date*) para su amiga Sara. Beatriz quiere estar segura de que ha tenido en cuenta todos los detalles para que la cita sea un éxito. Completa las frases con la forma correcta de los verbos entre paréntesis.

1. Ya he hablado con el chico que _____ (querer) conocer a Sara.

2. Le he dicho que Sara prefiere a un chico que _____ (vivir) en la misma

   ciudad que ella y que no _____ (viajar) por su trabajo.

3. A Sara le encantan los chocolates; por eso le he dicho que es bueno que

   _____ (comprar) una caja de chocolates con caramelo para la cita.

4. Le he comentado que Sara siempre _____ (llevar) el cabello recogido

   hacia atrás para que la identifique fácilmente.

5. Le conté que los padres de Sara la _____ (proteger) mucho porque es

   hija única (*only child*).

6. Sara es una chica muy puntual. Él ya sabe que es importante que _____

   (llegar) a tiempo a la cita.

7. Le dije que después de la cita, _____ (poder) llevarla a caminar por el

   lago porque es el lugar favorito de Sara en la ciudad.

5-8 Un anuncio clasificado. José Emilio escribe un anuncio clasificado. Complétalo con el presente del indicativo o del subjuntivo de los verbos entre paréntesis.

Soy un hombre de treinta y dos años que (1. buscar) _____ una relación

seria. Espero encontrar una mujer a quien le (2. interesar) _____ casarse y

tener una familia. Necesito una persona que (3. ser) _____ estable

emocionalmente; alguien que me (4. querer) _____ y que (5. respetar)

_____ mis sentimientos y mi forma de pensar. No me importa si la

mujer (6. ser) _____ alta o baja, rubia o morena. Lo importante

para mí es que (7. tener) _____ un buen corazón y (8. estar)

_____ dispuesta a hablar abiertamente de nuestras diferencias. Si eres esa

persona o (9. conocer) _____ a alguien con esas características, (ustedes)

me (10. poder) _____ llamar al número 342-ANSIOSO.

5-9 Una declaración de amor. Rosa y Mario se conocieron a través de la Internet. En esta conversación él le declara a ella su amor. Completa el diálogo con el presente del indicativo o del subjuntivo de los verbos de la lista según corresponda.

amar	conocer	querer	ser
apresurar	estar	sentir	tener

MARIO: Pienso que eres la persona ideal para mí. Te amo y quiero que

(1) _____ mi novia.

ROSA: También pienso que eres alguien muy especial. Tú me (2) _____

y nosotros (3) _____ muchas cosas en común; pero me

preocupa que todavía no nos conocemos personalmente. Pienso que es importante que

nos (4) _____ un poco más antes de ser novios formalmente.

No es conveniente que nos (5) _____ porque podemos

lamentarlo más tarde.

MARIO: Me preocupa tu inseguridad. (6) ¿_____ interesada en otra

persona? ¿Hay otro hombre que te (7) _____ como yo?

ROSA: No, Mario. No hay nadie más. Pero no me (8) _____ cómoda en

una relación seria con alguien a quien no conozco personalmente.

5-10 Amar otra vez. *Betty la Fea* ha sido una telenovela muy popular en América Latina y Estados Unidos. Escucha el resumen de la historia y decide si las frases siguientes son **Ciertas, Falsas,** o si lo que se afirma **No se dice** en la grabación.

1. Betty es una chica fea pero también es muy buena   Cierto   Falso   No se dice.
   e inteligente.

2. Betty está enamorada de un hombre rico.   Cierto   Falso   No se dice.

3. Armando está comprometido con una mujer tan   Cierto   Falso   No se dice.
   fea como ella.

4. Las diferencias culturales son el obstáculo entre   Cierto   Falso   No se dice.
   Betty y el hombre al que ella ama.

5. Betty es una mujer feliz.   Cierto   Falso   No se dice.

5-11 ¿Debe hacerse bonita Betty? Al final de la telenovela, el guionista debe decidir si Betty debe hacerse unos cambios a la aparencia física para hacerse bonita. Ayúdalo a tomar una decisión. Escucha las diferentes consecuencias que puede tener el desarrollo de la telenovela. Escribe en los espacios en blanco la letra de la opción que corresponda.

1. _____ Va a cambiar de vida y de trabajo.

2. _____ Va a perder las cosas que la hacen especial.

3. _____ Va a ser una mujer más moderna.

4. _____ Va a mostrar sus dientes hermosos.

5. _____ Su ropa va a ser más elegante.

5-12 Una vida diferente. Si Betty decide dejar su trabajo e irse a otra ciudad para empezar de nuevo, su vida va a cambiar mucho. Escucha los cambios que esto puede causar en su vida. Luego, forma oraciones oralmente con expresiones como **Es importante que...**, **Es necesario que...** y usa los verbos en el indicativo o el subjuntivo basándote en lo que escuchas.

MODELO: (ser)

   Es importante que Betty sea una buena trabajadora.

1. (ir)

2. (encontrar)

3. (llamar)

4. (trabajar)

5. (olvidar)

Conéctate

5-13 *Como agua para chocolate.* En la película *Como agua para chocolate*, basada en la novela de Laura Esquivel, Tita prepara un plato especial que genera pasión en el que lo come. Ve a la Internet, busca el video de la película en YouTube y mira la escena en la que Tita prepara y sirve este plato especial. Escribe un breve ensayo para describir la conexión entre la comida y las emociones. ¿Piensas que la comida puede afectar la química del cerebro? ¿Has tenido alguna experiencia en la que una comida haya afectado tus reacciones físicas? ¿Crees que hay alguna conexión entre la comida y las emociones?

_____

_____

_____

_____

Segunda parte

¡Así lo decimos! Vocabulario (TEXTBOOK P. 153)

5-14 En familia. Completa las siguientes oraciones usando una variación de cada palabra en itálica. Si necesitas ayuda, consulta la sección llamada *Ampliación* en el libro de texto.

MODELO: Era una pareja muy *unida*. Su *unión* había durado muchos años.

1. Ella siempre _____ cuando estaba con él y su *risa* lo llenaba de felicidad.

2. De todas sus _____ valoraba más su anillo de oro. Antes lo *había*

   poseído la mamá de su novio.

3. Pero cuando ella lo vio con otra, *cruzó* los brazos y los mantuvo _____

   hasta que él le explicó la situación.

4. Después de algún tiempo *se separaron.* Fue una _____ muy dolorosa

   para los dos.

5. Finalizaron los papeles de *divorcio* el mes pasado. Ahora son como muchos que están

   _____ y casi no se hablan.

5-15 Conflictos conyugales. Las diferencias de personalidad afectan a menudo las relaciones matrimoniales de manera negativa y hasta han sido causa de divorcio. Completa cada frase con la palabra apropiada de *¡Así lo decimos!* de la lista.

divorciarse	impulsivo	irritar
dominar	inseguridad	sinvergüenza

1. Cuando una persona de la pareja quiere _____ al otro, esto

   generalmente refleja _____ en la persona dominante.

2. En una pareja, hay que evitar hablar de temas que puedan _____ al otro.

3. Si la esposa dice que su marido es _____, el respeto entre

   la pareja está muy debilitado.

4. Para poder aclarar malos entendidos (*misunderstandings*) en una pareja, es mejor no ser

   _____ y pensar dos veces antes de hablar.

5. Si una pareja se pelea todo el tiempo y no hay afecto ni respeto, lo mejor es

   _____.

5-16 Un poco de psicología infantil. Una psicóloga infantil describe las consecuencias de la relación de pareja en el comportamiento de los hijos. Completa el párrafo con las palabras de *¡Así lo decimos!* de la lista.

angustia	comportamiento	divorcio	inseguridad
calladas	consentidos	dominar	separación

El desarrollo de los niños y, particularmente, su (1) _____, se ve

claramente afectado por las relaciones entre sus padres. Algunos padres tienden a sobreproteger

(*overprotect*) a sus hijos y, típicamente, crían niños (2) _____,

que a su vez tienden a ser adultos inmaduros. Hay padres que se caracterizan por

(3) _____ constantemente a sus hijos. Estos niños tienden a ser personas

(4) _____ y llenas de (5) _____. El

(6) _____ y la (7) _____ pueden producir mucha

(8) _____ en los hijos, quienes pueden volverse atrevidos y rebeldes.

5-17 ¿Qué significa esta palabra? Las definiciones que escucharás a continuación corresponden a las palabras siguientes de la sección *¡Así lo decimos!* Lee la lista de palabras y después de escuchar las definiciones, selecciona la palabra que corresponde a cada una.

1. _____   a. callada

2. _____   b. risa

3. _____   c. consentida

4. _____   d. tacaña

5. _____   e. divorcio

5-18 ¿Cómo se comporta Fernandito? La señora Muñoz habla por teléfono con la directora del colegio de su hijo Fernandito. Pero, hay una campana que interfiere cada vez que la directora dice algo y no se puede escuchar lo que ella dice. Escucha la grabación cuantas veces sea necesario y luego responde a los comentarios de la directora usando las palabras de *¡Así lo decimos!* y diciéndole que tú no estás de acuerdo con su opinión.

MODELO: Hemos notado que Fernandito es un poco egoísta. ¿Usted piensa que él es

_____?

No, yo no creo que mi hijo sea *egocéntrico*.

| atrevido | callado | malcriado | risa | volátil |

1. No, yo no creo que mi hijo sea _____.

2. Disculpe, pero mi hijo no habla demasiado. Yo considero que él es un niño

_____.

3. No, yo no he oído carcajadas de Fernandito. Yo no pienso que su

_____ sea una molestia.

4. No, yo no estoy de acuerdo. Mi hijo no es _____.

5. Perdón, pero yo no acepto que usted diga que mi hijo es _____.

5-19 ¡Cuidado! Escribe una anécdota sobre gente conocida o inventada en que utilices los cuatro verbos que no usan la preposición **por** (agradecer, buscar, esperar, pagar).

MODELO: *Mi mejor amigo decidió poner un aviso en la sección de personales en el periódico. Dijo que **buscaba** novia...*

_____

_____

_____

_____

_____

¡Así lo hacemos! Estructuras

2. The future perfect and pluperfect tenses (TEXTBOOK PP. 156–157)

5-20 Proyectos. Para completar la carta en la que David le cuenta a su padre lo que habrá hecho dentro de unos años, usa el futuro perfecto de los verbos de la lista.

ahorrar	comprar	dejar	graduarse
casarse	comprometerse	encontrar	tener

Querido papá:

Tengo noticias sobre mi futuro que te van a encantar. Casi he terminado mis clases en la universidad

y para junio ya (1) _____. Ya he empezado a buscar trabajo, y te prometo

que para finales del verano (2) _____ un puesto estable en una compañía

importante. Dentro de un año (3) _____ mucho dinero y para diciembre

(4) _____ una casa. Mi novia y yo pensamos que antes de noviembre

(5) _____ y para dentro de dos años (6) _____.

Probablemente nosotros (7) _____ un hijo para el año 2012. ¡Para aquel

entonces tú (8) _____ de preocuparte tanto por mí!

5-21 Eso es imposible. Tu amiga Marta es una chica que sueña con lo imposible. En la siguiente grabación la escucharás hacer planes para los próximos cuatro años. Ella predice lo que habrá hecho antes de terminar sus estudios en la universidad. Como tú la conoces muy bien, sabes que lo que ella predice es imposible y la contradices. Rellena los siguientes espacios en blanco con la forma correcta del futuro perfecto de uno de los verbos entre paréntesis.

1. No lo creo. Tú no _____ (casarse / graduarse) antes de cuatro años.

2. No lo creo; ellos no te _____ (regalar / prestar) nada.

3. Ustedes no _____ (terminar / empezar) su relación para finales de este año.

4. Roberto no _____ (enamorarse / apasionarse) de ti antes de la primavera.

5. ¡Eso es imposible! Roberto no te _____ (dar / declarar) su amor antes

   del verano. ¡Tú estás soñando!

5-22 Mi hijo. Doña Catalina está muy orgullosa de su hijo Guillermo y nos cuenta sobre él. Escucha la grabación cuantas veces sea necesario y luego indica si las siguientes oraciones son **Ciertas** o **Falsas.**

1. El hijo de doña Catalina se habrá graduado de terapeuta familiar para el   Cierto   Falso
   próximo mes.

2. El hijo de doña Catalina habrá abierto una consulta para el próximo mes.   Cierto   Falso

3. Doña Catalina cree que ella y su esposo habrán ido de vacaciones con su   Cierto   Falso
   hijo para finales de año.

4. Él y su novia se habrán casado para la próxima semana.   Cierto   Falso

5. Doña Catalina piensa que para el próximo verano su hijo y su novia ya   Cierto   Falso
   habrán anunciado su compromiso.

5-23 El futuro. Piensa en las cosas que tú y las siguientes personas ya habrán hecho cuando se gradúen de la universidad. Escribe oraciones completas y lógicas usando el futuro perfecto. No te olvides de hacer los cambios necesarios para que las oraciones tengan sentido.

MODELO: Yo / conseguir / buen trabajo

Yo habré conseguido un buen trabajo.

1. Yo / cumplir / sueño / graduarme / psicología

   _____

2. Mi compañero(a) de cuarto / beneficiarse / estudiar / buena universidad

   _____

3. Nosotros / superar / momentos difíciles / juntos

   _____

4. Tú / comprometerse / tu novio(a) / escuela secundaria

   _____

5. Mis padres / hacer / grande fiesta / graduación

   _____

5-24 Una encuesta. Después de graduarte has trabajado haciendo encuestas sobre las relaciones interpersonales actuales. Completa las oraciones con el pluscuamperfecto del verbo apropiado en cada caso.

1. El 94 por ciento de las mujeres dijeron que _____ (enamorarse / emocionarse / arrepentirse) de alguien antes de cumplir los dieciocho años.

2. El 42 por ciento de los hombres casados admitieron que _____ (descomponerse / complementarse / declararse) a otra mujer antes de conocer a su esposa.

3. El 56 por ciento de las personas que han tenido una pareja infiel no _____ (enfadarse / disculparse / sospechar) que había otro/a antes de enterarse de la verdad.

4. El 27 por ciento de los matrimonios divorciados ya _____ (poseer / ir / enamorarse) a terapia cuando se separaron.

5. El 19 por ciento de las parejas dijeron que _____ (salir / agradecer / olvidarse) juntos durante un año antes de comprometerse.

6. El 38 por ciento de los recién casados dijeron que _____ (firmar / borrar / aprovechar) un pacto prenupcial antes de casarse.

5-25 Una pareja. Horacio habla de lo que él y su novia habían hecho antes de conocerse. Completa las oraciones con el pluscuamperfecto del verbo apropiado de la lista.

asistir	estar	tener	viajar
conocer	ir	tocar	vivir

Es increíble que mi novia Mariela y yo nos llevemos bien porque yo soy muy introvertido y ella es

una persona muy extrovertida. Por esa razón nosotros (1) _____

experiencias muy diferentes antes de conocernos. Antes de salir con Mariela yo nunca

(2) _____ en el extranjero, pero ella y sus amigos

(3) _____ por toda América. Yo tampoco

(4) _____ nunca a un concierto de música merengue, pero Mariela

(5) _____ con una orquesta caribeña por dos años. Mariela

(6) _____ muchas veces a fiestas en la casa de unos actores muy conocidos,

pero yo nunca (7) _____ a una persona famosa. La verdad es que Mariela

y yo (8) _____ en mundos muy distintos, pero ahora que somos novios

estamos aprendiendo a compartir nuestras experiencias y nuestros gustos.

5-26 Antes de Mirna. En la siguiente grabación escucharás a Guillermo hablar de cómo era su vida antes de conocer a su novia Mirna. Después de escuchar la narración, completa el siguiente párrafo con la información que escuchaste. Debes escribir los verbos en el pluscuamperfecto.

Guillermo nunca antes (1) _____ a nadie como Mirna. Nadie le

(2) _____ tanto amor. Antes de conocer a Mirna, Guillermo nunca

(3) _____ confianza en sí mismo y por eso nunca le

(4) _____ fiel a ninguna de sus novias. Antes de Mirna, Guillermo no le

(5) _____ sus secretos a nadie tampoco.

3. Comparisons with nouns, adjectives, verbs, and adverbs; superlatives (Textbook pp. 159–161)

5-27 Unos compañeros irresponsables. En un e-mail a su madre, Héctor, un estudiante universitario, le describe cómo son sus compañeros de cuarto. Completa su mensaje usando las expresiones comparativas y superlativas necesarias.

Querida mamá:

¡Esta semana ha sido la semana (1) _____ difícil de toda mi vida!

Mis compañeros de cuarto me han causado mucho estrés. ¡Son las personas

(2) _____ responsables del mundo! Víctor es el chico

(3) _____ olvidadizo (*forgetful*) de todos mis amigos.

Esta semana se olvidó de pagar la cuenta telefónica y ahora nos han cortado el servicio. Gerardo es

(4) _____ desorganizado como Víctor. Le presté los apuntes de mis clases y

me los perdió. Esta semana he sacado (5) _____ malas notas como él

porque no pude estudiar. Octavio es (6) _____ egoísta de todos mis

compañeros. No nos permitirá usar su computadora hasta que él termine sus trabajos finales, pero es

(7) _____ lento que una tortuga. Octavio también es

(8) _____ tacaño de todos mis compañeros. Ayer pedimos una pizza grande

y ni siquiera se ofreció a pagar, como el resto de nosotros. Sin embargo, creo que Daniel es el peor de

todos. Tiene (9) _____ discos compactos como una tienda de música y los

pone toda la noche. No puedo dormir porque el ruido es (10) _____ fuerte

como en un concierto de rock. ¿Qué puedo hacer, mamá?

Héctor

5-28 Comparando a nuestros hijos. Doña Catalina está muy orgullosa de su hijo el terapeuta y lo compara con el hijo de su amiga Altagracia. Escucha la grabación cuantas veces sea necesario y luego escribe una comparación de desigualdad en una sola oración.

MODELO:　　　Mi hijo me ayuda con los gastos de la casa. El hijo de Altagracia no le ayuda en nada a su madre.

　　　　　　Mi hijo es más responsable que el hijo de Altagracia.

1. _____.

2. _____.

3. _____.

4. _____.

5. _____.

5-29 Son iguales. Sebastián no puede decidir con quién salir a bailar esta noche. ¿Con Raquel o con Érica? Las dos son muy similares y él ha hecho una lista de sus cualidades para compararlas. Escucha la siguiente grabación en la que compara a las dos chicas. Luego escribe una comparación de igualdad en una sola oración.

MODELO:　　　Raquel es deportista. Érica es deportista también.

　　　　　　Raquel es tan deportista como Érica.

1. _____

2. _____

3. _____

4. _____

5. _____

5-30 ¿Cómo es tu familia? Elena quiere saber cómo es la familia de Héctor, el chico con quien sale. Completa las respuestas de Héctor con expresiones superlativas.

ELENA: ¿Tu familia está muy unida?

HÉCTOR: Sí, mi familia es (1) _____ del mundo.

ELENA: ¿Son cariñosos tus padres?

HÉCTOR: Tengo los padres (2) _____ de todos mis amigos.

ELENA: ¿Tu hermano Martín es comprensivo?

HÉCTOR: No, Martín es (3) _____ de mis hermanos.

ELENA: Tus hermanas son encantadoras, ¿verdad?

HÉCTOR: Es cierto. Son las chicas (4) _____ que existen.

ELENA: ¿Es consentida tu hermana menor?

HÉCTOR: Sí, es la persona (5) _____ de toda mi familia.

5-31 Unos compañeros divertidos. Maribel y Patricia están conversando sobre sus compañeros de clase. Completa su diálogo con expresiones superlativas, y no te olvides la concordancia de los adjetivos.

MARIBEL: Me encanta la clase de literatura porque nuestros compañeros de clase son los

(1. divertido) _____ de toda la universidad.

PATRICIA: Es cierto. Pienso que Diego es el chico (2. gracioso) _____ del

mundo. ¡Cuenta unos chistes buenísimos!

MARIBEL: Y Gloria es la chica (3. fascinante) _____ de la clase. Sabe

cantar, bailar y tocar el piano.

PATRICIA: A mí me caen bien Esther y Marcelo, pero son las personas (4. serio)

_____ de la clase. Salen con amigos todos los días y nunca

estudian. ¡Tienen las notas (5. malo) _____ de toda la clase!

MARIBEL: Inés y Rosario son las chicas (6. desenvuelto) _____ de todas.

Tienen fiestas en su casa casi todos los viernes.

PATRICIA: El profesor de la clase me parece divertido también. Es el profesor (7. aburrido)

_____ de la facultad de letras. Su clase es la (8. interesante)

_____ de todas.

5-32 Te presento a mi familia. Raquel y Sebastián salen a cenar. Durante la cena, Raquel le describe a Sebastián todos los miembros de su familia. Escucha la grabación cuantas veces sea necesario y luego rellena el siguiente párrafo con la información necesaria. Debes usar los superlativos.

La familia de Raquel es extraña. Su papá es (1) _____ de la familia.

Su mamá es (2) _____ de todas las mujeres en la familia.

Su hermano José es (3) _____ de todos los hermanos. Raquel es

(4) _____ de todos.

5-33 ¿Cómo se comparan? Nuria y Érica están hablando de las personalidades de algunos personajes famosos. Escribe oraciones completas con los comparativos.

MODELO: Paul Rodríguez / ser / (inferioridad) / erudito / Octavio Paz

                     Paul Rodríguez *es menos erudito* que Octavio Paz.

1. Sandra Cisneros e Isabel Allende / ser / (igualdad) / creativo / Oscar Hijuelos y Mario Vargas Llosa

_____

2. Madonna / ser / (superioridad) / extrovertido / Gloria Estefan

_____

3. El rey Juan Carlos y la reina Sofía / ser / (superioridad) / reservado / el príncipe y las infantas

_____

4. Chef Pepín / hacer / (igualdad) / tortas / Martha Stewart

_____

5. Pablo Picasso / ser / (inferioridad) / excéntrico / Salvador Dalí

_____

6. Salma Hayek / tener / (igualdad) / encanto / Antonio Banderas

_____

7. Óscar de la Hoya / ser / (igualdad) / valiente / Héctor «el macho» Camacho

_____

8. Pedro Almodóvar / tener / (igualdad) / originalidad / Luis Buñuel

_____

5-34 Comparaciones. Raquel y Sebastián hablan ahora de sus personajes y lugares favoritos. En la siguiente grabación escucharás una serie de nombres de personas y lugares. Después de escuchar los nombres, escribe una comparación lógica de igualdad o desigualdad. Debes escribir dos de igualdad y dos de desigualdad.

MODELO: Jennifer López y Janet Jackson

Janet Jackson es tan famosa como Jennifer López.

1. _____

2. _____

3. _____

4. _____

¡Así lo expresamos!

Imágenes

5-35 El arte y las emociones. En el texto leíste sobre Pablo Ruiz y Picasso y María Izquierdo. Ve a la página web del Museo Reina Sofía y observa el cuadro *Cabeza de mujer llorando con pañuelo*. Describe brevemente cómo te hace sentir. Luego explora las obras de Picasso en la colección del museo, y escoge una que te conmueva particularmente. A continuación escribe un breve ensayo en el que identifiques las emociones que te genera esa pintura y los elementos de la pintura que te generan esas emociones (colores, composición, tema). ¿Por qué crees que esos elementos de la pintura te generan esas emociones?

_____

_____

_____

_____

_____

_____

Ritmos

5-36 El noviazgo. En la canción *Don Pedrito*, un novio le pide al padre la mano de su hija. A pesar de que las culturas hispánicas comparten ciertas costumbres, existen ciertas diferencias entre ellas. Utiliza un programa de búsqueda como *Google* y escribe las palabras *noviazgo* y *costumbres*. Haz una investigación sobre las costumbres del noviazgo de un país o de una época específica. Prepara un breve resumen sobre lo que encuentres, e incluye las fuentes donde encontraste la información.

_____

_____

_____

_____

_____

_____

_____

_____

_____

_____

Nombre: _____ Fecha: _____

Páginas

5-37 Antes de leer. En la lectura encontrarás el siguiente vocabulario. Estúdialo y luego contesta las preguntas.

agravio	*insult, offense*	resentimiento	*resentment*
herir	*to wound*	tener en cuenta	*to take into account*
no obstante	*nevertheless*	valen la pena	*are worthwhile*
otorgar	*to grant*	venganza	*vengeance*
reflexionar	*to reflect*		

1. ¿Has tenido que pedir perdón alguna vez? ¿Cómo te sentiste después de ser perdonado/a?

_____

_____

_____

2. ¿Te han pedido perdón a ti alguna vez? ¿Cómo te sentías después de perdonar?

_____

_____

_____

3. ¿Crees que hay una diferencia entre perdonar y olvidar? ¿Cuál es?

_____

_____

_____

4. ¿Qué crees que hacemos más a menudo: perdonar u olvidar? ¿Por qué?

_____

_____

_____

5-38 A leer. Lee el siguiente artículo con cuidado. Luego, para comprobar si has entendido bien la lectura, contesta las preguntas en la página siguiente.

¿Es necesario perdonar?

Si no perdonas por amor, perdona al menos por egoísmo, por tu propio bienestar. – Dalai Lama

El perdón no tiene una definición específica. Por ejemplo, existen diferencias entre las tradiciones religiosas respecto al perdón y las condiciones bajo las cuales se debería otorgar. La tradición cristiana, al igual que la budista, enfatiza de diferentes maneras la importancia del perdón. Más allá de la religión, uno podría considerar los aspectos legales o psicológicos del perdón. No obstante, en general, el perdón se considera el acto de dejar ir los resentimientos y deseos de tomar venganza.

Para la gran mayoría de personas, el perdón no es una consideración abstracta sino más bien personal. Toda persona ha sido herida, de una u otra manera por otro durante su vida y ha tenido que enfrentar la decisión de si debería o no perdonar. Aunque esta decisión es particular a cada persona, hay cosas que valen la pena tomar en cuenta.

Según la Dra. Katherine Piderman, primero que todo se tiene que tener en cuenta que el hecho de perdonar no implica necesariamente que uno se olvide del acto que lo hirió u ofendió. En algunos casos, esa memoria se convierte en una parte permanente de nuestro ser. Lo que perdonar sí puede lograr es disminuir el impacto del daño causado. La Dra. Piderman indica que los beneficios de perdonar se manifiestan de forma física y psicológica. La persona que perdona puede lograr reducir su presión arterial al igual que eliminar los síntomas de la depresión.

Pero no todos los expertos están de acuerdo en cuanto a la necesidad de perdonar. La Dra. Jeanne Safer afirma que la decisión de no perdonar puede resultar a veces en tantos beneficios para algunos como el hecho de perdonar ha resultado útil para otros. Ella opina que si uno decide perdonar, no lo debería hacer de una manera que excuse el agravio. Advierte en contra de dos cosas: primero, uno no debería perdonar automáticamente sin reflexionar sobre lo sucedido y lo que implica darle el perdón a la otra persona. Segundo, uno no debería perdonar como parte de un intento de reprimir emociones negativas creadas por el incidente.

En lo que concuerdan las dos expertas es que perdonar no es fácil, puede tomar mucho tiempo, y es diferente para cada persona.

Nombre: _____ Fecha: _____

1. ¿Cuál es la definición de perdón que se da en el artículo?

   _____

   _____

2. La Dra. Piderman dice que hay una diferencia entre perdonar y olvidar. En tu opinión, ¿cúal es?

   _____

   _____

3. ¿Cuáles son algunos de los beneficios de perdonar, según la Dra. Piderman?

   _____

   _____

4. ¿Con que no está de acuerdo la Dra. Safer?

   _____

   _____

5. Según la Dra. Safer, ¿qué no se debería hacer cuando uno intenta perdonar?

   _____

   _____

6. ¿Con cuál de las dos psicólogas estás de acuerdo? ¿Por qué?

   _____

   _____

   _____

   _____

Taller

5-39 Antes de escribir. Piensa en una situación en la que le pediste perdón a alguien. ¿Qué habías hecho que merecía perdón? ¿La persona te perdonó o todavía te guarda rencor (*resentment, bitterness*)?

_____

_____

_____

5-40 A escribir. Escribe un mensaje a una persona a la que quieras pedir perdón. Recuérdale lo que hiciste y explícale por qué te comportaste de esa manera. Intenta usar el pluscuamperfecto para narrar los hechos y el futuro para expresar tus esperanzas en cuanto a la relación.

_____

_____

_____

_____

5-41 Después de escribir. Revisa lo que acabas de escribir como si fueras otra persona. Luego escribe la descripción de nuevo haciendo los cambios necesarios.

_____

_____

_____

_____

_____

_____

El mundo del espectáculo

Primera parte

¡Así lo decimos! Vocabulario (Textbook p. 175)

6-1 En familia. Completa las siguientes oraciones usando una variación de cada palabra en itálica. Si necesitas ayuda, consulta la sección llamada *Ampliación* en el libro de texto.

MODELO: Penélope Cruz *ha actuado* en muchas películas. Su *actuación* en *Volver* recibió la admiración del público norteamericano.

1. El merengue y la cumbia son dos *bailes* populares del Caribe. Además, la música y el ritmo son

   muy _____.

2. Todos los años en Buenos Aires hay una *competencia* para seleccionar la mejor pareja de

   bailarines de tango. Muchos son bailarines casi profesionales que pasan horas preparándose

   para _____.

3. En México, los mariachis cantan baladas y corridos tradicionales para *entretener* a los

   turistas. Es realmente _____ sentarse en una plaza, tomar algo y

   escucharlos cantar.

4. Algunas de las películas del director Pedro Almodóvar *han innovado* el cine español. Se dice que

Almodóvar es un director verdaderamente _____.

5. Eva Longoria Parker dice que fue *rechazada* muchas veces. Por cada rol que ganó, sufrió varios

_____.

6-2 Los espectáculos y las estrellas. Estás preparando una guía sobre el mundo del espectáculo. Escribe oraciones completas combinando un sustantivo con un verbo. Sigue el modelo.

Sustantivos		Verbos	
el/la aficionado/a	el papel	actuar	entretener
el baile	~~el personaje~~	bailar	innovar
la competición	la trama	conseguir	~~interpretar~~
el guión		enfrentar	

MODELO: el personaje   interpreter

Hamlet es un personaje difícil de interpretar.

1. _____

2. _____

3. _____

4. _____

5. _____

6-3 Las estrellas. Ahora completa las oraciones con palabras de *¡Así lo decimos!* Las palabras del contexto te pueden servir de ayuda.

1. A mí me encantó la actuación de Andy García. Él _____ muy bien.

2. Shakira baila muy bien en su nuevo video. La música de su canción es

_____.

3. *American Idol* es una competencia difícil de ganar porque es un programa muy

_____.

4. Yo fui _____ para ese papel. Ese rechazo fue muy duro para mí.

5. A mí me gusta estar entretenido. El _____ es muy importante para mí.

© 2010 Pearson Education, Inc.

6-4 Aspirante a actor. Completa esta conversación entre un actor y su agente con las palabras de *¡Así lo decimos!* que siguen.

bailar	carrera	competir	espectáculo	interpretar	reportaje
cadena	competencia	emocionante	guión	rechazar	temporada

ACTOR: He tenido mucho éxito en mi (1) _____ como actor de televisión, pero me gustaría trabajar en algo diferente. Ya no quiero trabajar para la (2) _____ televisiva Antena Ocho.

AGENTE: ¿Le interesa trabajar en Broadway? Hay una vacante para un bailarín en el (3) _____ *Mamma Mia.* Y los directores de *Wicked* buscan un sustituto para la (4) _____ de verano.

ACTOR: No sé cantar ni (5) _____. Soy un actor serio.

AGENTE: Hay una productora de televisión que necesita un presentador para hacer un (6) _____ en un nuevo documental similar a *National Geographic.*

ACTOR: La verdad es que quiero hacer algo más (7) _____ que ese tipo de programas. Mi sueño es (8) _____ un papel principal en una película dramática.

AGENTE: Bueno, le mandaré el (9) _____ de la nueva película de Almodóvar, pero usted tendrá que (10) _____ con otros aspirantes al papel. Será una escena dramática. Tendrá que llorar y conmover (*to move emotionally*) a los productores y al director o lo van a (11) _____.

ACTOR: ¿Para cuándo está programada la (12) _____?

AGENTE: Para junio o julio de este año.

ACTOR: ¡Es muy pronto! ¿Hay otra cosa?

AGENTE: ¡Se acabó! Será mejor que usted busque otro agente.

Nombre: _____ Fecha: _____

6-5 Los programas de televisión. En la siguiente grabación escucharás una narración sobre los programas de televisión que ve Roberto. Escribe una de las palabras de la sección *¡Así lo decimos!* en el espacio correspondiente para completar cada oración.

dibujos animados	serie dramática	telenovelas	videos musicales
el noticiero			

Roberto sólo tiene tiempo para ver (1) _____. Cuando no tiene nada

mejor que hacer ve (2) _____. No ve (3) _____ ni

tampoco le gusta mirar ninguna (4) _____. Roberto prefiere mirar

(5) _____.

6-6 ¿Sabes cuál es el programa? Escucharás a cinco personas describir sus tipos favoritos de películas o programas de televisión. Escoge el tipo de película o programa de las palabras de la sección *¡Así lo decimos!* que corresponda a la descripción.

1. _____   a. los documentales

2. _____   b. las películas de aventuras

3. _____   c. una película de horror

4. _____   d. una película cómica

5. _____   e. las series policíacas

6-7 ¡Cuidado! Escribe un párrafo sobre una experiencia emocionante que hayas tenido al asistir a un espectáculo. Explica por qué te emocionó. ¿Fue por los actores? ¿El escenario? ¿La música?

MODELO: *El año pasado asistí a un concierto de David Bisbal. Todo me emocionó: el ambiente, la música, y los aplausos. Después, cuando salíamos del estadio, vimos a David y le pedimos su autógrafo. Fue verdaderamente emocionante...*

_____

_____

_____

_____

_____

_____

¡Así lo hacemos! Estructuras

1. Subjunctive vs. indicative in adverbial clauses (TEXTBOOK PP. 179–181)

6-8 Los efectos especiales. Blas es un gran aficionado al cine y ha escrito una columna para el periódico local. Completa el artículo con las conjunciones adverbiales lógicas.

a fin de	antes de	después de	sin
a menos	con tal de	hasta	

¡Cada vez más efectos especiales!

Hoy en día, las películas de ciencia ficción no tienen éxito comercial (1) _____

que tengan muchos efectos especiales. Hace unas décadas, (2) _____ los

avances tecnológicos, la ciencia ficción era un género cinematográfico que despertaba la imaginación

del público (3) _____ la necesidad de efectos especiales convincentes. Pero

ahora, (4) _____ grandes películas como *The Matrix*, los espectadores sólo

quieren gastar dinero para ver películas de fantasía (5) _____ que tengan

alguna técnica innovadora. Además, en consecuencia del auge de la industria del video, los

espectadores no van al cine sino que prefieren esperar (6) _____ que las

películas salgan en video. Los cines tienen que competir con esta forma más cómoda y más económica

de ver películas. Sin embargo, parece que la gente prefiere ir al cine para ver películas con efectos

especiales para apreciar la intensidad de esos efectos en la gran pantalla. Los cineastas intentan

producir películas repletas de explosiones, monstruos, naves y coches fantásticos

(7) _____ atraer a los espectadores y asegurar el éxito comercial.

6-9 Para ser famoso. Antonio es actor de comedias y quiere llegar a ser famoso. A continuación escucharás los consejos que le da su agente de publicidad. Después de escuchar la grabación, escribe en el espacio en blanco la conjunción adverbial que escuchaste.

1. Es necesario que tú y yo leamos el guión antes de cada grabación _____

   siempre estés bien preparado.

2. Debes ir al programa de Jimmy Kimmel para hablar sobre tu comedia

   _____ termine la temporada.

3. La imagen es muy importante. Debes comprarte ropa nueva _____

   tú y yo vayamos a fiestas importantes para promocionar tu trabajo.

4. Debes causar controversia _____ los reporteros de revistas y periódicos

   hablen de ti.

5. No firmes un contrato _____ yo lo autorice.

6-10 Una serie. Blas invita a sus amigos a su casa todas las semanas para ver su programa de televisión favorito. Completa las oraciones con el indicativo o el subjuntivo de los verbos entre paréntesis.

1. Mis amigos vienen a mi apartamento todas las semanas para ver el programa *Policía en Buenos*

   Aires a menos que mi televisor no _____ (funcionar).

2. Esta tarde serviré palomitas de maíz para que mis amigos no _____

   (tener) hambre.

3. Nosotros siempre discutimos la trama del programa cuando _____

   (pasar) anuncios comerciales.

4. Siempre pasan por mi casa en cuanto _____ (salir) del trabajo.

5. Hoy iremos a tomar un café después de que _____ (terminar) el programa.

6. La semana pasada todos se fueron tan pronto como yo _____ (apagar)

   el televisor.

7. Ahora tengo que limpiar la sala antes de que _____ (llegar) los invitados.

8. Continuaremos este rito mientras _____ (durar) la serie «Policía en

   Buenos Aires».

Nombre: _____ Fecha: _____

6-11 Gracias por tus consejos. Parece que los consejos de su agente han tenido efecto y ahora Antonio tiene trabajo. Antonio lee en voz alta la nota de agradecimiento que ha escrito a su agente. Después de escuchar la grabación, completa las siguientes oraciones con la conjunción adverbial y el verbo que correspondan, según la grabación. Debes escribir el verbo en la tercera persona del presente del subjuntivo o del indicativo, o del pretérito del indicativo.

1. A Antonio no le dan el guión _____ al estudio el día de la grabación.

2. Antonio tendrá que ir al programa de Conan O'Brien _____ de grabar la

   comedia.

3. Antonio hará algo para causar controversia _____ de hablar de él.

4. Antonio sabe que él no será famoso _____ algo controvertido.

5. Antonio fue de compras y compró ropa nueva _____ su primer cheque.

6-12 Un concierto. Amanda y Pepe tienen un abono (*season pass*) para la ópera esta temporada. Completa su diálogo con el indicativo, subjuntivo o infinitivo de los verbos entre paréntesis.

AMANDA: ¡Date prisa, Pepe! La función empieza pronto. Quiero llegar a la ópera antes de que se

   (1. apagar) _____ las luces.

PEPE: Espera un momento. Debo ponerme muy guapo en caso de que (2. haber)

   _____ alguien importante, porque quiero causar una buena

   impresión. Como yo (3. ser) _____ estudiante de música, es

   bueno tener conexiones en la industria.

AMANDA: Siempre insistes en conocer a las estrellas del canto cuando nosotros (4. ir)

   _____ a la ópera. Cada vez estamos allí hasta que nos

   (5. echar) _____ porque no quieres irte sin (6. ver)

   _____ a la soprano salir del teatro. Esta noche volveremos a

   casa tan pronto como se (7. escuchar) _____ la última nota.

PEPE: No podemos irnos tan temprano. Después de (8. asistir) _____ a la

   función tenemos una recepción en casa de uno de los músicos.

AMANDA: Bueno, te acompañaré con tal de que (nosotros) no (9. pasar)

_____ más de una hora en la recepción. ¡Es que a ti siempre te

gusta quedarte en las fiestas hasta que (10. amanecer) _____!

PEPE: Haremos lo que tú digas. Esta noche nos iremos a casa en cuanto (11. saludar)

_____ a todos mis amigos.

6-13 Un director amable. Un director le da información útil a un nuevo empleado de su equipo de producción. Reescribe las oraciones usando el presente del indicativo o del subjuntivo y las conjunciones adverbiales entre paréntesis. Empieza siempre con la primera oración.

MODELO: El camarógrafo te permitirá ver la filmación. Lo interrumpes. (con tal que no)

El camarógrafo te permitirá ver la filmación con tal que no lo interrumpas.

1. El actor recibe el guión. Entra en el estudio. (cuando)

_____

2. Ella va a bailar. Llega a la competencia. (tan pronto como)

_____

3. Él firmará los autógrafos. Empezar la escena. (antes de que)

_____

4. Ella ensaya (_rehearses_) mucho. El director está conforme. (para que)

_____

5. Los aficionados se callan. Pasan la película. (en cuanto)

_____

6. Los jueces (_judges_) necesitan entrar en el teatro. La competencia empieza. (a fin de que)

_____

7. Ella no se quiere ir del teatro. La estrella le da un autógrafo. (sin que)

_____

8. El público tiene que esperar. El técnico (_technician_) repara la pantalla. (hasta que)

_____

6-14 Seré famosa. Marta sueña con ser una actriz famosa y triunfar en Hollywood. Antes de escuchar la grabación, completa las frases con la información correcta para formar oraciones lógicas. Después, escucha la grabación y comprueba si tus oraciones coinciden con la información que escuchaste.

1. ____ Aunque mi madre no quiera, ...

    a. buscaré información sobre clases de actuación.

2. ____ Cuando estuve de visita en Los Ángeles, ...

    b. con tal de que haga sacrificios y trabaje mucho.

3. ____ En cuanto sea famosa, ...

    c. vi a Antonio Banderas en un restaurante.

4. ____ Tan pronto como empiece el semestre, ...

    d. haré una película con Antonio Banderas.

5. ____ Seré famosa algún día, ...

    e. yo estudiaré actuación.

6-15 Nunca serás famosa. Ya sabes que Marta sueña con ser una actriz famosa. Su amiga Elena, que también quiere ser actriz, es muy egoísta y sólo le dice cosas negativas. Elige el verbo que complete cada oración lógicamente. Luego escribe el verbo elegido en la persona y el tiempo correspondiente.

MODELO: Cuando tú _____*tomaste*_____ clases de actuación el verano pasado, fueron demasiado difíciles.

    a. tomar   b. encontrar

1. a. pagar   b. encontrar

_____

2. a. encontrar   b. buscar

_____

3. a. ir   b. ver

_____

4. a. trabajar   b. querer

_____

5. a. actuar   b. hacer

_____

Nombre: _____   Fecha: _____

Conéctate

6-16 Musinetwork. Ve a la página web de *Musinetwork* y haz clic en la comunidad *Musinetwork*. Escoge uno de los perfiles de los participantes en *Musinetwork* y observa su presentación. Luego, básate en lo que viste para escribir tu propio perfil como si fueras uno de los participantes. Mientras escribes, ten en mente que eres un artista que quiere tener impacto en el mundo del espectáculo. Piensa en la mejor manera de presentarte para que los aficionados y las personas importantes de la industria se interesen por tu música.

_____

_____

_____

Segunda parte

¡Así lo decimos! Vocabulario (TEXTBOOK P. 187)

6-17 En familia. Completa las siguientes oraciones usando una variación de cada palabra en itálica. Si necesitas ayuda, consulta la sección llamada *Ampliación* en el libro de texto.

MODELO: Shakira y Marc Anthony *han colaborado* en la presentación de los Grammy.

Su *colaboración* ha contribuido al éxito del programa.

1. La orquesta *ha ensayado* la sinfonía varias veces, pero el conductor todavía no está satisfecho.

   Esta noche va a haber otro _____.

2. El dramaturgo está nervioso porque *estrena* su obra esta noche. El

   _____ va a ser a las ocho en punto.

3. La *compositora* escribió su última pieza en menos de un mes. Es una

   _____ en la que hay mucha influencia hispana.

4. Al final de la pieza musical, todos se levantaron y _____. Los *aplausos*

   duraron más de cinco minutos.

5. Benicio del Toro *fue premiado* varias veces por su actuación en *Traffic*. El

   _____ más importante fue el Óscar.

6. Cuando Shakira _____ su sencillo *La tortura*, su productor predijo que

   sería una *grabación* muy exitosa.

6-18 ¡A escoger! Escoge la palabra que complete cada oración de una manera lógica.

1. Me aburrí porque la película era muy (lenta, movida).

2. Yo soy una perfeccionista. Por eso me gusta (estrenar, ensayar) mucho.

3. La (cartelera, reseña) escrita por el crítico de cine tenía comentarios positivos.

4. A la actriz principal le gusta tener un (camerino, premio) lujoso donde vestirse.

5. La cantante leía la (grabación, composición) mientras cantaba.

6. A los aficionados les encanta (aplaudir, premiar) a sus estrellas favoritas.

6-19 ¿Qué hacen? Completa las siguientes oraciones indicando lo que hacen las siguientes personas del mundo del espectáculo. Elige un verbo lógico de *¡Así lo decimos!* y escribe la forma correcta del presente del indicativo en el espacio en blanco. No puedes repetir los verbos.

aplaudir	donar	estrenar	premiar
componer	ensayar	grabar	

1. El compositor _____ una canción.

2. Una actriz _____ un papel.

3. Los aficionados _____ a las estrellas.

4. El director _____ una película cada año.

5. Unas cantantes _____ una canción.

6. Un productor _____ entradas para los aficionados sin dinero.

7. Los jueces *(judges)* _____ al mejor actor.

6-20 ¡Anagramas! Cambia el orden de las letras de las siguientes palabras para descifrar palabras de *¡Así lo decimos!*

1. compre no _____

2. rey sana _____

3. catre real _____

4. arresten _____

5. ronda _____

6. oprime _____

7. comieran _____

8. corta _____

6-21 ¿Qué significa esta palabra? Marta y Elena deciden hacer una prueba para ver quién sabe más del mundo del espectáculo. Las definiciones que escucharás a continuación corresponden a las palabras de la sección *¡Así lo decimos!* Lee la lista de palabras, y después de escuchar las definiciones, decide qué palabra corresponde a cada definición.

1. _____   a. el actor / la actriz

2. _____   b. el premio

3. _____   c. el boleto

4. _____   d. aplaudir

5. _____   e. el intermedio

6. _____   f. el/la locutor/a

7. _____   g. el conjunto

6-22 La audición. Marta fue a una audición, pero desgraciadamente no le fue muy bien. Escucha la siguiente grabación en la que ella nos cuenta su experiencia, y después completa el párrafo con una de las palabras de la sección *¡Así lo decimos!*

Fue un día terrible. El primer problema fue que tuvo que hacer (1) _____

sin música porque el conjunto no había llegado. Otro problema fue que

(2) _____ estaba oscuro y por eso ella no podía leer el guión. Se puso

nerviosa y el director le dio unos minutos para ensayar. Lo peor de todo fue que

(3) _____ era el padre de su ex novio. La pobre Marta probablemente

no estará en (4) _____ de esta obra.

6-23 ¡Cuidado! Completa la conversación con la forma apropiada de uno de los siguientes verbos.

jugar	lucir	parecer(se)	tocar

MARIELA: Shakira (1) _____ tan contenta cuando está en público. Creo

que es una persona verdaderamente feliz.

LUCINDA: Sí, (2) _____ que siempre tiene una sonrisa en los labios.

¿Es verdad que (3) _____ más a su padre que a su madre?

MARIELA: No sé. ¿Sabes si (4) _____ algún instrumento musical?

LUCINDA: Sí, (5) _____ la guitarra, pero no en público.

(6) _____ mentira, pero dicen que cuando está con su

familia le gusta (7) _____ al fútbol y cuando está de gira con

su banda, le gusta (8) _____ a las cartas con ellos para

pasar el tiempo.

¡Así lo hacemos! Estructuras

2. Formal and informal commands (TEXTBOOK PP. 191, 193–194)

6-24 Antes de los premios Óscar. El director de los premios Óscar tiene varias instrucciones para las estrellas que participarán en el programa y para el público. Combina los mandatos del director con las personas que los reciben.

1. _____ Levántese cuando presenten una escena de *Frida*.

2. _____ Cante alguna canción puertorriqueña.

3. _____ Entren al escenario y empiecen a bailar después del intervalo.

4. _____ Júntense para cantar una melodía colombiana.

5. _____ Represente una escena de su película *Traffic*.

6. _____ Siéntense y mantengan silencio, que ya vamos a empezar.

a. Jennifer López y Ricky Martin

b. Todos

c. Marc Anthony

d. Salma Hayek

e. Benicio del Toro

f. Juanes y Shakira

6-25 Reglas para los espectadores. El director de una serie de televisión en vivo les explica a los espectadores lo que deben y no deben hacer durante la transmisión del programa. Completa sus órdenes con el mandato formal (ustedes) de los verbos.

aplaudir	fumar	pedir	reírse
conversar	hacer	permanecer	salir

1. Por favor, _____ cuando les mostremos el letrero que dice «aplauso».

2. No _____ mientras los actores están hablando.

3. _____ sentados durante la actuación.

4. No les _____ autógrafos a los actores.

5. _____ cuando los actores digan algo cómico.

6. No _____ ruido (*noise*) durante los momentos serios del programa.

7. No _____ en el estudio.

8. Cuando acabe el programa, _____ tranquilamente del estudio.

6-26 Un ensayo. Imagínate que eres director/a de una comedia musical y estás en un ensayo del espectáculo. Contesta las preguntas de la actriz con el mandato formal y los pronombres apropiados.

MODELO: ACTRIZ: ¿Me llevo el guión?

           DIRECTOR: *Sí, lléveselo.*

1. ACTRIZ: ¿Me pongo el disfraz para este ensayo?

   DIRECTOR: Sí, _____.

2. ACTRIZ: ¿Ensayo ahora el monólogo?

   DIRECTOR: Sí, _____ ahora mismo.

3. ACTRIZ: ¿Puedo hacer la primera escena con el guión?

   DIRECTOR: No, no la _____ con el guión. Debe empezar a memorizar.

4. ACTRIZ: ¿Le doy el guión a mi asistente?

   DIRECTOR: Sí, _____ para no tener la tentación de mirarlo.

5. ACTRIZ: ¿Me siento aquí en esta silla?

   DIRECTOR: No, no _____. La voz se proyecta mejor si está de pie.

6. ACTRIZ: ¿Quiere que le cante a usted la canción principal de la obra?

   DIRECTOR: Sí, _____ porque quiero hacer una prueba de sonido.

6-27 ¿Qué dijo? En la siguiente grabación escucharás al director de una obra de teatro darle instrucciones a su empleado. El empleado no puede oír muy bien y el director tiene que repetirle lo que dice. Usa el mandato formal para expresar lo que el director le dijo al empleado.

1. _____ al conjunto.

2. _____ que el contrato diga que sólo pagaremos quinientos dólares.

3. No _____ ruido.

4. _____ a los actores que lleguen temprano.

5. No _____ nada.

6. _____ al médico.

6-28 Christina Aguilera en el camerino. Christina Aguilera habla con su familia y sus amigos en el camerino. Ella pide unos favores de ellos usando mandatos informales. Lee la lista siguiente y escribe el mandato más apropiado para completar cada oración.

pon	hazme	llama	no toques	prepárame	no te olvides

1. Mami, por favor _____ un batido de fruta fresca y yogur.

2. Aba, _____ la televisión esta noche a las ocho para ver los Grammy.

3. Papi, _____ de recoger mi vestido de seda de la tintorería.

4. Sandra, _____ el favor de contestar estas cartas de mis admiradores.

5. Ramón, _____ al fotógrafo y dile que lo espero a las cinco mañana para

   sacar las fotos para *People en español*.

6. Cari, por favor, _____ nada cuando yo no esté en el camerino.

6-29 Una audición. Un amigo tuyo se está preparando para una audición para una película y tú le das algunos consejos. Transforma los infinitivos en mandatos informales para decirle lo que debe hacer en la audición.

1. ensayar en el teatro quince minutos antes de la cita

   _____

2. comportarse profesionalmente

   _____

3. ser entusiasta y cortés

   _____

4. no firmar el contrato hasta que lo revise tu abogado

   _____

5. repasar la escena antes de la audición

   _____

6. no ponerse nervioso en la audición

   _____

7. vestirse de acuerdo con el papel

   _____

8. llevar una carpeta con fotos tuyas y cartas de recomendación

   _____

6-30 Haz lo que te digo. Pedro, el agente de Antonio, tiene otro cliente. En la siguiente grabación escucharás a Pedro darle consejos a su nuevo cliente. Escucha la grabación cuantas veces sea necesario y luego cambia oralmente los consejos a mandatos informales.

MODELOS: No debes hablar de tu vida personal cuando te entrevisten.

No hables de tu vida personal cuando te entrevisten.

o

Debes hablar de tu vida personal cuando te entrevisten.

Habla de tu vida personal cuando te entrevisten.

1. ...

2. ...

3. ...

4. ...

5. ...

6-31 No me pregunten más. Imagínate que eres el director de una obra de teatro y estás preparando un espectáculo. Tu hijo y los músicos del conjunto están contigo y todos te hacen preguntas. Contesta las preguntas que escuches usando mandatos formales o informales y los pronombres de objeto directo o indirecto donde sea necesario.

MODELOS: HIJO: Papá, ¿puedo usar la flauta?

No, no *la uses*.

MIEMBRO DEL CONJUNTO: ¿Ensayamos?

Sí, *ensayen*.

1. Sí, _____.

2. _____ en el escenario.

3. No, no _____ en el escenario.

4. Sí, _____ en mi oficina.

5. _____ música clásica.

6. No, no _____.

7. No, no _____ hasta que terminen.

6-32 En España. Irma es española y sus amigas están en Madrid visitándola. Esta noche van a un concierto de un grupo pop. Completa lo que Irma les dice a sus amigas. Usa los mandatos informales de tú y vosotros.

Chicas, (1. venir) _____ conmigo, que el concierto empieza dentro de poco

y quiero encontrar las butacas. María José, (2. decirle) _____ a ese señor

que se cambie porque está sentado en nuestro sitio, pero (3. ser) _____

cortés con él. (4. Sentarse) _____, chicas, porque acaban de apagar las

luces. Fabiola, sé que te gusta el cantante del conjunto, pero no (5. hacer)

_____ el ridículo cuando salga al escenario. ¡No (6. gritarle)

_____, por favor! (7. Comportarse) _____ como

una mujer adulta, no como una niña. Muchachas, (8. guardar) _____ las

cámaras en el bolso. No (9. sacar) _____ fotos durante el concierto porque

está prohibido. María José, si quieres un autógrafo, (10. esperar) _____

hasta el final del concierto. (11. Salir) _____ del auditorio,

(12. ir) _____ adónde esté la limusina de los músicos y

(13. buscarlos) _____ allí. (14. Tener) _____

paciencia porque es posible que tarden mucho en salir del auditorio. ¡Ya empiezan a tocar, chicas!

¡(15. Callarse) _____ y (16. escuchar) _____!

3. Subjunctive with *ojalá, tal vez,* and *quizá(s)* (Textbook p. 196)

6-33 El estreno de mi película. En la grabación siguiente Antonio habla sobre el estreno de su película. Escúchala cuantas veces sea necesario y luego identifica cuál de estas tres expresiones, **ojalá, quizá(s)** o **tal vez**, necesitas para completar el párrafo.

(1) _____ mucha gente vaya a verla. (2) _____ la

película le guste a la gente francesa. (3) _____ los subtítulos ayuden al

público americano a entender la película. (4) _____ la película tenga

éxito. Con el éxito de esta película, (5) _____ Hollywood me dé otras

oportunidades para actuar.

6-34 Sueños. Un grupo de estudiantes de arte dramático está expresando sus deseos y esperanzas acerca de su futuro profesional. Completa las frases con el presente del subjuntivo de los verbos entre paréntesis.

1. Ojalá que este año yo _____ (firmar) un contrato con una compañía

   de discos.

2. Ojalá que un director de cine me _____ (dar) un papel importante.

3. Ojalá que tú _____ (encontrar) trabajo con la orquesta sinfónica.

4. Ojalá que el ballet nacional _____ (buscar) bailarines nuevos este año.

5. Ojalá que el teatro municipal _____ (estrenar) mi obra teatral.

6. Ojalá que tú _____ (cantar) algún día en una ópera italiana.

7. Ojalá que los miembros de mi conjunto y yo _____ (tener) éxito en

   nuestra gira latinoamericana.

8. Ojalá que unos músicos importantes _____ (venir) a mi próximo recital

   de piano.

6-35 Un concierto. Alejo ha invitado a Rosa a un concierto de la orquesta sinfónica. Rosa está muy nerviosa y le hace a su amigo muchas preguntas acerca del evento. Completa las respuestas de Alejo con el indicativo o subjuntivo, según el contexto.

MODELO: ROSA: ¿Iremos temprano al Palacio de las Artes?

            ALEJO: Sí, quizás *vayamos* temprano.

1. ROSA: ¿Llevarás esmoquin al Palacio de las Artes?

    ALEJO: Sí, tal vez _____ esmoquin.

2. ROSA: ¿Iremos al concierto en una limusina?

    ALEJO: Quizá _____ en taxi.

3. ROSA: ¿Nos sentaremos en la primera fila?

    ALEJO: Ojalá que _____ en la primera fila.

4. ROSA: ¿La orquesta tocará una sinfonía de Mozart?

    ALEJO: Ojalá que _____ música de varios compositores.

5. ROSA: ¿El concierto durará mucho tiempo?

    ALEJO: Yo sé que _____ dos horas.

6. ROSA: ¿Conoceremos a gente famosa durante el intermedio?

    ALEJO: Ojalá _____ al director del Palacio de las Artes.

7. ROSA: ¿Cenaremos en un restaurante elegante después de la función?

    ALEJO: Tal vez _____ en un restaurante francés.

8. ROSA: ¿Saldremos a bailar después de cenar?

    ALEJO: Quizá _____ a tomar una copa en algún sitio.

6-36 Ojalá pueda. Felipe se está preparando para ir a ver una obra de teatro. En la siguiente grabación su amigo Roberto le hace algunas preguntas. Después de cada pregunta, rellena los espacios en blanco con **ojalá** o **quizá(s)**. Recuerda que **ojalá** se refiere a deseo y esperanza y **quizás** a duda o posibilidad.

MODELO: ¿Cuánto cuestan los boletos para el teatro?

            Ojalá cuesten poco dinero.

1. Tengo muchas ganas de ver la obra de teatro. _____ pueda verla el sábado.

2. No estoy seguro de conocerlos, pero _____ los conozca el día de la obra.

3. Todavía no sé a quién invitaré. _____ invite a Rosario.

4. Espero poder usarlo. _____ que mi papá no lo use ese día.

6-37 Entrevista con una estrella de cine. De camino a casa, Alejo y Rosa escuchan por radio en el taxi una entrevista con una estrella de cine. Completa la entrevista con el indicativo o el subjuntivo de los verbos de la lista.

dar	interpretar	poder	tener
gustar	llamar	ser	trabajar

ENTREVISTADOR: Buenas tardes, Srta. Chávez. Quisiera hacerle unas preguntas acerca de sus

futuros proyectos en el cine. Tal vez usted nos (1) _____

hablar un poco sobre las películas que va a hacer durante el próximo año.

SRTA. CHÁVEZ: Sí, cómo no. Actualmente estoy filmando una película de suspenso. Hay mucha

acción y efectos especiales, y tal vez eso le (2) _____

mucho al público. Ojalá que (3) _____ mucho éxito

porque todos estamos trabajando mucho. Pienso que

(4) _____ la mejor película que he hecho hasta el

momento.

ENTREVISTADOR: ¿Qué va a hacer en cuanto termine la filmación?

SRTA. CHÁVEZ: Bueno, hace una semana fui a una audición para el nuevo proyecto del famoso

cineasta argentino, Ramón Castillo. Ojalá que me

(5) _____ para hacer la película.

ENTREVISTADOR: ¿Sabe usted quiénes son los otros actores que van a participar en el proyecto?

SRTA. CHÁVEZ: Tal vez el actor venezolano Edgar Villanueva (6) _____

el papel del protagonista. Y quizá mi amiga Rosario Estévez

(7) _____ con nosotros también.

ENTREVISTADOR: Sería un reparto (*cast*) maravilloso. ¡Ojalá que les

(8) _____ los papeles a ustedes tres!

6-38 Quizás sea famosa. Marisela quiere ser famosa. Escucha las siguientes frases cuantas veces sea necesario. Luego cámbialas utilizando la expresión **ojalá**, **tal vez** o **quizá(s)**, según se indique.

MODELO: Mi madre quiere que yo estudie actuación.

      (Ojalá) *Ojalá mi madre quiera que yo estudie actuación.*

1. (Ojalá) _____ .

2. (Tal vez) _____ .

3. (Quizás) _____ .

4. (Ojalá) _____ .

5. (Quizás) _____ .

¡Así lo expresamos!

Imágenes

6-39 Aída Emart. En su obra artística, Aída Emart se destaca por representar a músicos. Ve a la página web de la artista y estudia otras de sus pinturas. Escribe un breve ensayo para comparar una de estas pinturas con *¿Quién lleva el ritmo?*, que está en tu texto. ¿Qué diferencias y similitudes ves? Luego elige otro tema de la pintora, por ejemplo "los niños", y compara sus obras sobre la música con sus obras sobre este otro tema. ¿Qué diferencias y similitudes ves?

_____

_____

_____

_____

_____

_____

Ritmos

6-40 El Wanabí. Antes, una de las únicas maneras de triunfar en el mundo del espectáculo era trabajar mucho con la esperanza de que un día alguien te descubriera. Hoy en día hay otras maneras de ser "descubierto/a." Uno puede promoverse por la Red a través de sitios como YouTube o participar en concursos televisados como *American Idol* en este país u *Operación Triunfo* en España. Ve a la página web del programa español *Operación Triunfo* y lee algunos de los perfiles de los concursantes del programa. Después de leer, escribe un breve ensayo en el cual indiques cómo describe la canción a un Wanabí; luego explica por qué los personajes en los perfiles de *Operación Triunfo* son, o no son, como el Wanabí de la canción.

_____

_____

_____

_____

_____

_____

Páginas

6-41 Antes de leer. Estudia el siguiente vocabulario que encontrarás en la lectura. Luego contesta las preguntas de la actividad.

auge	*culmination*	pago	*payment*
cobrar	*to charge, to acquire*	profano	*profane, secular*
congregar	*to congregate*	puesta en escena	*staging (of a play)*
entroncar	*to couple*	realizar	*to do, to accomplish*
extrañar	*to amaze*	representar	*to perform*
extrapolar	*to extrapolate*	tender	*to tend to*
hoy en día	*nowadays*	vincular	*to tie or relate together*
obra	*work (of art, music, literature, etc.)*		

1. ¿Qué clase de obras de teatro te gustan?

_____

2. ¿Has visto alguna vez una obra de teatro en un lugar público? ¿Qué obra? ¿Dónde?

_____

3. ¿Le darías dinero a un actor por representar una obra en la calle? ¿Por qué?

_____

4. ¿Qué diferencias hay entre las obras que se realizan en teatros y las que se realizan en la calle?

_____

6-42 A leer. Lee el artículo con cuidado y luego asocia cada palabra o frase con la que mejor corresponda.

¿Qué es el teatro en la calle?

Según el diccionario Pequeño Larousse Ilustrado, la primera definición de la palabra "teatro" es "Edificio donde se representan obras dramáticas, musicales o de variedades". De acuerdo con esta definición, no es extraño que algunas personas consideren que el teatro en la calle sea una contradicción. El teatro en la calle es una forma de espectáculo que tiene lugar en espacios públicos sin contar con un público determinado ni con un pago seguro. A pesar de que estas obras se pueden montar en cualquier lugar público, normalmente se tienden a ver en sitios donde se congregan muchas personas. Hoy en día, no sorprende ver a un actor solo o hasta a compañías teatrales enteras realizando obras en parques, centros comerciales o esquinas de las grandes ciudades del mundo.

Entre las ciudades importantes del mundo donde uno puede ver teatro en la calle se pueden nombrar varias ciudades españolas. España tiene una larga tradición de teatro en la calle. De hecho, la tradición teatral española empieza en la época medieval, y se vincula a celebraciones religiosas donde se representaban escenas de la Biblia en lugares públicos. Con el tiempo, se fueron incorporando elementos profanos y hasta cómicos. A pesar de tener parte de sus orígenes en la calle, el teatro español empezó a enfatizar poco a poco la puesta en escena dentro de teatros donde se podía cobrar a los aficionados. El teatro español siguió su desarrollo hasta alcanzar un auge durante el Siglo XVII, el Siglo de Oro. Es durante este período que Miguel de Cervantes y Lope de Vega escriben importantes obras de teatro.

Aun así, el teatro en la calle español nunca desapareció y en la actualidad ha cobrado mucha fuerza. En Barcelona, por ejemplo, existen compañías importantes como *Comediants* o *Fura Dels Baus*. Estas compañías de actores toman posesión de las calles de Barcelona y las convierten en un verdadero espectáculo, no muy diferente de los espectáculos de la Edad Media. Según Alex Ollé, uno de los directores de *Fura Dels Baus,* "El teatro de calle está muy entroncado con las fiestas populares que de alguna manera han ido evolucionando y con el tiempo se fueron extrapolando a un nivel mucho más teatral".

Después de siglos de historia, el teatro en la calle español sigue poniendo en escena la tradición española.

1. _____ Siglo de Oro

2. _____ *Comediants*

3. _____ Alex Ollé

4. _____ la época medieval

5. _____ Barcelona

6. _____ Miguel de Cervantes

7. _____ teatro en la calle

8. _____ teatro

a. edificio

b. un escritor español

c. compañía teatral

d. un director

e. en parques, centros comerciales, y esquinas

f. el Siglo XVII

g. nacimiento del teatro español

h. una ciudad española

Taller

6-43 Antes de escribir. Muchas veces la música nos sugiere ideas y sensaciones sin necesidad de palabras. Piensa en una composición instrumental que te conmueva. ¿Qué instrumentos son los más importantes? ¿Cómo es el ritmo? ¿En qué piensas cuando escuchas la melodía? Piensa en las emociones que te sugiere la canción e inventa un contexto en el que podrían surgir estas emociones. Puede ser una situación personal o inventada. Apunta algunos detalles del contexto.

MODELO: *La música tiene un tono alegre y despreocupado. Me hace pensar en mi niñez,*
            cuando iba al parque con mi abuelo...

_____

_____

_____

_____

6-44 A escribir. Ahora escribe la letra para acompañar esta música. Usa **ojalá, tal vez** y **quizá**(s) para expresar esperanzas, y mandatos para dirigirte a otra(s) persona(s) en la canción.

_____

_____

_____

_____

_____

_____

_____

_____

La diversidad humana

Primera parte

¡Así lo decimos! Vocabulario (TEXTBOOK P. 209)

7-1 En familia. Completa las siguientes oraciones usando una variación de cada palabra en itálica. Si necesitas ayuda, consulta la sección llamada *Ampliación* en el libro de texto.

MODELO: El juez *se negó* a oír el caso de discriminación. Su <u>negación</u> provocó varias manifestaciones y protestas.

1. Se van a *investigar* las acusaciones de discriminación en el trabajo.

   Las _____ empezarán inmediatamente.

2. Hay que _____ las fechas de las discusiones sobre la igualdad en el

   empleo. Los *adelantos* de los 70 ya no son suficientes.

3. Muchas empresas tienen normas escritas para prevenir el _____ sexual

   y hay consecuencias para la persona que *acose*.

4. Hay que _____ la educación. Su *valor* es indudable.

5. Muchos pobres se sienten *restringidos* porque no pueden contribuir de una manera positiva a la

   sociedad. Esta _____ es producto de la falta de educación universitaria.

7-2 La discriminación racial. En el periódico se ha publicado un artículo sobre la discriminación racial en el mundo. Complétalo con estas palabras de ¡*Así lo decimos!*

abogar	derechos civiles	etnia	minoría	se respeten
adelantos	la desigualdad	mayoría	pertenecen	

Si bien es cierto que ha habido muchos (1) _____ en el mundo en cuanto

a las diferencias raciales, todavía falta mucho para que (2) _____ los

(3) _____ de todas las personas. Las estadísticas continúan mostrando que

uno de los problemas a combatir es (4) _____ económica, social, racial y

sexual. Hoy en día, siguen habiendo claras diferencias entre las personas que

(5) _____ a la (6) _____ y aquellos que

son de un grupo menor o (7) _____. Por esa razón,

(8) _____ por la igualdad entre todos los seres humanos, sin diferencias de

edad, (9) _____, sexo o clase social, continúa siendo un trabajo importante

en todos los países.

7-3 El trabajo del padre de Antonio. Antonio está muy molesto por la situación de su padre en el trabajo. Escucha atentamente su descripción de la situación y asocia cada palabra con la que indique lo opuesto. Puedes consultar las palabras de ¡*Así lo decimos!*

1. _____ restringir   a. capacidad

2. _____ discapacidad   b. aceptar

3. _____ igualdad   c. mayoría

4. _____ negarse   d. desigualdad

5. _____ minoría   e. permitir

7-4 ¿Sabes dónde está la palabra? En el siguiente diagrama aparecen palabras relacionadas con los derechos humanos en sentido horizontal, vertical y diagonal. Haz un círculo alrededor de las palabras que encuentres.

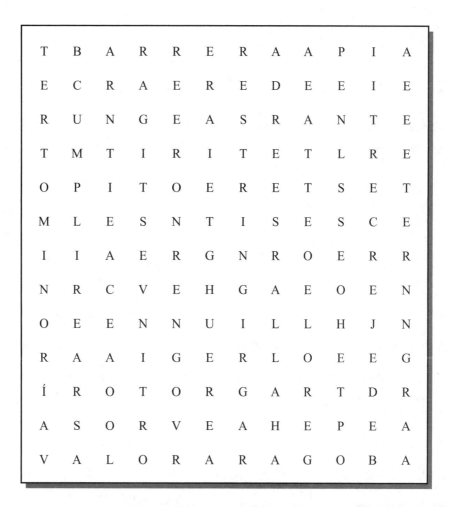

abogar	cumplir	etnia	minoría	restringir
adelanto	ejercer	hallarse	otorgar	valorar
barrera	estereotipo	investigar	pertenecer	

7-5 ¿Sabes cuál es la palabra? Patricia llama a un amigo y le cuenta lo que pasó en la compañía donde trabajaba su hermana Sandra. Antes de escuchar la grabación, completa las oraciones en la página siguiente con la palabra apropiada de la lista. ¡OJO! No vas a usar todas las palabras.

acosar	cumplir	hallarse	pertenecer
adelantar	dijo	se negó	el prejuicio
aguantar	los estereotipos	otorgar	valorada

1. Algunas personas no pueden superar _____.

2. _____ crean imágenes negativas de personas que no conocemos.

3. Sandra _____ a tener relaciones con su jefe.

4. Nadie debe _____ el acoso sexual.

5. Toda persona debe ser _____ como ser humano.

7-6 Una organización por los derechos civiles de los latinos. LULAC es una organización cuyo propósito es mejorar la situación económica, los logros educativos, la influencia política, la salud y los derechos civiles de la población hispana de Estados Unidos. Llena los espacios en blanco para completar el siguiente párrafo que describe los objetivos y logros de la organización. Usa las palabras de *¡Así lo decimos!* de la siguiente lista.

abogar	la barrera	pertenecer	señalar	todos
el adelanto	los estereotipos	los prejuicios	toda	valorar

LULAC es una organización que se fundó en Estados Unidos a finales de los años 20,

junto con otras organizaciones que decidieron (1) _____ por los

derechos civiles de los hispanos en Estados Unidos. La organización decidió no sólo

(2) _____ (3) _____ la discriminación

contra los hispanos, sino también señalar (4) _____

(5) _____ negativos creados por (6) _____ contra

este grupo. Uno de sus objetivos más importantes es derribar (7) _____

que la discriminación crea para el acceso a recursos, programas y trabajos que hacen posible

(8) _____ de la comunidad hispana a nivel político, de salud, educativo

y laboral. Prevenir los procesos de deterioro en las comunidades hispanas como el consumo

de drogas y la violencia, es otro objetivo importante. Por esas razones,

(9) _____ a esta organización es importante para los hispanos de

Estados Unidos porque así, se ayuda a (10) _____ la contribución que la

comunidad hispana hace a la cultura y a la economía estadounidenses.

7-7 ¡Cuidado! Completa las frases con la forma correcta de una de las expresiones siguientes.

cada día	todos los días	todo/a/os/os

1. _____ que hay discriminación en el trabajo no sólo sufre la persona

   discriminada sino _____ los que la observan.

2. _____ los empleados se reunieron en el auditorio para hablar de las

   condiciones de trabajo.

3. _____ el jefe de la empresa les prometía una investigación, pero no lo hacía.

4. Los investigadores quisieron investigar _____ las acusaciones de los

   empleados.

5. Por fin, los empleados consiguieron _____ lo que habían pedido.

¡Así lo hacemos! Estructuras

1. Review of the preterit and imperfect (TEXTBOOK P. 212)

7-8 La historia de mi éxito. Laura Mosquera es una mujer latina de éxito. Lee la historia de su éxito profesional y completa la narración con el pretérito o el imperfecto de los verbos entre paréntesis.

Laura Mosquera (1. trabajar) _____ en la sección de recursos

humanos de una pequeña sucursal *(branch)* de una multinacional, pero su sueño (2. ser)

_____ conseguir un trabajo en la oficina central de Nueva York. Cuando el

vicepresidente de mercadeo y el director general de relaciones públicas de Nueva York (3. decidir)

_____ hacer una visita a la planta en la que trabajaba Laura, ella se

(4. ofrecer) _____ a ser su "guía turística". Aquello

(5. resultar) _____ ser la oportunidad que ella (6. estar)

_____ esperando. Laura les (7. enseñar) _____ la

planta y los dos hombres le (8. preguntar) _____ a Laura por su trabajo.

Ellos (9. querer) _____ saber cuáles eran sus aspiraciones. Ella les

(10. decir) _____ que le (11. apasionar) _____ la

Nombre: _____ Fecha: _____

idea de trabajar en la oficina central de Nueva York. Ellos (12. quedar)

_____ tan impresionados con la motivación de Laura y su dedicación al

trabajo que un año más tarde le (13. hacer) _____ una oferta que ella no

(14. poder) _____ rechazar. Obviamente, Laura la (15. aceptar)

_____ y ahora es la directora de relaciones multiculturales de la compañía

en Nueva York.

7-9 Un problema de acoso sexual. Adriana habla sobre su hermana Claudia, que es una activista que realiza campañas educativas para prevenir el acoso sexual en el trabajo. Antes de escuchar la grabación, completa el siguiente párrafo con la forma apropiada de los verbos de la lista en el pretérito o en el imperfecto. Después escucha la grabación para verificar tus respuestas.

| abogar | hablar | ir | señalar |
| cumplir | investigar | realizar | ser |

Hace algunos años mi hermana Claudia (1) _____ víctima de acoso

sexual en su trabajo. Ella (2) _____ con su jefe y él le dijo que

(3) _____ a hacer algo para poner fin a este comportamiento. El jefe

(4) _____ con su promesa y la compañía (5) _____

los casos de acoso sexual que se denunciaron. También (6) _____

campañas educativas para lograr cambios. Mi hermana (7) _____ por los

derechos de las víctimas en esas campañas y (8) _____ diferentes actitudes

discriminatorias equivocadas. Gracias a su trabajo, Claudia superó esta difícil situación y hoy

ayuda a otras personas en situaciones similares.

2. *Hacer* and *desde* in time expressions (Textbook pp. 215–216)

7-10 Un currículum vitae. Mara está preparando su currículum vitae porque quiere solicitar el puesto de jefe del departamento de ciencias de su universidad. Escribe oraciones completas para expresar cuánto tiempo hace que ella hizo estas cosas.

MODELO: graduarse de la escuela secundaria / veintiocho años

Me gradué de la escuela secundaria hace veintiocho años.

o

Hace veintiocho años que me gradué de la escuela secundaria.

1. cursar la carrera universitaria en biología / veinticuatro años

_____

2. sacar el doctorado en biología celular / dieciocho años

_____

3. trabajar como investigadora en un laboratorio universitario / quince años

_____

4. aceptar el puesto como profesora de la Universidad Autónoma / trece años

_____

5. hacer un estudio esclarecedor sobre el cáncer / ocho años

_____

6. ganar el Premio Nacional de Ciencias / siete años

_____

7. escribir un libro de biología / seis meses

_____

8. publicar un artículo sobre mis investigaciones más recientes / tres semanas

_____

7-11 Una entrevista. Imagínate que eres Claudia, la mujer que sufrió acoso sexual, y eres entrevistada por un periodista. En la siguiente grabación escucharás las preguntas del periodista. Escúchalas y contesta cada una usando una expresión de tiempo. Recuerda que tú eres Claudia y debes escribir el verbo en la primera persona del presente o del pasado según la pregunta.

MODELO: ¿Dónde fue usted víctima de acoso sexual? (en mi trabajo)

Fui víctima de acoso sexual en mi trabajo.

o

¿Desde cuando es activista contra el acoso sexual? (quince meses)

Soy activista contra el acoso sexual desde hace quince meses.

1. _____ (algunos años)

2. _____ (investigar los casos)

3. _____ (educativas)

4. _____ (Sí)

7-12 Una mujer triunfadora. MariCarmen explica su triunfo educativo. Completa el párrafo con las expresiones de tiempo apropiadas.

Ahora soy una mujer realizada, con un buen trabajo, pero (1) _____ sólo unos meses que estoy contenta con mi vida. (2) _____ quince años dejé de asistir a la escuela secundaria porque (3) _____ mucho tiempo que sacaba muy malas notas y me sentía muy frustrada. Es que yo había estado en la escuela (4) _____ los cinco años de edad, pero todavía no había aprendido a leer. Entonces dejé la escuela y me puse a trabajar en una fábrica. (5) _____ cinco años que trabajaba allí cuando mi supervisora me preguntó por qué no había completado mis estudios secundarios. Yo le expliqué que no sabía leer y ella me recomendó un programa de alfabetización. Lo pensé durante mucho tiempo y (6) _____ diez años me inscribí en el curso. Cuando (7) _____ varios meses que ya sabía leer y escribir, decidí volver a la escuela. Por fin saqué mi título (8) _____ seis años. Luego empecé los estudios universitarios; me gradué con un bachillerato en educación elemental (9) _____ un año. Trabajo como profesora de escuela primaria (10) _____ septiembre. Desde (11) _____ unas semanas participo en un proyecto para combatir el analfabetismo entre las mujeres de nuestra comunidad. ¡Ojalá que pueda ayudar al menos a una mujer a alcanzar sus metas!

7-13 Una entrevista al jefe. Imagínate que eres el periodista que entrevistó a Claudia. Ahora preparas una serie de preguntas para hacerle a su jefe. Lee primero las palabras a continuación y luego ponlas en orden para escribir las preguntas. Después, escucha la grabación para verificarlas.

MODELO: tiempo / que / ¿Cuánto / se enteró / problema? / hace / del

¿Cuánto tiempo hace que se enteró del problema?

1. decidió / investigar / ¿Por qué / su compañía? / de / casos / sexual / en / los / acoso

_____

2. realizó / ¿Por qué / educativas? / campañas

_____

3. un / positivo? / ¿Las / tuvieron / impacto / campañas

_____

4. ¿Usted / la / eliminación / aboga / acoso / por / sexual? / del

_____

7-14 Una promoción. Claudia acaba de ser ascendida al puesto de vicepresidenta de su compañía. Una compañera de trabajo le pregunta sobre su experiencia profesional. Contesta las preguntas con oraciones completas.

MODELO: ¿Cuánto tiempo hace que vives aquí? (doce años)

Hace doce años que vivo aquí.

o

Vivo aquí desde hace doce años.

1. ¿Cuánto tiempo hace que trabajas en esta profesión? (diez años)

_____

2. ¿Desde qué año estás con esta compañía? (1992)

_____

3. ¿Cuánto tiempo hacía que tenías el cargo de supervisora de producción cuando te

promovieron? (siete años)

_____

4. ¿Cuántos años hace que te promovieron a directora de personal? (cuatro años)

_____

5. ¿Desde cuándo eres vicepresidenta de la compañía? (octubre)

_____

7-15 Preguntas personales. Claudia decide salir una noche contigo para olvidarse de sus problemas. A continuación escucharás una serie de preguntas personales que ella te hace. Contesta cada pregunta con una oración completa y lógica, usando expresiones de tiempo.

MODELO: ¿Desde cuándo vives en esta ciudad?

Hace tres años que vivo aquí.

1. _____

2. _____

3. _____

4. _____

5. _____

Conéctate

7-16 Los derechos humanos en América Latina. En la página web de Amnistía Internacional hay mucha información sobre la observación de los derechos humanos en el mundo. Ve a esa página. En la portada encontrarás una sección titulada *Conoce los derechos humanos.* Selecciona un país de América Latina y lee la información al respecto. Luego, escribe un breve informe sobre los derechos humanos en ese país.

_____

_____

_____

_____

_____

_____

_____

Segunda parte

¡Así lo decimos! Vocabulario (TEXTBOOK P. 221)

7-17 En familia. Completa las siguientes oraciones usando una variación de cada palabra en itálica. Si necesitas ayuda, consulta la sección llamada *Ampliación* en el libro de texto.

MODELO: Son *insultantes* algunos de los apodos étnicos. Nadie se merece estos *insultos*.

1. La *segregación* basada en el color de la tez fue una política que causó mucho daño a las

   personas _____.

2. Algunos grupos étnicos *odian* a otros por razones económicas. El _____

   es un sentimiento sumamente destructivo.

3. El *maltrato* de los trabajadores inmigrantes ha sido una desgracia. Aunque hay leyes para

   protegerlos, todavía existen casos de obreros _____.

4. ¿Hay un _____ entre la discriminación y el nivel socioeconómico de la

   gente? Muchos estudios *vincularon* la falta de oportunidades educativas de los estudiantes con la

   segregación de las escuelas.

5. Es necesario _____ a las minorías en las escuelas públicas. La

   integración es un factor importante en el mejoramiento de la autoestima de estos grupos.

7-18 Casos de discriminación en el Siglo XXI. Escucharás un informe donde se presentan los resultados de un estudio estadístico sobre la discriminación en el mundo en el Siglo XXI. Escucha los resultados del estudio e indica si las oraciones son **Ciertas** o **Falsas**.

1. En el mundo contemporáneo sigue habiendo actitudes discriminatorias.   Cierto   Falso

2. Las migraciones masivas de personas no son un fenómeno típico de hoy.   Cierto   Falso

3. Por lo menos un 50 por ciento de los extranjeros en países industrializados   Cierto   Falso
   sufren un cierto tipo de discriminación.

4. La discriminación racial ha aumentado.   Cierto   Falso

5. Las dos formas más evidentes de discriminación en el mundo actual   Cierto   Falso
   son la discriminación económica y lingüística.

6. Las formas de discriminación son iguales en todos los países y hacia   Cierto   Falso
   todos los grupos.

7-19 La igualdad en el mundo actual. Asocia cada palabra de *¡Así lo decimos!* con su opuesto.

1. _____ la segregación   a. amar

2. _____ culpar   b. defender

3. _____ odiar   c. la integración

4. _____ encrespado   d. elogio

5. _____ insulto   e. consentir

6. _____ maltratar   f. lacio

7-20 Identifica la palabra apropiada. Escucha las siguientes frases y determina cuál es la palabra de la lista que debes usar para completarla. Escribe la palabra en el espacio correspondiente.

criar	la acción afirmativa	la tez	orientación sexual
género	la ascendencia	manifestación	superar
insulto	los cíudadanos	odio	vincular

1. _____

2. _____

3. _____

4. _____

5. _____

7-21 ¡Cuidado! Completa cada frase de una manera lógica según tu opinión.

MODELO: Lo bueno de este país . . . *es que la gente reconoce y respeta las diferencias entre los grupos étnicos.*

1. Lo interesante de la última campaña política...

2. Lo difícil de la Acción Afirmativa...

3. Lo importante del futuro económico...

4. Lo que más me impresiona de nuestra sociedad...

5. Lo bueno es...

6. Lo fascinante de las últimas elecciones...

_____

_____

_____

_____

_____

¡Así lo hacemos! Estructuras

3. *Por* and *para* (Textbook pp. 224–226)

7-22 Una denuncia. Pablo Martínez ha presentado una demanda contra su antigua compañía. Completa el diálogo entre su abogado y el gerente de la empresa con **por** o **para,** según el contexto.

ABOGADO: Sr. Iglesias, mi cliente, Pablo Martínez, trabajó (1) _____

su compañía (2) _____ cinco años, pero

(3) _____ fin renunció a su puesto porque usted le negó un

ascenso (*promotion*) (4) _____ razones discriminatorias.

Él me contrató (5) _____ que lo ayudara a negociar

una compensación (6) _____ esta injusticia.

SR. IGLESIAS: ¡(7) _____ Dios! A su cliente no le dimos un ascenso

porque tenía muy poca experiencia. Necesitábamos una persona

(8) _____ el departamento de ventas multinacionales, y

(9) _____ eso elegimos a un empleado con muchos años de

experiencia práctica. La persona que obtuvo el ascenso había trabajado con nosotros

(10) _____ más tiempo que su cliente, y era un candidato

más adecuado (11) _____ sus años de servicio.

ABOGADO: Me parece que (12) _____ ahora no vamos a llegar a ningún

acuerdo. Es mejor que resolvamos este problema en un juzgado.

7-23 Las mujeres. A continuación escucharás los puntos más importantes de un discurso que pronuncia una feminista sobre el lugar de la mujer en el mundo laboral. Escucha la grabación cuantas veces sea necesario y escribe la preposición **por** o **para** que escuchas en cada oración. Después explica por qué se usa esa preposición. Usa como referencia las explicaciones de **por** o **para** del texto.

MODELO: Esa ley fue escrita por un hombre.

por: an agent with the passive voice

1. _____

2. _____

3. _____

4. _____

5. _____

7-24 Una celebración de diversidad. Alfonso organiza una feria para celebrar la diversidad étnica de su universidad. Completa la lista de cosas que tiene que hacer con **por** o **para,** según el contexto.

1. Tengo que ir al mercado latinoamericano _____ comprar la comida que vamos a servir.

2. Debo buscar un conjunto de música africana _____ que toque durante la recepción.

3. Necesito pagar a los artistas italianos _____ los carteles que diseñaron.

4. Es urgente que coloquemos el tablado _____ los bailarines de flamenco porque van a ensayar mañana.

5. _____ la tarde voy a hablar con los músicos japoneses sobre las piezas que van a tocar.

6. Tengo que ir al departamento de arte _____ unas horas porque quiero pedirle a una pintora boliviana que participe en nuestra exposición de arte internacional.

7. ¡Ojalá que lleguen a tiempo los videos de las películas francesas que el director me mandó

   _____ correo!

8. Estoy preparándome _____ entrevistar mañana a nuestro invitado especial, el famoso político ruso.

9. Ahora salgo _____ el departamento de historia porque necesito hablar con el profesor que va a contar leyendas mexicanas en la feria.

10. ¡Todo esto tiene que estar hecho _____ mañana!

7-25 Una emergencia. Lorena llamó ayer a su hermana Mariana para contarle algo importante. En la siguiente grabación escucharás la conversación entre Lorena y Mariana. Durante las pausas, escribe **por** o **para** para completar su conversación.

1. _____   5. _____

2. _____   6. _____

3. _____   7. _____

4. _____   8. _____

7-26 Quejas al rector. Una estudiante discapacitada (*handicapped*) física le escribe una carta al rector de su universidad en la que se queja del trato que les dan a los estudiantes discapacitados. Completa las frases con la información correcta para formar oraciones lógicas.

1. _____ La universidad comenzó hace muy poco a preocuparse

2. _____ Yo padezco de distrofia muscular, pero

3. _____ Es muy difícil ir a nuestras clases porque la universidad fue diseñada

4. _____ Hay muchos obstáculos. No todos los edificios tienen puertas automáticas,

5. _____ Me cuesta mucho trabajo entrar

6. _____ Ayer tuve que esperar más de una hora hasta que llegó el técnico

7. _____ Es imposible llegar a clase a tiempo si hay que pasar

8. _____ Es urgente que usted corrija esta situación

a. para reparar el ascensor que está en el departamento de letras.

b. por todos estos obstáculos.

c. por los estudiantes con discapacitación física.

d. para una mujer que está en silla de ruedas normalmente no tengo problemas de acceso en lugares públicos.

e. para que todos los estudiantes de la universidad tengan los mismos derechos y oportunidades.

f. por arquitectos que no consideraron las necesidades de todos.

g. por ejemplo.

h. por una puerta no automática.

7-27 En la manifestación. Estuviste en una manifestación y grabaste lo que comentaba la gente. A continuación escucharás algunos de los comentarios. Debes identificar cuál de las siguientes expresiones idiomáticas completa lógicamente cada comentario.

por ahí	por eso	por poco	por Dios	por favor

1. _____

2. _____

3. _____

4. _____

5. _____

4. Verbs that require a preposition before an infinitive (TEXTBOOK PP. 229–230)

7-28 Los indígenas americanos. Los participantes de una reunión interamericana de grupos indígenas produjeron un documento en el que piden que se respeten sus derechos. Usa cada verbo entre paréntesis con una preposición para completar las frases de una manera lógica.

Aunque, como miembros de las comunidades indígenas originarias de América (1. alegrarse)

_____ ser miembros de nuestros pueblos, estamos al mismo tiempo

(2. cansar) _____ sufrir por la desigualdad, la injusticia y la

discriminación. No (3. tener miedo) _____ denunciar las injusticias y no

nos (4. avergonzar) _____ ser indígenas. Queremos (5. invitar)

_____ todos los ciudadanos de América a (6. atreverse)

_____ denunciar las actitudes discriminatorias, a

(7. dejar) _____ apoyar las leyes que favorecen la desigualdad y a

(8. soñar) _____ nosotros con un futuro mejor para todos. Esperamos

(9. contar) _____ su apoyo para alcanzar y defender unidos los

derechos de todas las personas.

7-29 La obesidad en las noticias. En este segmento de las noticias se habla del caso de un joven que era el objeto de burlas y acoso debido a su sobrepeso. Cambia las frases que escuchas al imperfecto y complétalas con la preposición apropiada.

MODELO: Darío empieza _____ sentirse mal.

Darío *empezaba a* sentirse mal.

1. Darío _____ sentir vergüenza de su sobrepeso.

2. Darío _____ sus compañeros a rechazar actitudes discriminatorias.

3. Darío _____ hablar abiertamente en clase sobre su obesidad.

4. Darío _____ la consejera escolar.

5. Darío _____ otros estudiantes en su misma situación.

© 2010 Pearson Education, Inc.

7-30 Una imagen negativa. Anita, tu vecina, es una mujer que se preocupa por las influencias que sus tres hijos reciben a través de la televisión. En esta carta ella se queja a un canal televisivo sobre el contenido de un programa. Completa la carta usando verbos de la lista siguiente y las preposiciones apropiadas.

| acabamos de | se cansen de | empiecen a | negarse a | vuelven a |
| me arrepiento de | contamos con | enseñan a | tratan de | |

Estimados señores:

Mis hijos y yo (1) _____ ver un episodio de su serie de televisión *Un Mundo*

Mejor. Ahora, (2) _____ haber permitido que mis niños lo vieran porque

la representación de los personajes femeninos me pareció insultante. ¿Cómo es posible que no

(3) _____ presentar una cosa tan degradante? ¿Por qué

(4) _____ presentar imágenes negativas de las mujeres en la televisión?

Estas imágenes son peligrosas porque nos (5) _____ formar estereotipos

equivocados de la mujer. Los que tenemos hijos (6) _____ los medios de

comunicación para que representen a las mujeres de manera positiva y eviten que nuestros niños se

formen estereotipos equivocados. Ustedes deben (7) _____ producir

programas que presenten una idea negativa de la mujer. ¿Por qué no (8) _____

crear una serie que tenga protagonistas femeninas admirables para que nuestros hijos

(9) _____ borrarse de la mente estas imágenes perjudiciales?

7-31 Los programas de televisión. En la siguiente grabación, María Cecilia nos da su opinión sobre la falta de diversidad entre los presentadores de programas de televisión. Primero, lee el siguiente párrafo y llena cada espacio en blanco con el verbo apropiado y la preposición correspondiente. Luego, escucha la grabación para verificar tus respuestas.

dejar de	insistir en	me jacto de	salgo a
estoy cansada de	me acuerdo de	me niego a	sueño con
estoy segura de	me alegro de	nos obligaron a	volveré a

(1) _____ ver siempre las mismas caras en la televisión.

(2) _____ continuar viendo programas en los que todas las personas son

iguales y no reflejan la diversidad étnica y cultural de este país. Por muchos años, los programas de

televisión (3) _____ pensar que no había diversidad, que la diversidad no era algo que se debía celebrar. (4) _____ que hayamos iniciado un

cambio cultural y de que algunas cadenas de televisión estén haciendo cambios. Siempre voy a

(5) _____ que continúen contratando personas de etnias diversas para

los programas. (6) _____ un mundo en el que la tolerancia y el respeto por

las diferencias sean principios fundamentales, y no voy a (7) _____ hacer

todo lo que pueda para lograrlo.

7-32 Los orígenes. Cecilia Chau nació en Cuba y creció en Estados Unidos. Como el origen
de su familia se halla en China, ella va a hacer un viaje para investigar sus raíces. El investigador
privado que contrató le da una serie de consejos para el viaje. Completa los consejos con los
mandatos formales de los verbos apropiados y las preposiciones que correspondan.

| acordarse | contar | insistir | pensar |
| aprender | dejar | invitar | tardar |

1. ¡_____ llevar la cámara de video cuando vaya a China!

2. La investigación va a ser difícil, pero aunque esté muy cansada,

   no_____ buscar información sobre sus antepasados.

3. Si necesita ayuda, _____ el apoyo de la sociedad genealógica.

4. Antes del viaje, _____ algunas preguntas para hacerles a sus

   parientes en China.

5. Si averigua algo importante, no _____ mucho tiempo en apuntarlo para

   que no se le olvide.

6. _____ que los bibliotecarios le permitan mirar los documentos antiguos.

7. _____ decir algunas expresiones en chino para facilitar la

   comunicación.

8. _____ sus parientes a que vengan a visitarla.

7-33 Lo que hice la semana pasada. Sebastián tuvo una semana muy complicada, pero no se acuerda bien de lo que hizo cada día. A continuación escucharás una serie de verbos seguidos de las preposiciones **a** o **de**. Escucha la grabación y luego escribe una oración con cada verbo, imaginándote que eres Sebastián y diciendo lo que hiciste la semana pasada. Debes escribir el verbo en la primera persona del pretérito.

MODELO: invitar a

El sábado *invité a comer a mi mejor amiga.*

1. El lunes _____.

2. El martes _____.

3. El miércoles _____.

4. El jueves _____.

5. El viernes _____.

¡Así lo expresamos!

Imágenes

7-34 José Clemente Orozco. En el cuadro *La mesa de la hermandad* el tema de la diversidad racial es importante. Este tema se puede ver en otras obras de Orozco. En un mural que hizo en Dartmouth College, el artista explora este tema entre otros. Ve a la página web *Dartmouth Collections* y estudia en este cuadro los paneles que describen las culturas de Angloamérica y de Hispanoamérica. Compara en un breve ensayo cómo presenta el pintor el tema de la diversidad racial en cada una de estas culturas. ¿Crees que su representación sería válida incluso hoy en día?

_____

_____

_____

_____

_____

_____

Ritmos

7-35 *Represento.* En la canción *Represento* el cantante Lou Briel dice "Represento… una raza de colores diferentes, que se funden (*melt, fuse together*) para hacerse transparentes… y yo soy el vivo ejemplo de mi gente". La música latina, como el mismo Lou Briel, es una mezcla de influencias europeas, africanas, americanas y hasta asiáticas. Ve a la web e investiga las influencias musicales que estas cuatro culturas han tenido en la música latina. Escribe un breve ensayo en el cual cites por lo menos un ejemplo de la influencia de las culturas aquí mencionadas. Un ejemplo podría ser la clave, un instrumento de origen africano.

_____

_____

_____

_____

_____

_____

_____

Páginas

7-36 Antes de leer. Encontrarás el siguiente vocabulario en la lectura. Estúdialo y luego completa las oraciones de la actividad con las palabras o expresiones apropiadas. Recuerda hacer los cambios necesarios según el contexto.

archivo	*file*	exponer	*to expose*
compañía de seguros	*insurance company*	gen	*gene*
empleador	*employer*	someter	*to subject*
enfermedad	*sickness, illness*	vigente	*in force, in effect*

1. Toda la información sobre la salud del paciente está en su _____ médico.

2. La póliza de seguro (*insurance policy*) todavía está _____.

3. La _____ vende pólizas a muy buen precio.

4. Para recibir una póliza de seguro, ella se _____ a un examen médico ayer.

5. Mi prima no se siente bien porque tiene una _____ genética.

6. Mi _____ no ofrece seguro médico para sus empleados.

Nombre: _____ Fecha: _____

7-37 A leer. Lee el siguiente artículo con cuidado, y luego contesta las preguntas con oraciones completas.

La discriminación genética

En el pasado, ciertos grupos sufrían a causa de la discriminación laboral. Lamentablemente, antes era más probable que una mujer, una minoría, una persona deshabilitada o una persona mayor sufrieran de este tipo de discriminación. Felizmente, hoy en día, disfrutamos de los resultados positivos de leyes y acciones comunitarias que se han establecido para eliminar este mal. A pesar de los avances que se han logrado, existen otras formas de discriminación que necesitan una solución. Una de ellas, que nos puede afectar a todos, es la discriminación genética.

Pero, ¿qué es la discriminación genética? La discriminación genética tiene lugar cuando una persona es tratada de manera diferente por su empleador o compañía de seguros porque padece de la mutación de un gen que podría exponerla a mayor riesgo de contraer una enfermedad. Las personas que se someten a una prueba genética podrían correr el riesgo de sufrir este tipo de discriminación.

Los resultados de estas pruebas normalmente se incluyen en los archivos médicos del paciente y no tienen garantía de privacidad. Cuando una persona solicita empleo o una póliza de seguro, debería saber que estos resultados pueden ser requeridos por el empleador o la compañía de seguros antes de tomar una decisión sobre un posible contrato o la confirmación de una póliza. La información contenida en esos archivos puede afectar la posibilidad de empleo del solicitante o su cobertura (*coverage*) médica.

Debido a esta situación, había personas que resistían hacerse pruebas genéticas por el miedo de sufrir después este tipo de discriminación. También, a raíz del mismo temor, estaba disminuyendo la participación de voluntarios en investigaciones genéticas.

Para eliminar estos problemas, el Congreso de Estados Unidos estableció una nueva ley llamada *The Genetic Information Nondiscrimination Act of 2008 (GINA)*. El presidente firmó oficialmente esta ley el 21 de mayo de 2008, por lo que es una ley vigente hoy día. Ahora, las personas no podrán ser tratadas de manera diferente porque tienen en su ADN ciertas diferencias que pueden afectar su salud.

1. Según el artículo, ¿quiénes sufrían antes de discriminación laboral?

_____

_____

2. Según el artículo, ¿qué es la discriminación genética?

_____

_____

3. ¿Qué problemas resultaron de la discriminación genética?

_____

_____

4. ¿Cómo se resolvieron estos problemas?

_____

_____

Taller

7-38 Antes de escribir. La discriminación puede tomar formas obvias o sutiles. Piensa en un caso de discriminación no muy evidente. No tiene que ser una acción discriminatoria; puede ser una actitud o una manera de pensar. Apunta los detalles del caso. ¿Cómo se sabe que se trata de discriminación y no sólo de un malentendido *(misunderstanding)*? ¿Cómo podrías probar el caso?

_____

_____

_____

7-39 A escribir. Escribe un breve ensayo para denunciar este caso de discriminación. Explica el fundamento de la intolerancia, los detalles de la injusticia y las pruebas que confirman la causa del trato. Usa las estructuras gramaticales que has aprendido en este capítulo.

_____

_____

_____

_____

_____

7-40 Después de escribir. Revisa lo que acabas de escribir como si fueras otra persona. Luego, escribe la descripción de nuevo haciendo los cambios necesarios.

_____

_____

_____

_____

_____

Las artes culinarias y la nutrición

Primera parte

¡Así lo decimos! Vocabulario (TEXTBOOK P. 245)

8-1 En familia. Completa las siguientes oraciones usando una variación de cada palabra en itálica. Si necesitas ayuda, consulta la sección llamada *Ampliación* en el libro de texto.

MODELO: Para *picar* la cebolla necesitas un cuchillo afilado (*sharp*). La cebolla <u>*picada*</u> es un ingrediente importante en muchas recetas.

1. Si te gusta el pollo *frito*, lo tienes que _____.

2. Por favor, enciende _____. Quiero *hornear* el cerdo.

3. Prepara _____ de jugo de naranja, sal y ajo para el cerdo. Hay que *adobarlo* por doce horas antes de meterlo al horno.

4. Usaste un *molinillo* nuevo para _____ la carne de res.

8-2 Una cena entre amigos. El Sr. Ramírez está almorzando en un restaurante con unos compañeros. Completa su conversación con estas palabras de *¡Así lo decimos!*

aderezo	fresas	mariscos	picante
carne de res	guisantes	papas	pimienta
champiñones	jugo	pastel	vinagre

CAMARERO: Buenas tardes, señores.

SR. RAMÍREZ: Buenas tardes. ¿Qué carne recomienda?

CAMARERO: La (1) _____ es la mejor carne que tenemos. Es muy tierna y es más grande que el bistec.

SR. CARRASCO: ¿Con qué viene el pollo asado?

CAMARERO: Viene con arroz y frijoles negros o con verduras, como

(2) _____ o espinacas. Si usted prefiere, se lo traigo con

(3) _____ fritas o asadas.

SR. PERALTA: Yo prefiero la pasta con (4) _____ porque me encantan la langosta, el pescado y los camarones.

SR. RAMÍREZ: ¿Qué (5) _____ tienen para la ensalada? ¿Tienen *ranch*?

CAMARERO: No, lo siento. Sólo tenemos aceite de oliva y (6) _____ para las ensaladas.

SRA. ROMERO: Yo soy vegetariana. ¿Me trae la pasta con salsa de tomate y unos

(7) _____?

CAMARERO: Con mucho gusto, señora.

SRA. ANTÚNEZ: ¡Me encanta la comida (8) _____! Por favor, tráigame unos

chiles rellenos con mucha (9) _____.

CAMARERO: Sí, señora. ¿Algo más? ¿Qué quieren beber?

SR. CARRASCO: Todos queremos (10) _____ de frutas. ¡Estamos a dieta!

SRA. ANTÚNEZ: Yo quisiera un (11) _____ de chocolate de postre.

CAMARERO: Lo siento, señora; se nos ha terminado. Le recomiendo las

(12) _____ con crema. Están muy frescas. Les tomaré la orden de los postres más tarde.

SRA. ANTÚNEZ: Muy bien, gracias.

8-3 Ejemplos de comidas. Clara, la hermana de José Luis, le hace una prueba a su hermano para ver cuánto sabe de cocina. Los tipos de comida que ella describe corresponden a las palabras de la sección *¡Así lo decimos!* a continuación. Antes de escuchar la grabación, lee la lista de palabras; después decide qué palabra corresponde a cada tipo de comida e indica la letra que corresponde.

1. _____   a. los camarones

2. _____   b. el pastel

3. _____   c. la carne de res

4. _____   d. la sal

5. _____   e. la piña

6. _____   f. la zanahoria

8-4 ¡Cuidado! Crea frases lógicas con **huele a** o **sabe a**.

MODEL: un restaurante italiano

              Huele a salsa de tomate, pasta y...

1. la cocina de mi mamá

_____

2. mi helado favorito

_____

3. una sopa de mariscos

_____

4. una parrillada argentina

_____

5. una paella

_____

6. mi torta favorita

_____

7. un mercado al aire libre

_____

8. mi plato favorito

_____

¡Así lo hacemos! Estructuras

1. The imperfect subjunctive (TEXTBOOK PP. 248–249)

8-5 El Chef Pepín. La persona que descubrió al Chef Pepín nos cuenta los comienzos de este gran cocinero. Escucha la grabación cuantas veces sea necesario y después indica si las siguientes oraciones son **Ciertas, Falsas** o si **No se dice** en la grabación.

1. El narrador quería que el chef supiera preparar mariscos.   Cierto   Falso   No se dice.

2. El narrador deseaba encontrar un chef que preparara   Cierto   Falso   No se dice.
   comidas sencillas y simples.

3. Pepín es un chef que sólo cocina comida italiana.   Cierto   Falso   No se dice.

4. Pepín empezó a cocinar desde que era niño.   Cierto   Falso   No se dice.

5. Su mamá no creía que él tuviera talento para ser chef.   Cierto   Falso   No se dice.

6. La primera vez que Pepín cocinó para su familia, todos se   Cierto   Falso   No se dice.
   enfermaron.

7. Sus amigos le aconsejaron que fuera a una escuela de artes   Cierto   Falso   No se dice.
   culinarias.

8-6 Gracias al gato. Teresa va a casa de los padres de Mauricio, su novio, por primera vez. En la siguiente grabación, escucharás un relato de su experiencia. Escucha la grabación cuantas veces sea necesario y luego rellena los espacios en blanco con los verbos que escuches. No te olvides de hacer los cambios necesarios.

Mauricio llevó a Teresa a la casa de sus padres para que ella los (1) _____.

Antes de que ellos (2) _____ y (3) _____,

abrieron una botella de vino. La madre de Mauricio preparó bacalao. Teresa odia el bacalao,

y por eso, sin que nadie la (4) _____, se lo dio al gato. La madre de

Mauricio se ofendió porque Teresa no comió toda la comida. Ella esperaba que Teresa

(5) _____ toda la comida que había en el plato.

8-7 Cuando era niña. Manuela habla de sus hábitos alimenticios cuando era niña. Completa el párrafo con el imperfecto del subjuntivo de los verbos entre paréntesis.

Cuando era niña, mis padres siempre insistían en que (yo) (1. seguir) _____

una dieta equilibrada. Mi madre quería que (yo) (2. comer) _____ verduras,

aunque no me (3. gustar) _____. Me molestaba que mi madre

(4. preparar) _____ espinacas y col; yo prefería que (ella) nos

(5. servir) _____ ensalada. Siempre esperaba que mi abuela

(6. hacer) _____ una torta para el postre, pero mis padres no permitían

que mi hermano y yo (7. consumir) _____ muchos dulces. Ellos siempre

insistían que nosotros (8. escoger) _____ un postre que

(9. ser) _____ más natural, como las frutas o el queso. De vez en cuando,

nos permitían que (nosotros) (10. comprar) _____ un helado, con tal de

que (11. cenar) _____ primero algo sano. ¡Nunca nos dejaban ir a la

heladería antes de que mi hermano y yo (12. lavar) _____ los platos!

8-8 Un jefe de cocina exigente. Efraín, el hermano de Manuela, trabaja en un restaurante cuyo jefe de cocina es muy exigente. Completa las oraciones sobre el jefe de cocina con el imperfecto del subjuntivo de los verbos correspondientes.

añadir	estar	lavar	tener
dar	ir	picar	ver

1. ¡Nunca he trabajado con un jefe de cocina que _____ tantas órdenes como éste!

2. Hizo que Elisa _____ todas las cazuelas y ollas.

3. Le pidió a Juan que _____ al mercado para buscar unas alcachofas

   que _____ una forma simétrica y un color uniforme.

4. Tuve que tirar la sopa que preparé porque él dudaba de que _____ buena.

5. Prefería que nosotros _____ las patatas a la tortilla española.

6. Quería que Pili y Vicente _____ un pedazo enorme de queso para la lasaña.

7. No nos dejó irnos antes de que él _____ con sus propios ojos que la cocina estaba limpia.

8-9 ¡Eres un desastre! Clara vuelve a visitar a su hermano. En la siguiente grabación, ella se queja de lo desastroso que es José Luis. Primero, rellena el siguiente párrafo escribiendo los siguientes verbos en el imperfecto del indicativo o del subjuntivo. Después, escucha la grabación para verificar tus respuestas.

| comprar | necesitar | poder | regalar |

José Luis, la última vez que te visité te pedí que (1) _____ un abrelatas;

necesitas uno. También te dije que (2) _____ una cafetera para preparar

café. ¿Por qué no la has comprado? El dinero que te regalé para tu cumpleaños era para que

(3) _____ comprar todas las cosas que necesitas para tu apartamento.

Lo peor de todo es que todavía no tienes un horno nuevo. Fue una lástima que te

(4) _____ tanto dinero para tu cumpleaños. ¡Eres un desastre!

8-10 Una paella. Tomás aprendió a preparar una paella ayer y nos cuenta su experiencia. Completa el párrafo con el imperfecto del indicativo o del subjuntivo.

La semana pasada le dije a mi abuela que (yo) (1. querer) _____ aprender

a preparar una paella, y ayer me enseñó a hacerla. Primero, ella me pidió que (2. ir)

_____ a la pescadería porque nos (3. faltar) _____

algunos de los ingredientes. Me dijo que (4. comprar) _____ almejas y

mejillones, y que (5. escoger) _____ mariscos que (6. estar)

_____ muy frescos. Yo también compré un pollo porque me parecía que

(7. ser) _____ de buena calidad. Luego, en casa, ella mandó que yo (8. buscar)

_____ el azafrán, el aceite de oliva, el arroz, cuatro dientes de ajo, un tomate

y una cebolla. Después, saqué los guisantes que la abuela (9. tener) _____ en

el refrigerador y luego encontré una paellera grande que ella (10. guardar)

_____ en la bodega. Cuando ya (11. estar) _____

todo listo, empezamos a cocinar.

8-11 Una desilusión. Rosario fue a un restaurante elegante pero salió decepcionada. Completa su conversación con Francisco con el imperfecto del indicativo o del subjuntivo de los verbos entre paréntesis.

FRANCISCO: Oye, Rosario, ayer fuiste al restaurante Ibiza, ¿verdad? ¡Me imagino que la comida

(1. estar) _____ riquísima!

ROSARIO: La verdad es que me decepcionó. Esperaba que el restaurante (2. tener)

_____ platos exóticos, pero era obvio que ellos sólo (3. servir)

_____ las mismas cosas que los otros restaurantes de la

ciudad. Además, me sorprendió que los precios (4. ser)

_____ tan caros.

FRANCISCO: ¿Qué tal el servicio del restaurante?

ROSARIO: Más o menos. Pedí que el camarero me (5. traer) _____ un

vaso de agua, pero pasó media hora antes de traérmelo. Además, no sirvieron la

comida a mi gusto. Quería que (6. preparar) _____ la carne

bien hecha pero me trajeron un filete casi crudo. El camarero lo llevó a la cocina para

que el cocinero lo (7. cocinar) _____ unos minutos más, pero

lo dejaron mucho tiempo y se quemó.

FRANCISCO: ¿No había nada que te (8. gustar) _____?

ROSARIO: Sí, el postre estaba delicioso. Comí un pedazo de torta que (9. saber)

_____ a fresa y chocolate.

FRANCISCO: ¡Me alegro de que (10. haber) _____ al menos una cosa que

te gustara!

8-12 La mujer y la cocina. Cuando una mujer se casa, ¿debe saber cocinar? En la siguiente grabación escucharás algunas frases sobre el tema. Antes de escuchar la grabación, completa las frases con la información correcta para formar oraciones lógicas. Después, escucha la grabación y comprueba si tus oraciones coinciden con la información que escuchas.

1. _____ En el pasado, cuando una mujer se casaba, era necesario que

2. _____ Gracias a todos los avances en los utensilios de cocina y a la comida congelada, ya no es necesario

3. _____ Yo me casé el año pasado. Yo sabía cocinar porque cuando era niña, mi madre me obligaba a que la

4. _____ Mi hermana es otra cosa. Ella nunca quiso aprender porque creía que nunca

5. _____ Mi hermana se equivocó con su predicción y se casó la semana pasada. ¡Ojalá que a su esposo

a. le guste la comida congelada!

b. supiera cocinar.

c. iba a casarse.

d. saber mucho de cocina.

e. ayudara a preparar la comida.

Conéctate

8-13 El mercado en línea. Como viste en el video *Comidas típicas: Ilobasco, El Salvador,* cada país tiene sus propias tradiciones culinarias. Para ver cuán diferentes pueden ser las costumbres alimenticias de los países hispanos, ve a la Internet y busca las páginas web de varios supermercados de Latinoamérica o de España. Busca por lo menos tres. Como punto de partida, ve a la página web de Almacenes Éxito de Colombia. Escribe un ensayo breve para comparar e identificar las diferencias y similitudes entre las comidas que se ofrecen en dos países latinoamericanos.

_____

_____

_____

_____

_____

_____

Segunda parte

¡Así lo decimos! Vocabulario (TEXTBOOK P. 255)

8-14 En familia. Completa las siguientes oraciones usando una variación de cada palabra en itálica. Si necesitas ayuda, consulta la sección llamada *Ampliación* en el libro de texto.

MODELO: Metí la carne al *horno* a las 2:30. Hay que *hornearla* tres horas y media.

1. Esta *botella* de vino tinto es de uno de los mejores vinos de España. El vino fue

   _____ en la región que se llama La Rioja.

2. No te olvides de meter la carne en el *congelador* para _____ la carne

   antes de que se eche a perder.

3. Se dice que la grasa _____, pero conozco a muchas personas que la

   comen y no son *gordas*.

4. La leche _____ nunca se echa a perder; por eso siempre tengo algunas

   latas en mi cocina.

5. Se recomienda la _____ de ocho vasos de agua diarios. Los que *ingieren*

   menos pueden deshidratarse.

8-15 Regalos para los novios. María Elena y Andrés van a casarse pronto. Completa la conversación de sus amigos con estas palabras de *¡Así lo decimos!*

| batidora | cacerolas | cafetera | cuchillos | horno | sacacorchos |

LUIS: Muchachos, me parece que entre todos podemos comprarles varios regalos útiles a

María Elena y a Andrés. ¿Qué creen?

SERAFÍN: Podemos regalarles un (1) _____ microondas.

ANA: Me parece una buena idea. También podemos comprarles un juego de

(2) _____ porque van a necesitarlas para hacer sopa, calentar

leche y agua, hacer salsas...

MANUELA: Me parece que ellos necesitan una (3) _____ eléctrica porque a

María Elena le encanta hacer tortas y necesita una para batir los huevos, el azúcar y la

harina. Y como a Andrés le gusta tanto el café, me parece que sería una buena idea

regalarles una (4) _____.

SERAFÍN: Siempre son útiles unos buenos (5) _____ que corten bien;

pues a ambos les encanta la carne.

LUIS: ¡Ah! ¡Y también les gusta mucho el vino! Podemos regalarles un

(6) _____ para abrir las botellas.

MANUELA: ¡Perfecto!

8-16 Los utensilios. José Luis vive solo en un apartamento y su hermana lo va a visitar. Pero, en la cocina de José Luis, ¡no hay nada! Escucha la grabación cuantas veces sea necesario y luego rellena los espacios en blanco con los utensilios que José Luis necesita.

1. _____

2. _____

3. _____

4. _____

5. _____

Nombre: _____   Fecha: _____

8-17 Hábitos alimenticios. Vas a leer un artículo sobre la nutrición en una revista especializada. Completa el párrafo sobre algunos de los distintos hábitos alimenticios más comunes con estas palabras de *¡Así lo decimos!*

adelgazar	anemia	desequilibrada	ingerir
alimentos	colesterol	engordar	

Muchas personas se ponen a dieta para (1) _____ porque piensan

que tienen exceso de peso. Otros piensan que se ven demasiado delgados y comen más para

(2) _____. Hay otras personas que prefieren no comer carne y se hacen

vegetarianos. Los vegetarianos deben tener mucho cuidado porque corren el riesgo de tener una

nutrición (3) _____. Si no ingieren hierro *(iron)*, pueden tener

(4) _____ y sentirse débiles y con mucha fatiga. También es

importante compensar las proteínas que se encuentran en las carnes con algún equivalente vegetal.

Las personas a las que les preocupa un nivel alto de (5) _____ en la sangre

tratan de (6) _____ menos grasas saturadas y eliminan los huevos de su

dieta. Hay muchos otros que piensan que lo más saludable es comer todo con moderación e ingerir

(7) _____ sin grasa y sin azúcar.

8-18 Un desastre en la cocina. Luz no tiene mucha suerte en la cocina. Completa el párrafo sobre la poca habilidad que tiene Luz cocinando con estas palabras de *¡Así lo decimos!*

congeladas	hervir	lata	vasos
descongelar	horno	piel	

¡Mi amiga Luz es un desastre en la cocina! ¡La verdad es que ella es incapaz *(incapable)* de

(1) _____ un huevo! Para ella «cocinar» es

(2) _____ en el microondas las comidas que vienen

(3) _____. De vez en cuando, Luz también abre una

(4) _____ de atún o de sopa y la calienta. A ella tampoco le gusta lavar

los platos porque dice que es muy malo para la (5) _____ de sus «suaves

manos». Por eso compra solamente platos y (6) _____ desechables. Pero

Luz no tiene ningún complejo. ¡Ella simplemente dice que es una chica del Siglo XXI!

8-19 Un problema de peso. Margarita tiene un problema de peso. En la siguiente grabación ella nos cuenta su problema. Escucha la grabación cuantas veces sea necesario y luego rellena los espacios en blanco con una de las palabras de la sección *¡Así lo decimos!*

Margarita necesita (1) _____. Ella no ha podido

(2)_____ y ahora tiene problemas con (3) _____.

El doctor le dijo que comiera carne sólo (4) _____ o al horno, y que

bebiera ocho (5) _____ de agua al día.

8-20 ¿Sabes cuál es la palabra? Margarita está llevando a cabo la dieta que le recomendó el doctor. Ahora ella está tratando de decidir qué comprar en el supermercado. Escucha las siguientes frases y escoge la palabra que mejor completa cada una.

1. ____   a. colesterol

2. ____   b. onzas

3. ____   c. proteína

4. ____   d. libras

5. ____   e. al vapor

¡Así lo hacemos! Estructuras

2. The conditional and conditional perfect (TEXTBOOK PP. 259–261)

8-21 Dietas especiales. ¿Qué harias si tuvieras que seguir una dieta especial por razones de salud? Combina las situaciones con su solución lógica. Escribe oraciones completas con el condicional de los verbos.

¿Qué harías...

para mantener el corazón sano?	Hacer ejercicios aeróbicos.
1. para bajar el colesterol?	No tomar comidas ácidas.
2. para la diabetes?	Evitar los alimentos con muchas calorías.
3. para adelgazar?	Comprar productos hechos con leche de soja (soy).
4. para engordar?	Consumir más gramos de carbohidratos y grasas.
5. para evitar la alergia a los productos lácteos?	Elegir alimentos con hierro como las espinacas.
6. para curarte de la anemia?	Asar las comidas a la parrilla en vez de freírlas.
7. para el dolor de muelas?	Preparar comidas como el puré de verduras o la sopa.
8. para no empeorar la úlcera?	Eliminar de mi dieta los productos con azúcar.

MODELO: *Para mantener el corazón sano, haría ejercicios aeróbicos.*

1. _____

_____

2. _____

_____

3. _____

_____

4. _____

_____

5. _____

6. _____

_____

7. _____

_____

8. _____

_____

8-22 Una cena importante. Teresa va a cenar con unos clientes importantes y le pide consejos a una amiga. Completa el diálogo con el condicional de los verbos.

TERESA: He invitado a unos clientes a cenar conmigo mañana. ¿Dónde (yo) (1. deber)

_____ ir?

JULIETA: Bueno, yo los (2. llevar) _____ a un buen restaurante, pero no a

uno excesivamente elegante. (3. Reservar) _____

inmediatamente una mesa en el restaurante. Yo también (4. preguntar)

_____

si tienen una mesa en un rincón privado para poder conversar tranquilamente.

TERESA: ¿Qué consejo me (5. dar) _____ tú sobre cómo pedir en el

restaurante?

JULIETA: Yo les (6. decir) _____ a los clientes que pidieran lo que

quisieran, pero también les (7. recomendar) _____ las

especialidades de la casa. (Yo) (8. Dejar) _____ que los clientes

pidieran primero. Pero para el postre, yo (9. pedir) _____ algo

primero para dejarles saber que también quieres incluir el postre en la invitación.

TERESA: ¿Qué (10. hacer) _____ tú con la cuenta?

JULIETA: (11. Hablar) _____ discretamente con el camarero para decirle

que me la trajera a mí y no a los clientes. Ya verás como todo sale bien.

8-23 Lo que yo haría. Margarita habla con su amiga Dora sobre su problema de peso. Pero cada vez que Margarita abre la boca, Dora le dice lo que ella haría. Después de cada pausa rellena los espacios en blanco con uno de los verbos de la lista en el condicional.

aburrirse	cocinar	comer	poder	ser

1. Yo no _____ tanto.

2. Yo no _____ comida con grasa.

3. Yo no _____ dejar de comer postres.

4. Yo _____ de comer sólo esta comida.

5. Para mí _____ imposible.

8-24 ¿Qué harías? Escucharás una serie de situaciones hipotéticas. Después de cada oración, escribe lo que harías tú en esa situación. Debes usar oraciones completas y lógicas, y recuerda que debes escribir el verbo en el condicional.

1. _____.

2. _____.

3. _____.

4. _____.

8-25 ¿Qué habrían hecho? Te han invitado a ti y a tus amigos a una cena formal en el restaurante de cinco estrellas del Hotel Sheraton de Nueva York pero no pudieron ir. Piensa en lo que habrían hecho tú y esas personas en la situación si pudieran ir. Completa las oraciones con el condicional perfecto de los verbos entre paréntesis.

1. (Yo) _____ (vestirse) elegantemente.

2. Tú _____ (comer) la especialidad de la casa.

3. Mis amigos y yo _____ (pedir) una botella de vino que estuviera de acuerdo con el menú.

4. Yo _____ (probar) un postre exótico.

5. Nosotros _____ (tomar) café con el postre.

6. Los camareros nos _____ (tratar) cortésmente.

7. No nos _____ (llevar) las sobras a casa.

8. Yo _____ (tener) que pagar la cuenta con tarjeta de crédito.

8-26 Teresa y el bacalao. Imagínate que eres amiga de Teresa y ella te cuenta lo que pasó durante la cena en casa de los padres de Mauricio. Vuelve a escuchar de nuevo la grabación donde Teresa cuenta su experiencia. Luego, escucha esta grabación en la cual dices lo que tú habrías hecho en su lugar. Rellena los espacios en blanco con el condicional perfecto.

Teresa, yo en tu lugar ni siquiera (1) _____ el bacalao.

(2) _____ después de comer algo que no me gustara y no

(3) _____ ocultar que odiaba esa comida. (4) _____

mejor mentirle a la madre de Mauricio. Yo le (5) _____ que era vegetariana;

eso siempre es una buena excusa. ¡Qué suerte que el gato te salvó!

3. The indicative or subjunctive in *si*- clauses (Textbook pp. 263–264)

8-27 Consejos del médico. El mismo doctor que ayudó a Margarita está ahora atendiendo a otros pacientes. Primero lee la siguiente lista y luego escucha la grabación de los consejos que da el doctor. Escucha cada oración y elige una de las siguientes frases de la lista para completarla lógicamente.

1. ____   a. caminaran todos los días.

2. ____   b. comiera menos postres.

3. ____   c. perdiera 30 libras.

4. ____   d. hicieras dieta .

8-28 Yo no lo permitiría. Imagínate que eres Guillermo, un amigo de José Luis. En el siguiente párrafo tú aconsejas a José Luis y le dices lo que harías si estuvieras en su lugar. Rellena los espacios en blanco con el presente del indicativo o el imperfecto del subjuntivo de uno de los verbos de la lista. Luego escucha la grabación para verificar tu respuesta.

dar	estar	permitir	recibir
decir	hablar	prohibir	ser

José Luis, si (1) _____ que tu hermana te hable así, nunca dejará de

hacerlo. Tú tienes veinte años; no eres un niño. Si mi hermana me (2) _____

de esa manera, yo le diría que se callara. Tú hermana es muy mandona. Si ella te

(3) _____ dinero, pensará que puede decirte lo que tienes que hacer. Si yo

(4) _____ tú, no le aceptaría el dinero para que ella no me

(5) _____ lo que tengo que hacer.

8-29 Un almuerzo en casa. Amanda va a preparar un almuerzo para sus amigos. Completa las oraciones con el presente del indicativo o el imperfecto del subjuntivo de los verbos, según el contexto.

1. ¡Prepararía langosta si no _____ (ser) tan cara!

2. Compraré bacalao si lo _____ (haber) en la pescadería.

3. Si las berenjenas del mercado _____ (tener) buena cara, me llevaré tres o cuatro.

4. Voy a cortar las verduras para la ensalada si me _____ (quedar) tiempo hoy.

5. Si _____ (tener) una parrilla, podría hacer una barbacoa.

6. Comeremos fresas para el postre si las _____ (encontrar) en el mercado.

7. Haría una torta de chocolate si _____ (saber) prepararla.

8. Si alguien _____ (traer) un buen vino, lo serviré con el almuerzo.

8-30 Los efectos de la dieta. Un médico les explica a sus pacientes la relación entre sus hábitos y su estado de salud. Completa las oraciones con el imperfecto del subjuntivo o el condicional simple.

1. Sr. Pacheco, usted no tendría el colesterol alto si _____ (evitar) las comidas hechas con aceite y mantequilla.

2. Sra. Palacios, usted _____ (tener) los pulmones más sanos si no fumara.

3. Quique, sabes que no tendrías caries *(cavities)* si _____ (cepillarse) los dientes después de comer.

4. Niños, si comieran menos caramelos, ustedes no _____ (enfermarse) tanto.

5. Nieves, te sentirías con más energía si _____ (desayunar) todas las mañanas.

6. Sra. Fuentes, si usted no bebiera tanta leche, probablemente _____ (padecer) de osteoporosis.

8-31 Las comidas y las enfermedades. Un científico explica la relación entre algunas enfermedades y la comida. Completa el párrafo con el condicional o el imperfecto del subjuntivo, según el contexto.

Sería bueno que la gente (1. saber) _____ más sobre los peligros de los

microorganismos en la comida. No (2. haber) _____ tantos casos de

salmonela si todo el mundo (3. evitar) _____ los huevos casi crudos

y si (4.) lavarse_____ las manos después de tocar carne cruda.

Se (5. poder) _____ eliminar el botulismo si todos (6. tener)

_____ cuidado al conservar los alimentos enlatados. Si los restaurantes

siempre (7. servir) _____ la carne de res bien cocida, los clientes

probablemente no (8. enfermarse) _____ porque la comida no (9. estar)

_____ contaminada por las bacterias. ¡Si todos (10. seguir)

_____ estas reglas sencillas para la higiene y la preparación de la comida!

¡Nosotros, los científicos, (11. deber)_____ hacer una campaña para

informar al público sobre lo que hay que hacer para reducir el riesgo!

8-32 En mis propias palabras. Te gustaría bajar de peso y piensas en qué harás para conseguirlo. A continuación escucharás una serie de frases que tú debes completar para formar una oración completa. ¡OJO! Las oraciones necesitan el condicional, el presente del indicativo o el futuro.

MODELOS: Engordaré mucho si...

Engordaré mucho si todos los días como hamburguesas y papas fritas.

o

Si comiera menos,...

Si comiera menos, estaría más delgada.

1. _____

2. _____

3. _____

4. _____

5. _____

¡Así lo expresamos!

Imágenes

8-33 Salvador Dalí. En el cuadro *Nature Morte Vivante* el artista incluye comidas y bebidas. ¿Son estas típicas de la cocina catalana? ¿Son estas similares a las comidas que Dalí ha usado en sus otras pinturas? Para contestar estas preguntas, ve a la Internet e investiga primero cómo es la comida típica de Cataluña. Después, busca también en la Internet otros cuadros de Dalí que contengan representaciones de comida o bebida. ¿Qué ves ahí? ¿Por qué piensas que Dalí elige representar esas comidas y bebidas y no otras? Escribe un ensayo breve con tu respuesta.

_____

_____

_____

_____

_____

_____

_____

Ritmos

8-34 En el supermercado. En la canción *Supermercado* del conjunto Mamá Pulpa, el cantante intenta robar comida porque tiene hambre. Imagínate que has ganado un concurso de uno de los supermercados que encontraste en **Conéctate**. El premio consiste en un minuto de tiempo para hacer compras en la página web del supermercado sin tener que pagar. A partir de la página principal, tienes sesenta segundos para llenar tu "carrito" de cuantos productos puedas, y en las cantidades que puedas. Escribe una lista de todo lo que compraste. ¿Qué productos escogiste que podrías haber encontrado en tu supermercado local? ¿Por qué escogiste esos productos y no otros?

_____

_____

_____

_____

_____

_____

_____

Páginas

8-35 Antes de leer. Para entender mejor la lectura *¡Auxilio! ¡No logro bajar de peso!*, estudia las siguientes palabras y expresiones y completa la actividad. Recuerda hacer los cambios correspondientes (género y número de sustantivos y adjetivos, y conjugación de los verbos según su contexto).

ahogar	*to drown*	fracasar	*to fail*
a la larga	*in the long run*	pariente	*relative*
carecer	*to lack*	por ende	*consequently*
duradero	*lasting*	rebajar	*to reduce*
encubierta	*undercover*	reflejo	*reflex*
estar a dieta	*to be on a diet*		

1. Para _____ de peso, lo mejor es hacer ejercicio.

2. _____ es mejor para la salud no engordar.

3. Las «fórmulas mágicas» para bajar de peso no funcionan; si las intenta, lo más probable es que

   vas a _____.

4. La agente secreta estaba _____.

5. _____ no es fácil, pero a veces es necesario para bajar de peso.

6. Mi primo José es mi _____ favorito.

7. Yo hago ejercicios y como sanamente; _____ yo no he engordado.

8-36 A leer. Lee el siguiente artículo con cuidado, y luego completa las frases en la página siguiente con la información apropiada.

¡Auxilio! ¡No logro bajar de peso!

Según la definición del diccionario, un rito es un orden establecido para las ceremonias de una religión. De acuerdo con esta definición, si un extraterrestre aterrizara en nuestro planeta y pensara que estar a dieta es un rito en nuestra sociedad, no sería algo extraño. Esa primera impresión no sería del todo falsa si uno tiene en cuenta la cantidad de dinero y tiempo que le dedicamos a rebajar de peso. Si nosotros mismos no estamos intentando bajar de peso, seguramente tenemos amigos y parientes que lo están haciendo.

Lo que contribuye a dar la impresión de que siempre estamos a dieta es que muchas veces estamos haciendo el intento por cuarta, quinta, o hasta sexta vez. Esto suele suceder porque es muy difícil que una dieta tenga un éxito duradero la primera vez que la intentamos. Hay tantas razones para esto. Aun así, los expertos en nutrición señalan ciertas razones específicas por las cuales las personas normalmente fracasan en sus intentos de bajar de peso.

Según la Dra. Kathleen Zelman hay seis errores principales que las personas cometen en sus intentos por bajar de peso. Primero que todo, dado el ritmo de la vida moderna, la persona promedio come demasiado rápido. Como carecemos de tiempo para todo lo que hemos programado en nuestras vidas, tendemos a apurarnos mientras comemos. El resultado es que consumimos más calorías que si comiéramos más despacio. De igual manera, el segundo error, a la larga, lleva a la persona a comer más de lo que debería. Muchas personas tienden a dejar de comer una de las comidas durante el día, típicamente el desayuno. Lo que sucede es que la persona luego come más durante el almuerzo y la cena.

Otros errores radican en no estar al tanto de las calorías que uno consume diariamente. A veces, nosotros consumimos calorías sin darnos cuenta. Por ejemplo, el error número tres es asumir que lo que bebemos tiene pocas calorías. La verdad es que, según una investigación, el 21 por ciento de las calorías ingeridas por los norteamericanos provienen de los líquidos. El cuarto error también tiene que ver con las calorías "encubiertas". Poco a poco el tamaño de las porciones que nos sirven en los restaurantes ha aumentado. Los platos son más grandes y por ende, terminamos comiendo más de lo que verdaderamente necesitamos para apaciguar nuestra hambre.

Los errores números cinco y seis tienen que ver con comer por reflejo y no de una manera conciente. Por ejemplo, no le ayuda nada a una persona servirse una ensalada para luego ahogarla en salsa con alto contenido calórico. De igual manera, comer de manera inconciente frente a la televisión tampoco es una buena idea. En estos, como en los otros errores señalados por la Dra. Zelman, lo importante es estar al tanto de los riesgos que enfrentamos a diario con nuestras dietas y que tomemos buenas decisiones respecto a lo que consumimos.

1. Las personas intentan hacer dietas muchas veces porque

   _____.

2. Comer muy rápido resulta en

   _____.

3. A veces consumimos demasiadas calorías porque

   _____.

4. Lo importante en las dietas es

   _____.

Taller

8-37 Antes de escribir. Piensa en un restaurante en el que hayas comido recientemente. Apunta información sobre tu experiencia: la hora a la que fuiste, lo que pediste, cómo te trataron los camareros y cuánto pagaste. Describe con detalles tu experiencia. Haz una lista de los aspectos del restaurante que te gustaron y de los que no te gustaron.

_____

_____

_____

_____

_____

8-38 A escribir. Ahora escribe una reseña del restaurante. Incluye información sobre el ambiente, el servicio, los precios y la calidad de la comida. Usa el imperfecto del subjuntivo para expresar tus reacciones y el condicional para explicar lo que el restaurante podría hacer para mejorar.

_____

_____

_____

_____

_____

_____

Nombre: _____ Fecha: _____

8-39 Después de escribir. Revisa lo que acabas de escribir como si fueras otra persona. Luego escribe la descripción de nuevo haciendo los cambios necesarios.

_____

_____

_____

_____

_____

_____

_____

Nuestra compleja sociedad

Primera parte

¡Así lo decimos! Vocabulario (TEXTBOOK P. 277)

9-1 En familia. Completa las siguientes oraciones usando una variación de cada palabra en itálica. Si necesitas ayuda, consulta la sección llamada *Ampliación* en el libro de texto.

MODELO: El *abuso* del tabaco es un problema grave para muchos. Las personas que *abusan* de este vicio van a darse cuenta de lo difícil que es abandonarlo.

1. Los que *se emborrachan* con frecuencia abusan de su salud y del bienestar de los demás. La

   _____ en las fraternidades universitarias es bastante común.

2. Los terroristas _____ a varios misioneros en Afganistán. Demandaron

   que el gobierno les diera libertad a prisioneros políticos a cambio de liberar a los *secuestrados*.

3. Nadie simpatiza con los jóvenes que *vandalizan*. El _____ no tiene sentido.

4. El político cometió *fraude* electoral. Quiso _____ al público.

5. El *robo* ocurrió ayer por la tarde. Los ladrones _____ una pieza

   importante del museo de arte.

9-2 Adivinanzas. Usa las palabras de *¡Así lo decimos!* para responder a las siguientes adivinanzas. Presta atención a las claves que te dan las descripciones.

1. Esta palabra se escribe igual en inglés; si lo piensas, al tiro sabrás lo que es.

   _____

2. Suena como un reloj y si no la detienes a tiempo, explota. _____

3. George Clooney, Matt Damon y Brad Pitt, entre otros, lo hacen perfectamente en la película

   Ocean's Eleven. _____

4. Austin Powers y James Bond tienen esta profesión. _____

5. Muchas personas hacen esto a la piel para expresar su creatividad.

   _____

9-3 Crisis en las escuelas. Un maestro habla de sus experiencias con algunos jóvenes problemáticos de su escuela. Completa las oraciones con estas palabras de *¡Así lo decimos!*

borracho	delincuentes	pandilla	robaron	traficantes
crimen	guardias de seguridad	revólver	tatuarse	vandalizan

1. Conozco al menos diez estudiantes que están relacionados con una

   _____.

2. Algunos de estos jóvenes son muy peligrosos porque como muchos

   _____, siempre van armados.

3. Casi a todos ellos les gusta _____ en la piel para identificarse como

   miembros del grupo.

4. Todos ellos _____ la propiedad de la escuela: rompen las ventanas,

   pintan graffiti en las paredes y dejan basura en todas partes.

5. Aunque en la escuela está prohibido el consumo de bebidas alcohólicas, ¡ayer un estudiante

   llegó a la clase de biología totalmente _____! Casi no podía caminar

   derecho e insultaba a todo el mundo.

6. A pesar de que hay detectores de metales en la entrada de la escuela, la semana pasada un

   profesor encontró un _____ en un bolsillo de la chaqueta de un

   estudiante.

7. Hay profesores que afirman que algunos estudiantes son _____ de

   drogas.

8. Aunque en la escuela hay varios _____, no son suficientes para vigilar

   ni para proteger a las personas que estudian y trabajan allí.

9. La policía ya sabe los nombres de los estudiantes que _____ el dinero

   de la cafetería y las computadoras de la oficina del director.

10. Nosotros los maestros, nuestros estudiantes y los padres debemos luchar por una escuela sin

    _____.

Nombre: _____ Fecha: _____

9-4 Un agente secreto. El agente Ramírez trabaja como policía en el departamento de narcóticos. Completa el párrafo en el que explica su nuevo caso con estas palabras de *¡Así lo decimos!*

bomba	delito	robo	seguridad	traficantes
delincuentes	pandilla	secuestraron	tatuarme	vandalismo

Voy a investigar las operaciones de un grupo de (1) _____ muy peligrosos.

Tengo que hacerme pasar por (*go undercover as*) miembro de una (2) _____

local. Debo hacer todo lo posible para que no descubran que soy policía, y es probable que me

obliguen a (3) _____ el brazo como el resto de los miembros del

grupo. Como seré un «nuevo miembro» del grupo, seguramente me obligarán a cometer un

(4) _____ como participar en el (5) _____

de algún banco o en el (6) _____ de algún edificio o parque, rompiendo

cristales y dibujando graffiti. Pero yo trataré de encontrar la información que buscamos antes

de que eso ocurra. Como policía encubierto, tal vez averigüe quién es el jefe de los

(7) _____ de drogas de todo el estado. Este caso es muy importante para

la (8) _____ de nuestra comunidad porque estos criminales han

amenazado varias veces con poner una (9) _____ en un lugar público si el

alcalde no cambia su política en cuanto a las armas de fuego. Es muy posible que ellos hayan sido

los que (10) _____ al hijo del juez Padrón. Definitivamente tenemos que

hacer todo lo posible por eliminar la violencia y las drogas de nuestras calles.

9-5 Los crímenes aumentan. El aumento de la tasa de delitos y crímenes en algunos países hispanoamericanos es alarmante. Escucha la siguiente grabación cuantas veces sea necesario y luego llena los espacios en blanco con la palabra que escuches.

El presidente de El Salvador piensa que se deben imponer sentencias más largas

para a las (1) _____. En El Salvador, entre enero y junio del 2004, hubo

1.257 (2) _____. En México si eres famoso y no tienes

(3) _____, puedes ser víctima del (4) _____. La

gente que no puede contratar a un (5) _____ para que los proteja en sus

casas debe (6) _____ para no ser víctima de este delito.

9-6 ¿Qué significa esta palabra? Unos reporteros han salido a la calle y han hecho una encuesta entre varias docenas de niños sobre el significado de las siguientes palabras de la sección *¡Así lo decimos!* Lee la lista de palabras, y después de escuchar las definiciones, selecciona la palabra que corresponde a cada una.

1. _____   a. asesino

2. _____   b. ladrón

3. _____   c. delincuente

4. _____   d. traficante

5. _____   e. contrabandista

9-7 ¡Cuidado! Completa estas frases de una manera lógica, usando el verbo **abusar** seguido por la preposición **de**.

MODELO: Un/a alcohólico/a *abusa de las bebidas alcohólicas.*

1. Un/a estafador/a _____.

2. Una pandilla _____.

3. Un/a político/a que comete fraude electoral _____.

4. Una persona que acosa a las mujeres _____.

5. Un/a drogadicto/a _____.

¡Así lo hacemos! Estructuras

1. The pluperfect subjunctive (TEXTBOOK P. 280)

9-8 Confesiones de un delincuente. Manuel es un chico que confiesa ser delincuente. Escucha la grabación cuantas veces sea necesario y luego indica si las siguientes frases son **Ciertas** o **Falsas**.

1. Manuel es delincuente porque conoció a Joselito.	Cierto	Falso
2. Manuel ha estado en la cárcel varias veces.	Cierto	Falso
3. Sus enemigos son miembros de una pandilla.	Cierto	Falso
4. Sus enemigos de la pandilla no lo ayudaron a esconderse.	Cierto	Falso
5. Aunque sus padres hubieran tratado de prohibírselo, Manuel se habría tatuado de todas maneras.	Cierto	Falso

9-9 En la comisaría de la policía. Hoy la policía detuvo a varias personas, pero todos los detenidos niegan las acusaciones. Completa las oraciones con el pluscuamperfecto del subjuntivo.

1. El agente decía que el Sr. Gómez había robado la tienda.

   El testigo negó que el Sr. Gómez _____ la tienda.

2. El policía creía que los jóvenes habían estafado a una anciana.

   Los padres de los jóvenes dudaban que sus hijos _____ a una anciana.

3. El testigo juraba que la muchacha había vandalizado el edificio.

   El abogado dijo que era imposible que su cliente _____ el edificio.

4. La asistente social dijo que los Rodríguez habían abusado de sus hijos.

   A los vecinos les extrañaba que ellos _____ de sus hijos.

5. La víctima confirmó que el miembro de la pandilla la había agredido.

   Los policías no estaban seguros de que el joven _____ a la víctima.

6. El maestro denunció que un estudiante había traído un revólver a la escuela.

   El estudiante no podía creer que el maestro lo _____.

9-10 Un robo. Anoche la casa de la familia Trujillo fue objeto de un robo. Completa el informe sobre el robo con el pluscuamperfecto del subjuntivo de los verbos de la lista.

conseguir	detener	estar	poder	romper
dejar	entrar	olvidarse	robar	ver

Anoche cuando los Trujillo llegaron a casa, se sorprendieron de que un ladrón

(1) _____ en su casa. No había señales de entrada forzada, así que era

probable que el ladrón (2) _____ una llave antes del robo porque era

imposible que los Trujillo (3) _____ de cerrar la puerta al salir. No

encontraron ningún vecino que (4) _____ a alguien sospechoso por

el vecindario antes del robo. A la Sra. Trujillo le dolió mucho que el ladrón le

(5) _____ todas sus joyas. ¡Ojalá no (6) _____

el florero de cristal porque era una antigüedad! El ladrón había encontrado la colección de

monedas antiguas que el Sr. Trujillo tenía en un escondite. Era como si el ladrón

(7) _____ en la casa antes porque sabía dónde estaban todos los

objetos de valor. Los policías inspeccionaron la casa por si acaso el delincuente

(8) _____ huellas, pero no encontraron nada. Sin embargo, dudaban que

una persona desconocida (9) _____ cometer el crimen, y van a

investigar primero a personas que conocen a los Trujillo. A la familia le habría gustado que

la policía (10) _____ al ladrón esa misma noche.

9-11 Si alguien hubiera hecho algo. Doña Catalina, una antigua vecina de Manuel, habla sobre él. Escucha la grabación cuantas veces sea necesario y luego llena los espacios en blanco con el pluscuamperfecto del subjuntivo de los verbos que escuches.

La vida de Manuel habría sido diferente…

1. si Manuel _____ un padre en casa.

2. si la mamá de Manuel le _____ atención a su hijo.

3. si los maestros de Manuel le _____ consejos.

4. si alguien _____ por Manuel cuando era niño.

9-12 Un estafador. En el mismo vecindario donde viven los Trujillo, otra familia ha sido víctima de un fraude. Completa el artículo sobre un estafador con el pluscuamperfecto del indicativo o del subjuntivo, según el contexto.

La policía advierte que una familia ha sido estafada por un delincuente y que, probablemente,

el individuo no haya salido de la ciudad. Ayer un matrimonio denunció que la semana pasada

un hombre desconocido (1. presentarse) _____ en su casa y

(2. hacerse) _____ pasar por carpintero. El «carpintero» les explicó que

(3. ver) _____ el techo de la casa y le había extrañado

que los dueños no (4. observar) _____ que el techo estaba en malas

condiciones. Les (5. decir) _____ que era increíble que ellos no

(6. reparar) _____ los agujeros del techo y que era probable que la lluvia

ya (7. empezar) _____ a dañar la estructura de la casa. El hombre los

convenció para que lo contrataran para reparar el techo, pero a los dueños de la casa les

sorprendió que el carpintero les (8. pedir) _____ un depósito del

25 por ciento del total. Sin embargo, se lo dieron porque temían que el techo ya

(9. deteriorarse) _____ mucho y se alegraron de que alguien

(10. darse) _____ cuenta del problema. El hombre recibió el depósito,

pero se fue antes de hacer el trabajo con el pretexto de comprar materiales. Cuando

(11. pasar) _____ tres horas y el hombre no

(12. volver) _____, la pareja empezó a dudar de que

(13. ser) _____ sincero con ellos y se enfadaron por haberse dejado

engañar. Ayer la policía buscaba otras familias en esta zona de la ciudad que

(14. hablar) _____ con el estafador porque era posible que otras

personas (15. tener) _____ la misma experiencia.

9-13 Las últimas noticias. Estás escuchando las últimas noticias en un boletín de la radio. Después de escuchar cada oración, da. Da tu opinión usando la expresión **ojalá**. Debes escribir el verbo que uses en el pluscuamperfecto del subjuntivo.

MODELO: Anoche la policía informó que un niño de diez años se perdió en las montañas.

Ojalá sus padres hubieran tenido más cuidado.

1. _____

2. _____

3. _____

4. _____

Conéctate

9-14 La adicción. Recuperarse de una adicción es un desafío difícil de enfrentar. Felizmente existen organizaciones que se dedican a ayudar a personas adictas. Ve a un programa de búsqueda en la Internet y busca la página de una de estas organizaciones. Escribe un breve ensayo en el cual describas la organización. En tu descripción puedes hablar de los servicios que ofrecen y de la filosofía en la que se basa la organización para ofrecer ayuda a esas personas.

_____

_____

_____

_____

_____

_____

Segunda Parte

¡Así lo decimos! Vocabulario (TEXTBOOK P. 287)

9-15 En familia. Completa las siguientes oraciones usando una variación de cada palabra en itálica. Si necesitas ayuda, consulta la sección llamada *Ampliación* en el libro de texto.

MODELO: Según los estudios, un 40 por ciento de los estudiantes universitarios *se han emborrachado* durante el último mes. El estudiante <u>borracho</u> es un problema serio para todos sus amigos.

1. Algunos opinan que *la prostitución* no debe considerarse un delito porque no le hace daño

   a nadie. Otros opinan que las _____ son víctimas de un delito.

2. Si conduces sin cuidado, tu vida *peligra*. Además, tus acciones ponen en

   _____ la vida de los otros ocupantes del carro.

3. El Tribunal de Miami *juzgó* que el joven había cometido el delito de robar un coche.

   El _____ fue ayer por la tarde.

4. Es verdad que el alcohol *perjudica* los órganos internos, entre ellos, el corazón, el hígado, el

   estómago y el esófago. Tomar muchas bebidas alcohólicas puede ser muy

   _____.

5. El alcohol es especialmente _____ para el feto (*fetus*). Gracias a la

   publicidad en los últimos años, menos mujeres *arriesgan* la salud de sus bebés tomando bebidas

   alcohólicas.

9-16 Fuera de orden. Primero, ordena las letras de las siguientes palabras de *¡Así lo decimos!* Después, pon en orden las letras numeradas de cada palabra para revelar el nombre de un personaje literario famoso relacionado con la investigación de misterios.

1. ___ ___ ___ ___ ___ ___ ___   ed ochhe
       8   9

2. ___ ___ ___ ___ ___ ___ ___ ___   rrrgeisaa
           12 13

3. ___ ___ ___ ___ ___ ___ ___   moecter
   7

4. ___ ___ ___ ___ ___ ___ ___ ___   atrilaenm
       10   11

5. ___ ___ ___ ___ ___   dorep
           3   4

6. ___ ___ ___ ___ ___ ___   rilgepo
       5   6

7. ___ ___ ___ ___ ___ ___ ___ ___ ___ ___   mosilohocal
           2

8. ___ ___ ___ ___ ___ ___   ruasca
   1

___ ___ ___ ___ ___ ___ ___ _k_
 1   2   3   4   5   6   7

___ ___ ___ ___ ___ ___
 8   9   10 11 12 13

9-17 El terrorismo. En la radio están emitiendo un programa nuevo sobre el terrorismo. Después de escuchar la grabación, rellena los espacios en blanco con una de las palabras de *¡Asi lo decimos!* que escuches.

1. Los terroristas _____ para conseguir lo que quieren.

2. Los terroristas tienen mucho _____.

3. Los ciudadanos no nos damos cuenta de que nuestras vidas están en

_____.

4. Nuestro gobierno no nos dice nada para no hacer _____.

5. El problema del terrorismo no es un problema _____.

9-18 Un delincuente menos. La noticia de que el delincuente más buscado de los últimos meses ha sido detenido ha salido en todos los periódicos del país. Completa el siguiente artículo con estas palabras de *¡Así lo decimos!*

actualmente	de hecho	jura	poder
amenazar	interrogar	juzgado	prostitución
cometió	juicio	peligro	risa

El jueves próximo comenzará en la Corte Suprema el (1) _____

del presunto asesino del banquero Augusto Franco. Según su abogado, ningún crimen.

Tito Marcel, el acusado, es inocente y no (2) _____. Después de

(3) _____ a Marcel por varias horas, la policía y los fiscales se han

convencido de su culpabilidad. (4) _____, Marcel confesó ser el líder de

una red de (5) _____ que opera en la ciudad y que explota a chicas

menores de edad. El interrogatorio fue bastante frustrante para los investigadores porque Marcel

no se lo tomaba en serio y todas las preguntas le daban (6) _____.

Además, Marcel todavía (7) _____ que él no tiene nada que ver con el

asesinato de Franco. A pesar de esto, los fiscales afirman que él es el responsable de este y otros

crímenes. Además de la acusación de asesinato en primer grado y de traficar con menores de edad,

Tito Marcel está acusado de (8) _____ por teléfono a otros banqueros, lo

cual es también un delito. Aunque no hay testigos ni evidencia directa, el fiscal del distrito confía en

que la evidencia circunstancial será suficiente para enviarlo a la cárcel por el resto de su vida. Una

vez en la cárcel, Marcel ya no tendrá el (9) _____ para intimidar

a más personas ni poner la vida de más muchachas en (10) _____.

(11) _____, Marcel se halla detenido en la comisaría mientras se prepara

para ser (12) _____.

9-19 ¿Sabes cuál es la palabra? Nuestros reporteros callejeros han salido como siempre a preguntarle a la gente su opinión sobre los temas de actualidad. Escucha la siguiente grabación, y durante las pausas elige la palabra de la lista que complete la frase lógicamente.

el alcoholismo	interrogar	la prostitución	la resaca
amenazar	juicio	rehabilitarse	

1. _____

2. _____

3. _____

4. _____

5. _____

9-20 ¡Cuidado! Completa el párrafo con la expresión adecuada: **actualmente** o **de hecho**.

Según noticias actuales, el Departamento de Salud indica que ha disminuido en las universidades el

hábito de tomar bebidas alcohólicas en exceso. Se dice que (1) _____

menos del 50 por ciento de los estudiantes abusan de las bebidas alcohólicas más de una vez al mes.

(2) _____, la incidencia entre las mujeres ha disminuido aun más que entre

los hombres y hay muchas universidades que (3) _____ hacen campaña

contra este mal hábito.

¡Así lo hacemos! Estructuras

2. Uses of *se* with impersonal and passive constructions (TEXTBOOK P. 290)

9-21 Las organizaciones de servicio comunitario. Felipe y Mireya hablan sobre algunas organizaciones de servicio comunitario. Escucha la grabación cuantas veces sea necesario y luego rellena el espacio en blanco con el **se** impersonal del verbo correspondiente.

cambiar	deber	necesitar	perjudicar
contratar	mejorar	poder	

1. _____ donar sangre.

2. _____ más ayuda voluntaria.

3. _____ el nivel de vida de los jóvenes hispanos.

4. _____ ayudar a los niños con quemaduras graves.

Nombre: _____   Fecha: _____

9-22 La coalición contra el crimen. Los vecinos de un barrio en crisis se han organizado y van a formar una coalición contra el crimen. Completa la propuesta de esta organización con el **se** pasivo y el futuro de los verbos entre paréntesis.

Pronto (1. reducir) _____ el crimen en nuestro barrio porque

(2. formar) _____ una coalición de ciudadanos para combatir el crimen.

(3. tomar) _____ medidas para poner fin a los robos en el

vecindario. (4. hacer) _____ inspecciones de las casas y

(5. corregir) _____ los errores de seguridad.

(6. instalar) _____ alarmas en todas las casas y

(7. dar) _____ charlas sobre estrategias para la protección contra el

crimen. (8. comprar) _____ cámaras de seguridad para los edificios y

(9. contratar) _____ a un guardia para vigilar las calles.

(10. estar) _____ alerta por si hay personas desconocidas y

(11. llamar) _____ a la policía en caso de actividad sospechosa. Estamos

seguros de que, con todos estos cambios, (12. bajar) _____ el índice de

criminalidad en el barrio.

9-23 El índice de criminalidad. Antes de que se creara la coalición contra el crimen, Paula compartió su preocupación por el alto índice de criminalidad que aquejaba a su comunidad. Completa las oraciones con el **se** pasivo y el presente del indicativo de los verbos de la lista.

amenazar	cometer	oír	robar	vandalizar	ver

1. _____ a las personas en el barrio.

2. _____ las carteras de la gente en la calle.

3. _____ los edificios de nuestra comunidad.

4. _____ balazos *(gunshots)* frecuentemente.

5. _____ el graffiti por todos lados.

6. _____ fraude en las oficinas públicas.

9-24 ¿Qué se hace en estos lugares? Una vez más escucharás una serie de preguntas que les han hecho a los transeúntes nuestros reporteros callejeros. Después de escuchar cada oración, repite las preguntas completas y graba tus respuestas.

1. ...

2. ...

3. ...

4. ...

5. ...

9-25 Una explosión. Lee el informe de la policía sobre una explosión que tuvo lugar ayer. Completa el informe policial con **se** y el pretérito del verbo correspondiente de la lista.

apagar	encontrar	quemar	romper
detener	hacer	recibir	saber
empezar	interrogar	revisar	sospechar

Ayer (1) _____ estallar una bomba en un edificio municipal.

Afortunadamente nadie resultó herido pero (2) _____ las ventanas y

(3) _____ muchos documentos importantes. Cuando

(4) _____ el fuego, (5) _____ la investigación

del crimen. No (6) _____ mucha evidencia, pero

(7) _____ que unos terroristas son los autores del atentado

porque ayer (8) _____ una amenaza de este grupo.

(9) _____ a los testigos y (10) _____ los videos

de seguridad, pero no (11) _____ cómo los terroristas colocaron la bomba

en el edificio. Por la noche (12) _____ al líder del grupo

sospechoso.

9-26 Una ciudad con muchos problemas. Miranda vive en Nandaime, y ahora nos cuenta por qué ya no quiere vivir allí. Escucha la grabación cuantas veces sea necesario. Después, completa el párrafo con **se** más la forma correspondiente del verbo que escuches.

Miranda no quiere vivir en Nandaime porque en esa ciudad (1) _____ las

escuelas. Otro problema es que no (2) _____ controlar a las pandillas. Algo que preocupa mucho es que (3) _____ alcohol a los menores de veintiún años.

Sin embargo, el problema más grave que tiene Nandaime es que (4) _____

drogas en las calles con gran facilidad.

3. Indefinite and negative expressions (TEXTBOOK PP. 293–294)

9-27 La delincuencia juvenil. Lee esta reflexión de un especialista en delincuencia juvenil y derechos del menor. Completa el párrafo con las expresiones indefinidas y negativas apropiadas de la lista. Se puede usar algunas expresiones más que una vez.

algo	alguno/a(s)	ningún	siempre
alguien	nada	nunca	también
algún	nadie	o… o	

Nuestra sociedad debe hacer (1) _____ para reducir el índice de

criminalidad entre los niños. Cuando un niño menor de dieciséis años comete un delito, hay que

castigar a (2) _____, pero no necesariamente a él. A mi modo

de ver, si un niño es citado por hacer (3) _____ ilegal, los padres

(4) _____ deben recibir (5) _____ castigo porque

ellos tienen (6) _____ culpa. No tiene (7) _____

sentido echarle toda la culpa (*to put all the blame on*) al niño y no hacerles

(8) _____ a los padres. En estos casos (9) _____

hay que considerar el papel de los padres en la educación del niño. El juez debería determinar si

el niño pudo cometer el delito porque los padres no hicieron (10) _____

para prevenirlo. En (11) _____ casos, los delincuentes participan en

actividades ilegales porque los padres (12) _____ están al tanto (*aware*)

de lo que hacen sus hijos. Si no hay (13) _____ que cuide a estos chicos,

¿quién les va a enseñar lo que está bien y lo que está mal? Por eso hay que pensar en

(14) _____ sanciones para castigar a los padres que no cumplan con

sus responsabilidades. Este es nuestro ultimátum: (15) _____ supervisan

a los niños, (16) _____ sufren las consecuencias.

9-28 Nuestro departamento de policía. Escucharás un anuncio de radio que pertenece a la nueva campaña de publicidad del departamento de policía. Imagínate que no estás de acuerdo con lo que escuchas y contradices lo que el anuncio dice. Después de escuchar la grabación, completa el párrafo con una de las siguientes palabras para contradecir lo que escuchaste.

nadie	ni... ni	no	nunca	tampoco

1. Nuestra policía _____ erradica el crimen en nuestra ciudad.

2. Nuestra policía _____ ha eliminado los homicidios.

3. Nuestra policía _____ captura a los traficantes de drogas

   _____ a los contrabandistas.

4. Nuestra policía _____ arresta a los delincuentes.

5. _____ quiere ser policía.

9-29 El detector de mentiras. El padre de tu novio/a te hace tomar una prueba para saber si eres honesto/a o no. A continuación escucharás una serie de preguntas que él te hace. Después de escuchar cada pregunta escoge la oración que conteste lógicamente cada una.

1. _____   a. No, no tengo ninguno.

2. _____   b. No, señor, nunca.

3. _____   c. No tengo problemas ni con uno ni con las otras.

4. _____   d. No, no salgo con nadie más.

9-30 Un mentor. En muchos grupos de apoyo las personas adictas a sustancias químicas tienen un mentor que las ayuda. Completa la siguiente conversación entre Carolina y su mentor, Lorenzo, con indefinidos y palabras negativas.

LORENZO: ¿Qué tal, Carolina?

CAROLINA: Me va muy bien. Hace tres meses que no tomo (1) _____

bebida alcohólica.

LORENZO: ¡Enhorabuena! ¿Has tenido (2) _____ situación difícil esta

semana?

CAROLINA: No, esta semana no he tenido (3) _____ problema. Pero

no es (4) _____ tan fácil. A veces me siento nerviosa y

pienso en tomar (5) _____.

LORENZO: Bueno, (6) _____ vas a eliminar esa tentación. Lo

importante es hacer (7) _____ para resistirla. Sabes que

(8) _____ puedes contar conmigo si necesitas hablar con

(9) _____. (10) _____ puede superar

una adicción sin el apoyo de los amigos y la familia.

CAROLINA: Tienes razón. Siempre que tengo ganas de tomar (11) _____

bebida alcohólica, (12) _____ hablo contigo

(13) _____ llamo a otro miembro del grupo.

LORENZO: Yo (14) _____ usé este método cuando empecé a rehabilitarme

y tuve mucho éxito.

CAROLINA: Tú (15) _____ has vuelto a tomar desde que asistes a las

reuniones del grupo, ¿verdad?

LORENZO: No bebo alcohol desde hace cuatro años. No puedo decir que

(16) _____ tomaré otro trago porque es una lucha diaria.

¡Pero hasta ahora no he tenido (17) _____ crisis!

9-31 Una prueba poligráfica. La policía te ha citado porque necesitan hacerte algunas preguntas respecto a una investigación. Tienes que someterte a una prueba poligráfica. Contesta las preguntas con las expresiones negativas apropiadas.

MODELO: ¿Conoces a alguien relacionado con una pandilla?

No, no conozco a nadie relacionado con una pandilla.

1. ¿Tienes algún antecedente criminal?

_____

2. ¿Has robado algo en tu vida?

_____

3. ¿Usas alguna droga ilícita?

_____

4. ¿Has cometido fraude o has falsificado documentos?

_____

5. ¿Has ayudado a alguien a cometer un delito?

_____

9-32 Manuel fue arrestado. Manuel nunca había estado en la cárcel hasta ahora, pero lo arrestaron la semana pasada por robar un banco. En la siguiente grabación, doña Consuelo y doña Esperanza hablan sobre el arresto de Manuel. Primero, lee la lista de palabras negativas o indefinidas a continuación y luego lee las oraciones que siguen. Identifica la palabra que completa lógicamente cada oración. Luego, escucha la grabación para verificar tus respuestas.

alguno	ningún	nunca	siempre	tampoco
jamás	ninguno	o	también	

1. Su madre _____ le prestó atención porque trabajaba todo el tiempo.

2. Él _____ estaba solo en su casa sin supervisión.

3. _____ tuvo una figura paterna en su vida.

4. _____ de sus maestros se preocupó por él.

5. No sé si lo van a declarar culpable _____ inocente.

¡Así lo expresamos!

Imágenes

9-33 Camilo Egas. En el texto se encuentra la reproducción de la pintura *Estación de la calle 14* del pintor ecuatoriano Camilo Egas. Ve a un programa de búsqueda en la Internet y escribe: "La aurora, Lorca." Ahí encontrarás un poema en que el escritor español Federico García Lorca describe la imagen de la ciudad de Nueva York. Compara la visión de la ciudad de Nueva York plasmada por Camilo Egas en su pintura con la que describe Lorca en su poema. Identifica qué pasajes del poema se aplicarían a la pintura. En un breve ensayo, comenta si estas imágenes se complementan o se contradicen.

_____

_____

_____

_____

_____

_____

Ritmos

9-34 *Esto fue lo que vi.* En la canción *Esto fue lo que vi*, el cantante describe un panorama urbano sombrío. Aun así, las grandes ciudades del mundo también ofrecen muchas cosas positivas para sus ciudadanos. Ve a la página web oficial de una de las grandes ciudades latinoamericanas (por ejemplo, ciudad de México, Caracas, Bogotá) y lee sobre algunos de los programas culturales, cívicos o benéficos que se ofrecen a los ciudadanos. Toma nota de lo que piensas y luego graba tus comentarios como si fueras un comentarista de radio que comenta este programa.

_____

_____

_____

_____

_____

Páginas

9-35 Antes de leer. Encontrarás el siguiente vocabulario en la lectura. Estúdialo y luego completa las oraciones con las palabras o expresiones apropiadas. Recuerda hacer los cambios necesarios según el contexto.

amistad	*friendship*	**etapa**	*stage*
aquejar	*to ail*	**fenómeno**	*phenomenon*
dar lugar	*to allow*	**ingresos**	*income*
destreza	*skill*	**integrarse**	*to integrate oneself; to join*
distraerse	*to entertain oneself*	**madurez**	*maturity*
estudioso	*expert*		

1. Hay una gran _____ entre mi mejor amigo y yo.

2. Es evidente que ella tiene mucho talento porque tiene muchas _____.

3. Mi amigo Juan _____ jugando video juegos.

4. Yo decidí _____ a la Asociación ASPIRA.

5. La adolescencia fue la _____ favorita de mi vida.

6. Ahora que soy adulto tengo más _____ que cuando era un adolescente.

7. El pandillaje es un _____ que no es fácil de explicar.

9-36 A leer. Lee el artículo con cuidado, y luego indica si las oraciones en la página siguiente son **Ciertas, Falsas** o si **No se dice** en la lectura.

El problema de las pandillas

Las pandillas han sido parte de nuestra sociedad por mucho tiempo. Se sabe que en la ciudad de Nueva York, por ejemplo, ya había pandillas en el Siglo XIX. Pero la popularidad de las pandillas realmente aumentó en el Siglo XX, sobre todo a partir de los años 50 y 60. Hoy en día el mal de las pandillas es un fenómeno que aqueja, no sólo a Estados Unidos sino a muchos países del mundo.

Algunas pandillas han logrado crecer tanto que ya gozan de cierta fama. Entre estas se pueden nombrar a los *Crips* y los *Bloods* de Los Ángeles o recientemente la Mara Salvatrucha, también conocida como MS-13. Mientras que los *Crips* y los *Bloods* se establecieron en Estados Unidos, la Mara Salvatrucha tiene su origen en Centroamérica. En la actualidad la MS-13 se ha expandido a otros países como Canadá, México, Inglaterra, España y Alemania.

Pero, ¿por qué las pandillas han logrado ser un fenómeno tan duradero en nuestra sociedad? Por una parte, las condiciones que dan lugar a la fundación de una pandilla y la participación de jóvenes en ella no han cambiado. Según los estudiosos del tema hay ciertos factores que contribuyen a que un muchacho se integre a una pandilla. Entre ellos, quizás la pobreza sea el más importante. Una de las funciones de la pandilla es generar ingresos.

En muchos casos, el pandillero puede ganar más dinero como miembro de la pandilla que en un trabajo que requiere pocas destrezas. Aun así, no todo el mundo que es pobre se integra a una pandilla.

En otros casos los jóvenes se integran a las pandillas debido a la presión que ejercen sus compañeros. No sorprende que muchos de los miembros de una pandilla sean adolescentes o lo hayan sido en el momento de hacerse miembros. La adolescencia es una etapa de la vida marcada por el deseo de ser aceptado por los amigos y de quedar bien con ellos. Esto expone al joven a la tentación de hacerse pandillero para mantener sus amistades. El aburrimiento es otro factor a tener en cuenta. En zonas de alta pobreza, los jóvenes generalmente no cuentan con una infraestructura comunitaria que les ofrezca maneras de divertirse o distraerse. En los barrios pobres, por lo general, no existen parques, piscinas o programas de deportes que les permitirían a los muchachos dedicarse a actividades sanas.

Por último, las personas que siempre han vivido en la pobreza y cuyos padres vivieron en la pobreza, pierden la esperanza de que las cosas puedan mejorar. Integrarse a una pandilla les da un sentido de importancia que no tendrían de otra manera.

Dadas estas condiciones, ¿cómo logran ciertas personas salir de las pandillas? En algunos casos, los adolescentes pandilleros llegan a ser adultos con suficiente madurez como para considerar su participación y sus riesgos de otra manera. Si establecen una familia, compran una casa o logran conseguir un buen trabajo, empiezan a pensar en términos de protegerlos. Obviamente, su participación en la pandilla lo pondría todo en riesgo.

1. Las pandillas son un fenómeno reciente.   Cierto   Falso   No se dice.

2. Algunas pandillas se han expandido a otros países.   Cierto   Falso   No se dice.

3. La pobreza contribuye al pandillaje.   Cierto   Falso   No se dice.

4. A veces un joven puede ganar más dinero en una pandilla que en un trabajo.   Cierto   Falso   No se dice.

5. Los pandilleros normalmente se integran a las pandillas cuando son adultos.   Cierto   Falso   No se dice.

6. Hay personas con mucha madurez que se integran a las pandillas.   Cierto   Falso   No se dice.

Taller

9-37 Antes de escribir. Piensa en el problema de las pandillas y cómo afecta a los jóvenes de tu comunidad, e investiga más sobre este fenómeno. Apunta varios síntomas del problema. ¿Hay algo que se pueda hacer para prevenirlo, reducirlo o eliminarlo? Haz una lista de soluciones.

_____

_____

_____

9-38 A escribir. Escribe un editorial para el periódico universitario para explicar el problema del pandillaje. Usa el **se** impersonal para enumerar los ejemplos. Luego desarrolla tus sugerencias sobre qué hacer frente a la crisis. Intenta usar expresiones indefinidas y negativas para expresar tus ideas.

_____

_____

_____

_____

_____

_____

_____

9-39 Después de escribir. Revisa lo que acabas de escribir como si fueras otra persona, y luego escribe la descripción de nuevo haciendo los cambios necesarios.

_____

_____

_____

_____

_____

_____

Nombre: _____   Fecha: _____

El empleo y la economía

Primera parte

¡Así lo decimos! Vocabulario (TEXTBOOK P. 309)

10-1 En familia. Completa las siguientes oraciones usando una variación de cada palabra en itálica. Si necesitas ayuda, consulta la sección llamada *Ampliación* en el libro de texto.

MODELO: Pase usted al *consultorio* donde puede hablar con la directora de personal.

Ella va a _consultar_ su calendario para darle una cita para la entrevista.

1. ¡Felicitaciones! La vamos a contratar como _____. Su labor será

   administrar el departamento de ventas de la compañía.

2. Los corredores de bolsa pasan varios meses de _____ antes de que se les

   permita vender acciones. Los bien *entrenados* aprenden a manejar el estrés de la bolsa.

3. La joven en cuentas corrientes consiguió *ascender* a supervisora. Después del

   _____, la oficina le dio una fiesta.

4. Hemos recibido más de cien _____ para este puesto en análisis de

   sistemas. Varios ingenieros de otros países lo *solicitaron*.

10-2 Noticias financieras. Dolores está leyendo los titulares de la sección de economía y finanzas del periódico local. Completa los titulares con las palabras de *¡Así lo decimos!*

beneficios	ejecutivos	jubilarse	solicitar
bienes raíces	empresario	puestos	sueldo
Comisión	entrevistas	retiro	tiempo completo

- El famoso (1) _____ Gabriel Saldaña y los demás

  (2) _____ de la compañía UMBRAL van a reunirse el martes a las 3:30

  de la tarde para anunciar sus nuevos productos.

- El economista Pedro Bruguera dijo ayer: «Los jóvenes que comienzan a trabajar generalmente no

  piensan en su (3) _____ porque no piensan en su vejez ni en tener que

  (4) _____ algún día».

- La (5) _____ Reguladora de Productos Electrónicos (CRPE) tendrá su

  convención anual en el Hotel Los Pinos del 10 al 15 de marzo.

- El (6) _____ medio (*average*) del país es de $30.000 al año.

- Hay diez nuevos (7) _____ disponibles en el Banco Central. Si le interesa

  a usted (8) _____ alguno de los puestos, favor de enviar su currículum

  vitae a la directora de personal. Las (9) _____ para esos puestos

  comenzarán el mes próximo. Todos los puestos son de (10) _____ (de

  lunes a viernes de 9 de la mañana a 5 de la tarde).

- La industria de (11) _____ está pasando por una crisis. ¡Cada día hay

  menos familias que puedan comprar su propia casa!

- Las empresas Núñez han ganado el prestigioso premio anual CRPE por ofrecerles a sus

  empleados un sueldo alto y muchos (12) _____.

Nombre: _____ Fecha: _____

10-3 Busco empleo. Fernando está buscando empleo y nos cuenta cómo le va en la búsqueda. Escucha la grabación cuantas veces sea necesario y luego completa las oraciones con las palabras que escuches de *¡Así lo decimos!*

Fernando está (1) _____. Él busca un trabajo de

(2) _____. Él ha (3) _____ un empleo como

(4) _____ y otro como (5) _____ de un

supermercado. Él está (6) _____ a trabajar en cualquier cosa porque

necesita dinero para pagar sus deudas.

10-4 El mundo profesional. Asocia la palabra de la primera lista con a de la segunda que corresponde lógicamente.

1. ____ jubilarse   a. tiempo completo

2. ____ el gerente   b. la entrevista

3. ____ la contabilidad   c. disponible

4. ____ las acciones   d. el salario

5. ____ presentarse   e. supervisar

6. ____ la consulta   f. el retiro

7. ____ el comercio   g. el empresario

8. ____ el sueldo   h. el/la corredor/a de bolsa

9. ____ el desempleo   i. el/la asesor/a

10. ____ el empleo   j. el/la contador

10-5 ¿Sabes cuál es la palabra? Nuestros reporteros callejeros han salido a preguntarle a la gente sobre las profesiones de hoy en día. Escucha la siguiente grabación, y elige la palabra de la lista que complete la oración lógicamente.

el arquitecto	la cajera	corredora de bolsa	el modelo
bienes raíces	contabilidad	el ingeniero	el plomero

1. _____

2. _____

3. _____

4. _____

5. _____

10-6 ¡Cuidado! Completa el párrafo con la forma correcta de **funcionar, servir** o **trabajar.**

Los empleados que (1) _____ en la empresa CompuSur siempre se quejan

cuando sus computadoras no (2) _____ bien. Por eso, han contratado a un

técnico en computadoras para atender este problema. Ricardo es muy bueno porque

asiste a tres clases avanzadas de computación y tiene varios años de experiencia arreglando

sistemas. Siempre trata de arreglar la computadora, pero cuando se da cuenta de que una no

(3) _____ y es imposible repararla, les recomienda que compren

otra nueva. En su opinión, las instrucciones para usar los programas no siempre

(4) _____ y es mejor tomar una clase para aprenderlos.

¡Así lo hacemos! Estructuras

1. Indirect speech (Textbook pp. 312–313)

10-7 La entrevista de ayer. Fernando le cuenta a su amiga Marisela sobre la entrevista que tuvo ayer. Escucha la grabación cuantas veces sea necesario y luego indica si las siguientes oraciones son **Ciertas** o **Falsas**.

1. Fernando dice que ayer tuvo una entrevista de trabajo en un supermercado.   Cierto   Falso

2. Marisela le pregunta con quién habló en la entrevista.   Cierto   Falso

3. Fernando le responde que cree que todo salió bien.   Cierto   Falso

4. Marisela quiere saber qué preguntas le hicieron.   Cierto   Falso

5. Fernando le contesta que el gerente le preguntó cuándo podía empezar a trabajar.   Cierto   Falso

6. Marisela le pregunta si dijo la verdad durante la entrevista.   Cierto   Falso

7. Fernando le responde que sí dijo la verdad.   Cierto   Falso

10-8 Marisela informa. Marisela nos cuenta lo que Isabel le dijo ayer. Escucha la grabación cuantas veces sea necesario y luego rellena los espacios en blanco con los verbos que escuchaste.

Isabel me dijo que (1) _____ el empleo y que por esa razón no

(2) _____ sus tarjetas de crédito. Yo le pregunté si

(3) _____ con sus padres. Ella me contestó que les

(4) _____ que necesitaba dinero, pero que ellos no la

(5) _____ porque a su padre lo (6) _____

hacía tres meses.

10-9 Una entrevista de trabajo. Dolores tuvo una entrevista ayer y ahora le está contando los detalles a un amigo. Reformula las preguntas que el jefe de la compañía le hizo y exprésalas en estilo indirecto.

MODELO: ¿Cuánto dinero espera usted ganar este año?

En la entrevista el jefe me preguntó cuánto dinero esperaba ganar este año.

1. ¿Cuántos años de experiencia práctica tiene usted?

_____

2. ¿Dónde siguió usted la carrera universitaria?

_____

3. ¿Podrá usted trabajar cuarenta horas semanales?

_____

4. ¿Estará usted disponible para el entrenamiento en quince días?

_____

5. ¿Qué beneficios le interesan a usted?

_____

6. ¿Le importa que lo entrevistemos una segunda vez?

_____

10-10 Una reunión con la supervisora. Nuria, una amiga de Dolores, tuvo una reunión con su supervisora para hablar de su progreso, y ahora su colega quiere saber qué pasó. Completa el diálogo con la forma apropiada de los verbos entre paréntesis.

MARCOS: ¿Qué pasó en la reunión? ¿La supervisora te habló de los proyectos que ya

completaste este año?

NURIA: Sí, me dijo que yo (1. desarrollar) _____ bien los proyectos que

llevé a cabo este año.

MARCOS: ¿Ustedes hablaron de las responsabilidades que tienes ahora?

NURIA: Claro, me preguntó si me (2. gustar) _____ mi puesto actual y si

(3. haber) _____ algo que quisiera cambiar.

MARCOS: Entonces, ¿le mencionaste lo del aumento?

NURIA: Bueno, ella preguntó si (4. estar) _____ satisfecha con las

condiciones de trabajo y le expliqué que en este momento no

(5. ganar) _____ lo suficiente y que

(6. querer) _____ un aumento.

MARCOS: ¿Te lo concedió?

NURIA: ¡Sí! En un mes me aumentarán el sueldo. Le pregunté cuánto dinero me

(7. dar) _____ y me prometió cinco dólares más por hora.

Además, me dijo que me (8. promover) _____ el año que viene.

MARCOS: ¡Enhorabuena!

10-11 Ventas. Adán trabaja en el departamento de ventas de un centro distribuidor de equipo industrial. Completa las notas que tomó durante una conversación con una clienta con la forma apropiada de los verbos entre paréntesis.

Ayer hablé con la gerente de una fábrica de automóviles. Me dijo que en los dos últimos años su

negocio (1. crecía/había crecido) mucho y que necesitaba más equipo de producción para cumplir

con las demandas. Le pregunté cuántos automóviles (2. produjo/había producido) el año pasado y

cuántos (3. pensaba/pensaría) fabricar este año. Decidimos que su fábrica necesitará ocho válvulas

hidráulicas nuevas. Ella me preguntó si nosotros (4. tendríamos/teníamos) válvulas disponibles, pero en este momento sólo hay cuatro en el almacén. Me preguntó si las otras válvulas (5. estaban/ estarían) listas para la próxima semana y le contesté que sí. Luego me preguntó si (6. hubo/había) alguien en nuestra compañía que pudiera ofrecerle apoyo técnico. Quería saber si uno de nuestros técnicos la (7. puede/podría) ayudar a montar el equipo cuando se lo entreguemos. Le aseguré que nuestra compañía (8. era/fue) conocida por su buen servicio. Le prometí que yo (9. mando/ mandaría) a dos empleados a su fábrica para ayudarla con las válvulas.

10-12 Falsas promesas. Imagínate que tienes un jefe mentiroso. A continuación escucharás una serie de promesas que él te hizo hace algún tiempo y todavía no ha cumplido. Después de cada oración, completa cada una de las siguientes oraciones.

MODELO: Le informo que muy pronto tendrá una nueva oficina.

                Usted me informó que muy pronto *tendría* una nueva oficina.

1. Usted me prometió que me _____ un ascenso.

2. También me dijo que _____ un aumento de sueldo.

3. Me aseguró que _____ acciones de la compañía.

4. Me dijo que mi nuevo proyecto _____ divertido y emocionante.

5. La última mentira que me dijo es que no _____ más de ocho horas al día.

Conéctate

10-13 El cajero automático. Hay cajeros automáticos en todo el mundo, pero no todos son iguales. Los cajeros automáticos de distintos países tienen cosas en común y aspectos diferentes. Ve a la página web de un banco que tenga un sitio en español, y lee sobre el uso del cajero automático en español. Después, basándote en tus propias experiencias, escribe una escena sobre algo que te ha pasado mientras usabas el cajero automático y usa el vocabulario correspondiente.

_____

_____

_____

_____

_____

_____

Segunda parte

¡Así lo decimos! Vocabulario (Textbook p. 319)

10-14 En familia. Completa las siguientes oraciones usando una variación de cada palabra en itálica. Si necesitas ayuda, consulta la sección llamada *Ampliación* en el libro de texto.

MODELO: Hace un mes abrí una cuenta de *ahorros*. Espero <u>*ahorrar*</u> suficiente dinero para comprar un coche.

1. Según mi talonario, *deposité* el cheque el día 2 de este mes, pero según el banco, el

   _____ nunca ocurrió.

2. El banco me ha *prestado* el dinero para comprar una casa. El tipo de interés del

   _____ será del 8 por ciento.

3. Cuando recibí mi estado de cuenta, no pude creer que me había *sobregirado*. Tuve que

   pagar cuatro _____.

4. ¡Ten cuidado con tus *deudas*! La persona _____ nunca tiene paz.

5. ¡*Gastamos* mil dólares mensuales en comida! Los _____ de la hipoteca

   son aun mayores.

6. Si *inviertes* una parte de tu salario ahora que eres joven, podrás jubilarte cuando tengas 60 años.

   Es una _____ que podrás recuperar cuando seas viejo.

10-15 El Banco Hispano. Un empleado del Banco Hispano está conversando con un nuevo cliente. Completa la conversación con estas palabras de *¡Así lo decimos!*

ahorrar	cuenta de ahorros	sacar	tarjeta de crédito
cajeros automáticos	fondos	sobregiro	tasa
cuenta corriente	porcentaje		

CLIENTE: Quiero abrir una (1) _____. ¿Son gratis los cheques?

¿Requieren ustedes una cantidad mínima?

EMPLEADO: Los cheques son gratis, pero requerimos una cantidad mínima de $500.

CLIENTE: Muy bien. Otra pregunta: ¿Cuál es el cargo si yo (2) _____ un

cheque?

EMPLEADO: Por cada cheque sin (3) _____ cobramos $30. ¿Puedo servirle

en algo más? ¿Alguna otra pregunta?

CLIENTE: Sí. También quisiera abrir una (4) _____. Tengo un hijo

pequeño y estaría interesado en guardar dinero para su educación universitaria.

EMPLEADO: Si quiere (5) _____, nuestro banco le ofrece la mejor

(6) _____ de intereses: el (7) _____

es de 3,5.

CLIENTE: Excelente. También quisiera saber si podré obtener una

(8) _____.

EMPLEADO: ¡Por supuesto! Ofrecemos *Visa* y *MasterCard*. Puede llenar la solicitud ahora

mismo si lo desea. Usted también obtendrá una tarjeta que le permitirá

(9) _____ dinero de miles de

(10) _____ en todo el mundo. También le servirá

para pagar cuando haga compras en las tiendas.

CLIENTE: Muchas gracias por su ayuda.

EMPLEADO: De nada. Ha sido un placer. Espero que regrese pronto.

10-16 ¡Tengo un problema! La Srta. Gadián tiene un problema. Ella gasta demasiado dinero. Completa las siguientes oraciones eligiendo una de las palabras de *¡Así lo decimos!*

1. Yo tengo 43 _____: varias *Visa*, varias *MasterCard*, la *American Express*, la *Discover* y

   la *Diners Club*.

   a. tarjetas de crédito   b. tarjetas de débito   c. talonarios

2. Si veo un _____, no puedo controlar el impulso de sacar dinero.

   a. talonario   b. presupuesto   c. cajero automático

3. ¡Y después tengo que _____ lo!

   a. sobregirar   b. gastar   c. depositar

4. Yo he gastado todos mis _____. ¡No tengo ni un centavo!

   a. ahorros   b. finanzas   c. facturas

5. ¡No sé que hacer! Tengo una necesidad insaciable de tener mucho dinero _____ en mi

   cartera (*purse*).

   a. invertido   b. en efectivo   c. endeudado

6. ¿Puede usted _____ me los $87.158 que debo (*owe*)?

   a. prestar   b. sacar   c. invertir

10-17 Perdí mi cartera. Paulina perdió su cartera y ahora tiene problemas. En la siguiente grabación nos cuenta qué le pasa. Escucha la grabación cuantas veces sea necesario y luego completa las oraciones con una de las palabras que escuches.

Alguien le robó la cartera a Paulina y ahora su (1) _____ está

(2) _____. El ladrón usó (3) _____ para

(4) _____ todo el dinero de su cuenta. Paulina piensa que este problema la

llevará a (5) _____.

10-18 ¿Sabes cuál es la palabra? Paulina está pasando por un momento realmente malo. En la siguiente grabación escucharás una serie de frases incompletas. Elige la palabra de la lista que complete cada oración lógicamente.

depositado	gastado	impuestos	prestar
la deuda	gasto	invertir	presupuesto
financiar	la hipoteca		

1. _____

2. _____

3. _____

4. _____

5. _____

10-19 ¡Cuidado! Completa las oraciones con la forma apropiada de estos verbos.

comer	dar (a luz)	pedir	prestar	tener	tomar	traer

CHARO: Manuel, ¿me (1) _____ cinco dólares? Quiero (2)

_____ un sándwich.

MANUEL: Lo siento, Charo, pero no (3) _____ plata. Ayer mi hermana

(4) _____ a un niño y (5) _____ que

llevarle flores.

CHARO: ¡Enhorabuena! ¿Me puedes (6) _____ su dirección para enviarle

una tarjeta?

MANUEL: Sí, aquí la (7) _____.

CHARO: Ahora vamos a (8) _____ un café para celebrar. Te invito.

¡Así lo hacemos! Estructuras

2. The relative pronouns *que, quien,* and *lo que,* and the relative adjective *cuyo/a(s)* (TEXTBOOK PP. 324–325)

10-20 Las finanzas. Estás hablando con tu hermana por teléfono, pero hay interferencias. A continuación escucharás una serie de frases que están incompletas. Después de escuchar cada frase, elige una de las siguientes frases para formar una oración lógica.

1. _____ a. que le presté la semana pasada.

2. _____ b. quien hablé me devolvió el dinero.

3. _____ c. quién es la tarjeta de crédito que encontré en la calle.

4. _____ d. que solicité fue aprobada.

5. _____ e. que me recomendaste me ahorró mucho dinero en impuestos.

10-21 Un grave error. En la siguiente grabación, Fernando nos cuenta un problema que tiene con su cuenta corriente. Primero completa el siguiente párrafo con los pronombres relativos **que, quien, o lo que** o el adjetivo relativo **cuyo**. Después, escucha la grabación para verificar tus respuestas.

En cuanto abra el banco, tengo que hablar con la cajera (1) _____ hizo el

depósito en mi cuenta. La cajera, (2) _____ hermano es mi mejor amigo,

no es muy eficiente. El otro día deposité un cheque de $1.000 y según el saldo, sólo tengo $100 en mi

cuenta. El error (3) _____ hay en mi cuenta es muy grave.

(4) _____ me tiene más preocupado es que la cuenta va a estar

sobregirada. No sé de quien será la culpa, pero alguien tendrá que arreglar este error hoy mismo.

10-22 ¿Cuál es la razón? Vuelve a leer el párrafo de la actividad **10-21**, "Un grave error". Luego escribe el pronombre relativo que escribiste en el espacio en blanco y explica por qué se usa.

MODELO: Rosaura es la cajera con quien hablé en el banco.

quien: *refers to a person, follows a preposition*

1. _____

2. _____

3. _____

4. _____

5. _____

10-23 Un problema financiero. Javier pagó con un cheque sin fondos, lo que tuvo consecuencias negativas. Debes escribir una oración completa con la información que se da en las dos oraciones. Usa los detalles entre paréntesis para escribir una cláusula introducida por el pronombre relativo apropiado (**que, lo que, quien, a quien**).

MODELO: Tengo una cuenta corriente en el Banco Cinco. (La cuenta no tiene muchos fondos.)

Tengo una cuenta corriente en el Banco Cinco que no tiene muchos fondos.

1. Hace una semana le hice un cheque a Miguel. (Miguel me había reparado el coche.)

   _____

2. El cheque era por $100. (Cien dólares fue el precio de la reparación.)

   _____

3. En la cuenta sólo había $90. (No había usado la cuenta por varios meses.)

   _____

4. El cajero del banco me llamó cuando vio el error. (Conozco al cajero.)

   _____

5. Después, recibí una llamada de Miguel. (Miguel estaba furioso.)

   _____

6. El banco de Miguel le cobró una multa por depositar el cheque sin fondos suficientes. (El banco de Miguel tiene condiciones muy estrictas.)

   _____

7. Miguel tuvo que pagar $15. (Esto no le gustó nada a Miguel.)

   _____

8. Ahora Miguel no me quiere perdonar. (Yo consideraba a Miguel un buen amigo mío.)

   _____

10-24 Un banquero. El Sr. Quiñones es un banquero que tiene muchas citas hoy. Completa las oraciones con la forma apropiada de **cuyo** o **de quién**, según el contexto.

1. En cuanto abra el banco tengo que hablar con la pareja (cuyas, cuya) cuenta de ahorros tiene un error.

2. A las diez voy a escribirle un recibo al señor (cuyo, de quién) préstamo ya está pagado.

3. Tengo que reunirme con los empleados (cuyas, cuyos) balances de caja no se hicieron la semana pasada.

4. Debo escribir cartas a los clientes (cuyas, cuyos) cuentas corrientes están sobregiradas.

5. No sé (de quién, de quiénes) es la cartera que encontraron aquí ayer, pero esta tarde intentaré encontrar al dueño.

6. Por la tarde tengo una cita con una pareja (de quién, cuya) casa está hipotecada.

7. A las cinco voy a llamar a la Sra. Montero, (cuya, cuyo) talonario de cheques fue robado.

8. Quiero averiguar (de quién, de quiénes) es el dinero que depositamos por equivocación en la cuenta de otro cliente.

10-25 Un plan de beneficios. La directora de personal de la empresa TC envía una circular (*memo*) a todos los empleados. Completa la circular con **que, quien/es, lo que** o **cuyo**.

De: Directora de personal

A: Empleados de TC

Asunto: Beneficios

Ayer asistí a una reunión con el jefe de la compañía, (1) _____ nos explicó

un nuevo plan de beneficios (2) _____ van a implementar en un mes.

Todos los empleados (3) _____ llevan más de un año con la compañía

tendrán un mes de vacaciones al año. Este plan no incluye a las personas con

(4) _____ la compañía firmó un contrato este año,

(5) _____ vacaciones serán de dos semanas, como se indica en las

condiciones (6) _____ están descritas en el contrato. Se establecerá un

sistema de comisión para los empleados (7) _____ trabajan en el

departamento de ventas. Los empleados (8) _____ ventas sobrepasen la cuota mensual recibirán una comisión del 5 por ciento de (9) _____

vendieron. Habrá cambios en el seguro médico. Todos tendrán que elegir un médico con

(10) _____ consultarán en caso de enfermedad. Si tienen un problema

(11) _____ este médico no puede tratar, este recomendará a otro médico

(12) _____ campo de especialización sea más adecuado. Si tienen

preguntas sobre (13) _____ explico aquí, vengan a verme.

3. The relative pronouns *el/la cual* and *los/las cuales* (Textbook p. 328)

10-26 Mi familia. Paulina describe a algunos miembros de su familia. Escucha la grabación cuantas veces sea necesario y luego identifica de quién está hablando. Escribe la letra que corresponde en el espacio en blanco.

1. ____ Mis primas

2. ____ Mi tía Aminta

3. ____ Mi padre

4. ____ Mi abuelo

5. ____ Mis hermanos

10-27 El Banco Popular. El Banco Popular acaba de emitir su anuncio por la radio que incluye cuatro razones porque se debe usar su banco. Escucha la grabación cuantas veces sea necesario e identifica cuál es el pronombre relativo usado en cada oración y a qué palabras se refiere.

MODELO: Nuestros edificios, los cuales son de color verde, están convenientemente ubicados en toda la ciudad.

los cuales, nuestros edificios

1. _____

2. _____

3. _____

4. _____

10-28 Un viaje al extranjero. Maripaz va a hacer un viaje a España y necesita preparar el dinero que va a llevar. Completa las oraciones con **el cual, la cual, los cuales** o **las cuales**.

1. Mañana tengo que cambiar dinero en un banco, _____ abre a las diez.

2. Debo pedirle al cajero 120 euros, _____ usaré para el transporte público y las comidas en España.

3. El banco me va a cobrar una cantidad por cambiar el dinero, _____ es mínima.

4. Voy a pagar las cuentas de mis tarjetas de crédito, sin _____ no podré hacer compras en Europa.

5. Pienso pedir unos cheques de viaje, con _____ pagaré el hotel.

6. Quiero una tarjeta para el cajero automático, _____ usaré en España si necesito sacar más dinero.

10-29 Una nueva cuenta. Completa el folleto (*brochure*) sobre las cuentas corrientes que ofrece el banco BancPlus. Usa **el cual, la cual, los cuales** o **las cuales**.

Cuentas corrientes de BancPlus

Cuenta corriente Plus

Esta es una cuenta en

(1) _____ puede depositar automáticamente su cheque de sueldo.

Esta cuenta se puede conectar electrónicamente con su cuenta de ahorros con

(2) _____ puede cubrir sus sobregiros.

Esta cuenta ofrece la comodidad de hacer

cheques, con (3) _____ puede pagar sus gastos mensuales.

Cuenta corriente Maxi

Esta cuenta es como la cuenta de ahorros Maxi. Son cuentas en

(4) _____ usted recibe un interés.

Esta cuenta no necesita estar conectada con su cuenta de ahorros porque tiene una garantía contra los sobregiros. Esta garantía, con

(5) _____ puede cubrir sus sobregiros, es gratis.

Esta cuenta ofrece la comodidad de hacer un cheque electrónico, con

(6) _____ puede pagar su hipoteca.

La cuenta corriente Maxi requiere un depósito mínimo de $1.000, por

(7) _____ le ofrecemos un interés de un 5 por ciento.

10-30 Consejos financieros. Un asesor le da consejos financieros a un cliente. Combina la información y escribe oraciones completas con **el cual, la cual, los cuales** o **las cuales**.

MODELO: Usted debe ahorrar dinero en una cuenta 401K. Esta cuenta le permitirá ahorrar un poco cada mes.

Usted debe ahorrar dinero en una cuenta 401K, la cual le permitirá ahorrar un poco cada mes.

1. Usted debe cerrar la cuenta en el banco universitario. Ese banco tiene unos índices de interés muy bajos.

   _____

   _____

2. Es mejor depositar el dinero en una cuenta de ahorros. Una cuenta de ahorros puede darle hasta el 6 por ciento de lo que tiene ahorrado.

   _____

   _____

3. Usted puede invertir una suma modesta en la Bolsa. La suma probablemente se multiplicará dentro de unos meses.

   _____

   _____

4. También puede invertir en bonos del Estado. Estos son un poco menos rentables, pero tienen menos riesgos.

   _____

   _____

5. No pague sus compras con su tarjeta de crédito. La tarjeta de crédito cobra mucho interés.

   _____

   _____

6. Haga un presupuesto para sus gastos. El presupuesto lo ayudará a manejar sus finanzas.

   _____

   _____

7. Cuando compre una casa, pida un préstamo a largo plazo. El préstamo lo obliga a pagar muy poco al mes.

   _____

   _____

10-31 Ahora es mi turno. Ahora te toca a ti hablar de tus finanzas. A continuación escucharás una lista de palabras, las cuales debes usar para formar una oración original y lógica. En la oración debes usar los pronombres relativos **el/la cual** y **los/las cuales**.

MODELO: el depósito

El depósito, el cual llevé al banco ayer, no aparece en mi saldo.

1. _____

2. _____

3. _____

4. _____

¡Así lo expresamos!

Imágenes

10-32 El águila. El águila es un símbolo poderoso que han usado muchas culturas en diferentes épocas. A pesar de esto, su significado varía según las naciones o grupos que lo adoptan. El águila que representa a Estados Unidos tiene un sentido diferente para los norteamericanos que el águila imperial de los zares de Rusia tiene para los rusos. Investiga el origen del águila mexicana en la Internet. Después, escribe un breve ensayo en el que compares la simbología del águila mexicana con el logotipo de la *United Farm Workers*. ¿Qué conexiones ves entre el uso de los dos símbolos? ¿Ves alguna similitud con la representación del águila de Estados Unidos?

_____

_____

_____

_____

_____

_____

_____

Ritmos

10-33 Los costos. En la canción *El costo de la vida,* Juan Luis Guerra habla sobre el alto costo de ciertos productos. Pero los productos suelen tener diferentes precios según dónde se vendan. Por ejemplo, la gasolina es más barata en países productores como México o Venezuela que en Estados Unidos. A continuación se encuentran algunos productos mencionados en la canción. Escoge un país hispanoamericano e investiga lo que cuestan allí estos productos. Luego investiga lo que cuestan en Estados Unidos. Después escribe un breve ensayo para comparar los precios. ¿Por qué piensas que son iguales o diferentes? ¿Piensas que el salario promedio en los dos países es igual o diferente?

Tipo de carro: _____

Precio en el país hispano: _____

Precio en Estados Unidos: _____

Gasolina por galón

Precio en el país hispano: _____

Precio en Estados Unidos: _____

Café por libra

Precio en el país hispano: _____

Precio en Estados Unidos: _____

_____

_____

_____

_____

_____

_____

Páginas

10-34 Antes de leer. Encontrarás el siguiente vocabulario en la lectura. Estúdialo y luego responde a las preguntas.

aduana	*customs*	papeleo	*paperwork*
almacenaje	*warehousing, storage*	requisito	*requirement*
empaque	*packing*	sucursal	*subsidiary, branch*
mercancía	*merchandise*	trámite	*procedure*

1. ¿Cuáles son algunas industrias en las que se destaquen los latinos?

   _____

   _____

2. En tu opinión, ¿a qué se debe que la población latina se vea generalmente relacionada con ciertas profesiones y áreas de desarrollo y no con otras?

   _____

   _____

3. ¿Crees que la industria latina está creciendo y abriéndose a otros campos? ¿Por qué?

   _____

   _____

10-35 A leer. Lee el artículo a continuación y luego contesta las preguntas en la página siguiente con oraciones completas, basándote en la información de la lectura.

Se diversifican las empresas latinas en Estados Unidos

Tradicionalmente, los negocios latinos en Estados Unidos se han asociado con la comida, como es el caso de los restaurantes, sobre todo los mexicanos. Hoy en día, ese panorama empresarial ha cambiado mucho. Los hispanos ahora están representados en todos los sectores de la economía norteamericana, inclusive en áreas que antes no se asociaban con la presencia hispana.

Una de estas empresas es ACI Cargo. Esta compañía es una expedidora de fletes (*freight forwarder*) que se especializa en ofrecer servicios a los exportadores e importadores para llevar sus productos desde los centros de producción hasta los centros de consumo. Además, esta empresa ofrece servicios de transporte, de almacenaje y empaques de mercancía. ACI Cargo ayuda a sus clientes con los trámites y papeleo que se requieren para poder pasar por aduanas en Estados Unidos y otros países. Este servicio es muy importante, no solamente para individuos, sino para otras empresas. Esto es así porque las leyes y los requisitos para importar y exportar muchas veces son complicados y requieren un conocimiento especializado para poder cumplir con ellos.

ACI Cargo fue fundada en 1971 en Barranquilla, Colombia, por el empresario Raúl González. Al principio, la compañía solamente importaba y exportaba entre Estados Unidos y Colombia. Con el tiempo, la empresa fue prosperando y expandiéndose. En el año 2001, el Sr. González emigró a Estados Unidos y creó ACI Cargo, Inc. en Miami, Florida. Ahora ACI Cargo es una empresa norteamericana, con una sucursal en la ciudad de Los Ángeles.

La creación de ACI Cargo, Inc. no significó la desaparición de la empresa original, porque la compañía mantiene la oficina en Barranquilla y, recientemente, estableció una sucursal en Shanghai, China. ACI Cargo es una empresa latina en Estados Unidos que tiene un alcance internacional.

1. ¿Con qué se ha asociado el negocio hispano en Estados Unidos tradicionalmente?

_____

2. ¿En qué se especializa una compañía expedidora de fletes?

_____

3. ¿Por qué es el servicio de una expedidora de fletes importante para los clientes?

_____

4. ¿Dónde se fundó ACI Cargo?

_____

5. ¿Por qué es ACI Cargo una empresa norteamericana?

_____

6. ¿En qué países hay oficinas de ACI Cargo?

_____

Taller

10-36 Antes de escribir. Piensa en un problema que hayas tenido con una tarjeta de crédito, un préstamo, una cuenta corriente o un cajero automático, y anota algunos detalles sobre lo que ocurrió.

_____

_____

_____

_____

10-37 A escribir. Ahora escribe una composición breve en la que expliques detalladamente el problema y su resolución.

_____

_____

_____

_____

_____

_____

10-38 Después de escribir. Revisa lo que acabas de escribir como si fueras otra persona, y luego escribe la descripción de nuevo haciendo los cambios necesarios.

_____

_____

_____

_____

_____

_____

El tiempo libre

Primera parte

¡Así lo decimos! Vocabulario (TEXTBOOK P. 341)

11-1 En familia. Completa las siguientes oraciones usando una variación de cada palabra en itálica. Si necesitas ayuda, consulta la sección llamada *Ampliación* en el libro de texto.

MODELO: Jeanette Campbell fue la primera *nadadora* argentina que ganó una medalla en los Juegos Olímpicos. <u>Nadó</u> los cien metros en las Olimpiadas de 1936.

1. Cuando el hombre salió a _____, se dio cuenta de que no había traído

   la heladera para meter los *peces*.

2. Los _____ empezaron a *correr* cuando oyeron el crac de la pistola.

3. En la universidad siempre iba a _____ a vela los fines de semana. Algún

   día me gustaría viajar en una *nave* de verdad.

4. La esquiadora *se fracturó* el tobillo en la última carrera. _____ era

   bastante grave.

5. Los atletas llegaron al vestuario muy *sudados* pero dijeron que era

   _____ de la victoria.

11-2 Un campamento de verano. Eres director/a de un campamento de verano para jóvenes y vas a una escuela a hablar sobre tu programa. Ayuda a los niños a encontrar actividades que les gusten. Completa el párrafo con estas palabras de *¡Así lo decimos!*

bucear	ciclismo de montaña	escalar	navegar
carrera	equitación	jinete	remar

- Si te gusta explorar y te interesan los ecosistemas submarinos, apúntate para aprender a

  (1) _____ .

- Si te interesa montar en bicicleta, intenta el (2) _____ .

- ¿Sabes montar a caballo? Puedes mejorar tus habilidades en nuestro curso de

  (3) _____ . ¡Te convertirás en un verdadero

  (4) _____ !

- Si te gusta correr, tenemos una (5) _____ de cinco kilómetros el sábado.

- Hay una sesión para aprender a (6) _____ en velero, pero sólo puedes

  participar si sabes nadar.

- Si te gustan las actividades más emocionantes, puedes unirte al grupo que va a

  (7) _____ montañas los miércoles.

- También tendrás la oportunidad de (8) _____ en uno de los lagos más

  bellos del estado.

- Recuerda, sólo tienes tiempo para mandar la solicitud hasta el 17 de mayo. ¡Anímate!

11-3 Nuestras vacaciones. Marisela y su esposo acaban de regresar de sus vacaciones. En la siguiente grabación Marisela habla de su viaje. Escucha la grabación cuantas veces sea necesario y luego completa las oraciones con una de las palabras de *¡Así lo decimos!*

Marisela y su esposo fueron a la Isla Margarita de vacaciones. Ellos lo pasaron muy bien. Como a

ellos les encanta (1) _____, el primer día decidieron ir a

(2) _____. El segundo día escogieron una actividad más tranquila. Ellos

(3) _____ en velero. Llegaron a un lugar muy tranquilo en medio del mar y

como a su esposo le encanta (4) _____, se quedaron ahí por dos horas.

Cuando decidieron volver a la playa, ellos tuvieron que (5) _____ hasta

llegar a la costa. Cuando finalmente llegaron, los pobres estaban (6) _____.

Estaban tan cansados que durmieron el resto del día. A pesar de esta pequeña aventura, las

vacaciones de Marisela y su esposo fueron maravillosas.

11-4 Unas vacaciones divertidas. Jaime le ha escrito una carta a su amiga Lupe contándole lo que hizo durante las vacaciones de verano. Completa la carta con estas palabras de *¡Así lo decimos!*

acampar	escalar	navegamos a vela
aficionado	fracturé	pescamos
camping	lago	velero

Querida Lupe:

Lo pasé muy bien cuando fui de (1) _____ en el verano. Participé en

muchas actividades divertidas. Siempre quise (2) _____, pero

nunca me atreví por temor a los animales salvajes. Esta vez fuimos a acampar por cuatro

días. Además de acampar, practicamos muchos deportes. El domingo, nosotros

(3) _____ por la mañana, y usé mi nueva caña de pescar por primera

vez. El lunes decidimos (4) _____ las montañas que rodean el

(5) _____ en el que acampamos. Aunque soy un

(6) _____ y no tengo mucha experiencia, me encantó hacerlo. El martes

(7) _____ en el lago. El (8) _____ de mi amiga

MariCarmen es muy cómodo y moderno. Todo nos fue muy bien, hasta que me

(9) _____ el tobillo al bajar del velero. Mi viaje fue más corto de lo

esperado, pero ¡fue una experiencia inolvidable!

Hasta pronto,

Jaime

11-5 ¿Sabes cuál es la palabra? Estas personas nos hablan de lo que les gusta hacer durante su tiempo libre. Escucha la siguiente grabación y durante la pausa, elige la palabra de la lista que complete cada frase lógicamente.

el arco y la flecha	cañas de pescar	el paracaidismo
bucear	levantar pesas	patinar sobre hielo
un campamento	el montañismo	sudar

1. _____

2. _____

3. _____

4. _____

5. _____

11-6 ¡Cuidado! Completa el diálogo con la forma apropiada de las siguientes expresiones.

divertirse	pasarlo (bien/mal)

EDUARDO: ¿Cómo (1) _____ en tus vacaciones?

DULCE: (2) _____ mucho. Fui a Puerto Rico y buceé todos los días.

¿Y tú famila? ¿Cómo (3) _____ en tus vacaciones?

EDUARDO: Muy bien, gracias. Mi esposa y yo (4) _____ mucho.

El próximo mes, salgo para San Juan para un viaje con mis hijos. Tal vez bucee también.

DULCE: ¿Más vacaciones? ¡Qué suerte! (5) ¡_____!

¡Así lo hacemos! Estructuras

1. Sequence of tenses with the subjunctive (TEXTBOOK PP. 344–345)

11-7 Unas vacaciones horribles. Graciela fue de vacaciones recientemente. Lamentablemente no lo pasó muy bien porque al llegar a Costa Esmeralda, ella y su esposo tuvieron un problema. En esta grabación ella nos cuenta su experiencia. Después de escucharla, rellena los espacios en blanco con el presente o el imperfecto del subjuntivo según corresponda.

No encontramos ningún hotel que (1) _____ una habitación disponible.

Tuvimos que dormir en un parque la primera noche. Yo tenía miedo de que la tormenta se

(2) _____ en huracán. Como soy muy organizada, antes de salir de

vacaciones siempre insisto en que (3) _____ nuestras reservas. Cuando

(4) _____ de vacaciones la próxima vez, yo haré todas las reservas y las

confirmaré antes de salir. Jamás confiaré en que mi esposo (5) _____ las

reservas. ¡Nunca más en la vida volveré a dormir en un parque!

11-8 ¿Cuál es la razón? Graciela habla un poco más de sus vacaciones horribles. Ahora escucha las frases y explica cuál es la razón para que el verbo está en el imperfecto del subjuntivo.

MODELO: Yo no quería que él planeara nuestras vacaciones.

*quería que: imperfect- requires imperfect subjunctive (**planeara**)*

1. _____
2. _____
3. _____
4. _____
5. _____

11-9 Un maratón. Mauro tiene que escribir un artículo sobre el maratón que tuvo lugar este fin de semana. Completa las oraciones seleccionando uno de los verbos entre paréntesis, de acuerdo con el verbo de la primera cláusula.

1. Arantxa Markaida ganó la carrera.

   Los espectadores se alegraron de que (gane/ganara).

2. Alida Lobo obtuvo el segundo puesto.

   Me extrañó que ella (pierda/perdiera) (*to lose*).

3. Álvaro Méndez se torció el tobillo.

   Fue una lástima que se lo (tuerza/torciera).

4. Los hermanos Sánchez participaron en el maratón.

   Nos habría sorprendido que no (participen/participaran).

5. Todos los atletas llegaron a la meta (*finish line*).

   Dudé que (lleguen/llegaran).

6. Los patrocinadores dieron un premio de mil dólares para el ganador del primer puesto.

   Me sorprendió que los organizadores (den/dieran) un premio.

7. El año que viene se hará el maratón otra vez.

   Los aficionados han sugerido que se (haga/hiciera) el año que viene.

8. El próximo año el maratón tendrá lugar en Puerto Rico.

   Los patrocinadores quieren que (tenga/tuviera) lugar en Puerto Rico.

9. Las reglas de la competencia serán más estrictas.

   Me gustaría que las reglas de la competencia (sean/fueran) más estrictas.

10. La próxima vez participarán más personas.

    Es bueno que (participen/participaran) más personas la próxima vez.

11-10 Entrenamiento. El equipo de fútbol de la universidad empezó el entrenamiento ayer para prepararse para el campeonato inter-universitario. Cambia las oraciones al pasado para explicar lo que pasó. La palabra o frase al comienzo de la frase te indicará si necesitas usar el pretérito o el imperfecto.

MODELO: El entrenador siempre quiere que los miembros del equipo hagan ejercicio.

                Siempre *el entrenador quería que los miembros del equipo hicieran ejercicio.*

1. El entrenador siempre manda que los futbolistas levanten pesas.

   Siempre _____

2. Al capitán del equipo le molesta que los otros jugadores no hayan practicado durante el invierno.

   Ayer _____

3. No hay nadie que esté en mejor condición física que el portero (*goalie*).

   Durante todo el año _____

4. Es una lástima que uno de los jugadores se haya fracturado la pierna.

   En la práctica de ayer _____

5. Los aficionados dudan que el equipo gane el campeonato este año.

   Antes de estas prácticas _____

6. Los jugadores prefieren que el entrenador no les haga correr tantas millas.

   En todas las prácticas _____

11-11 El paracaidismo. Laura es instructora de paracaidismo. Completa lo que le dice a un grupo de principiantes (*beginners*) con la forma apropiada del subjuntivo.

¡Buenos días! Me alegro de que ustedes (1. apuntarse) _____ para este

curso de paracaidismo. Es bueno que (2. haber) _____ tanto interés en el

deporte. Espero que todos ya (3. leer) _____ la información en el folleto

que les dimos cuando se inscribieron en el curso. El paracaidismo puede ser peligroso, y es

importante que todos (4. entender) _____ que hay riesgos. Por eso hemos

pedido que (5. firmar) _____ un contrato para eliminar nuestra

responsabilidad en caso de accidente. El folleto especifica el equipo que necesitarán para la

actividad. Preferiría que todos (6. comprar) _____ un paracaídas lo antes

posible, porque es probable que nosotros (7. ensayar) _____ el uso del equipo dentro de unos días. Me imagino que ustedes esperaban que hoy (8. empezar)

_____ a tirarnos de la avioneta, pero es mejor hacer nuestro entrenamiento

paso a paso.

11-12 Algunos comentarios. Tu amigo te está hablando de los últimos acontecimientos. Lee bien
las frases a continuación. Después escucharás una serie de frases. Elige el comentario que responda
lógicamente a la frase que escuchaste.

1. _____ ¡Es increíble que hayas tenido tanta suerte!

2. _____ Sería maravilloso que algún día llegaras a ser un gran jinete.

3. _____ Sería bueno que fueras al doctor. Ésta es la segunda vez que te pasa lo mismo.

4. _____ Te aconsejo que les mandes una queja (*complaint*) a los organizadores de la competencia.

   Las personas que preparan las canchas son muy irresponsables.

5. _____ Es una lástima que haya hecho tanto viento.

11-13 El buceo. Paco acaba de aprender a bucear. Completa las oraciones con la forma apropiada
del subjuntivo del verbo entre paréntesis.

El mes pasado empecé a tomar lecciones de buceo. Fue importante que (1. tomar)

_____ el curso de entrenamiento primero porque quería que los instructores

me (2. enseñar) _____ a utilizar el equipo. Además, en muchos lugares se

requiere que los buzos (*divers*) (3. tener) _____ un certificado antes de

empezar a practicar. Ayer el instructor sugirió que yo (4. meterse) _____ en

el agua con el equipo de buceo por primera vez. ¡Nunca he tenido una experiencia como esta!

Esperaba que el buceo me (5. gustar) _____, y me sorprendió que el

fondo del mar (6. ser) _____ tan impresionante. Dudaba que los animales

marinos (7. quedarse) _____ en la zona donde yo estaba, pero muchos

de los peces permanecían allí tranquilos. Intenté no hacer movimientos rápidos para que no

(8. asustarse) _____. Fue una pena que el instructor me

(9. hacer) _____ volver arriba tan pronto, pero él sólo quería que

(10. estar) _____ unos minutos en el agua. Espero poder permanecer más

tiempo bajo el agua la próxima vez.

Conéctate

11-14 Los deportes arriesgados. Los deportes "extremos" también se practican en los países de habla hispana. Existen clubes dedicados a practicar casi todos los deportes mencionados en el vocabulario. Ve a un programa de búsqueda en la Internet y busca la página de algún club u organización que se dedique a uno de esos deportes. Luego, busca la página web de un grupo similar en tu área. Escribe un breve ensayo en el cual hables sobre las similitudes y las diferencias entre los dos grupos. Enfócate en temas como lo que hace que estos deportes peligrosos sean especiales, las competencias que se realizan y las conexiones que existen entre personas de diversos países que practican el mismo deporte.

_____

_____

_____

_____

_____

_____

_____

Segunda parte

¡Así lo decimos! Vocabulario (TEXTBOOK P. 353)

11-15 En familia. Completa las siguientes oraciones usando una variación de cada palabra en itálica. Si necesitas ayuda, consulta la sección llamada *Ampliación* en el libro de texto.

MODELO: La Copa América de Vela es una *competencia* en la que <u>*compiten*</u> los yates de vela más veloces del mundo.

1. Las monedas antiguas están en una *colección* especial del Banco de Comercio. El banco las

   recibió de varias personas que las _____ por años.

2. La señora vestida de negro *apostó* mil dólares al número seis. Con esa

   _____ ganó otros cinco mil.

3. En el torneo de ajedrez, el campeón defendió su título en menos de veinte

   _____; todos afirmaron que había *jugado* muy bien.

4. Sospechamos que el jugador de las veintiuna es *tramposo*. Se dice que regularmente

_____.

5. ¿Asististe a _____ en Nueva York donde *se exhibieron* las tarjetas de

béisbol?

6. En mi familia todos tenemos *afición* por las cartas. Todos somos _____

al póquer.

11-16 Las Vegas. A los padres de Gabriela les encanta ir a Las Vegas. En la siguiente grabación ella habla de sus padres. Escucha la grabación cuantas veces sea necesario y luego completa las oraciones con una de las palabras de la sección *¡Así lo decimos!*

A los padres de Gabriela les fascinan (1) _____. Ellos coleccionan

(2) _____, naipes y máquinas de juegos. A ellos también les encanta

(3) _____. Por eso, una vez al año ellos van a Las Vegas y apuestan mucho

dinero. Su papá es muy (4) _____. Tiene (5) _____

muy buenas. Su mamá no es tan buena. Ella sólo apuesta en (6) _____.

Esta actividad la mantiene entretenida por horas. Cuando regresan, están muy cansados porque

siempre que van a Las Vegas (7) _____ mucho.

11-17 Una agenda. Clara ha apuntado en su agenda todas las actividades que tiene planeadas para el sábado, pero se le han borrado algunas cosas. Ayúdala. Completa su agenda con las palabras apropiadas de *¡Así lo decimos!*

ajedrez	las canicas	estampillas	máquinas tragamonedas	parranda	sorteo
apostar	cartas	exhibir	el ocio	ping-pong	torneo

---

sábado, 18 de abril

9:00

En el (1)_____ de (2)_____ hoy se harán las jugadas definitivas.

11:00

En la oficina de correos se van a (3)_____ colecciones de
(4)_____ antiguas.

13:00

Voy a jugar al póquer con Amalia. Tengo que llevar las (5)_____.

15:00

Debo mirar los resultados del (6)_____.

17:00

Voy a jugar al (7)_____ con Federico en su casa.

21:00

María, Ana y yo salimos de (8)_____. ¡Vamos a trasnochar!

11-18 En el casino. Félix trabaja en un casino desde hace unos meses. Le escribe a un amigo para contarle cómo le va. Completa el párrafo con estas palabras de *¡Así lo decimos!* Recuerda hacer los cambios pertinentes según el contexto.

afición	carta	jugada	salir de parranda
apuesta	diestro/a	máquina tragamonedas	trasnochar

Me fascina mi trabajo en el casino porque varía mucho de un día a otro. A veces trabajo en la mesa

de póquer y me toca repartir las (1) _____ a los clientes. De vez en

cuando trabajo en la caja y cambio las fichas (*chips*) que los clientes usan para hacer sus

(2) _____. Sin embargo, la mayoría de las personas que vienen al casino

no apuestan en juegos de mesa, sino que pasan horas en las (3) _____.

Mi puesto favorito es el de guardia. La mayoría de nuestros clientes vienen al casino cuando

(4) _____ como parte de una noche divertida. Para algunos, el juego es sólo

una (5) _____, pero para otros es una adicción. Mi responsabilidad como

guardia es observar detenidamente las (6) _____ de los clientes y asegurarme

de que sean legales. Es difícil, porque algunos clientes son muy (7) _____ y

hacen trampa. ¡Cambian las cartas sin que se note! Es un trabajo muy emocionante, pero una

desventaja es que hay que trabajar muchas horas seguidas. El casino está abierto hasta las seis de la

madrugada, y muchas veces tengo que (8) _____.

11-19 ¿Sabes cuál es la palabra? Gabriela nos describe ahora las actividades favoritas de ella y de otros miembros de su familia. Escucha la siguiente grabación y durante la pausa, elige la palabra de la lista que complete la oración lógicamente.

aficionada	coleccionar	ocio	trasnochar
apostar	competir	sello	torneo

1. _____   4. _____

2. _____   5. _____

3. _____

11-20 ¡Cuidado! Completa el diálogo con la forma apropiada de estas expresiones.

atreverse	cine	película	retar

MANOLO: Luisa, hay (1) _____ esta noche en

(2) _____ Rialto. Es de Almodóvar, el cineasta español y dicen

que es muy escandalosa. Te (3) _____ a verla conmigo.

LUISA: ¡Cómo no! Me acuerdo que después de ver (4) _____ *Volver*
de Almodóvar, decidiste anotarte en su club de aficionados y le escribiste una carta a
Penélope Cruz contándole que estabas enamorado de ella.

MANOLO: Bueno, es verdad que (5) _____ me encantó, pero esta vez

(6) _____ a ser más objetivo. Seguramente Almodóvar ganará

otro Óscar.

LUISA: Está bien. Salgamos para (7) _____ a las ocho.

¡Así lo hacemos! Estructuras

2. Uses of definite and indefinite articles (TEXTBOOK PP. 356–357)

11-21 Un coleccionista de estampillas. Arturo es muy aficionado a las estampillas y tiene una gran
colección. A continuación nos va a contar lo que hacen él y sus amigos filatélicos (*stamp
collectors*). Completa el párrafo con el artículo definido apropiado. ¡OJO! Si no se necesita un
artículo, pon una "X" en el espacio.

Todas (1) _____ semanas hay una reunión de mi club de

(2) _____ coleccionistas de (3) _____ estampillas.

Nos reunimos en (4) _____ centro estudiantil de

(5) _____ universidad (6) _____ jueves a

(7) _____ once de (8) _____ mañana. Hay

cinco miembros en (9) _____ grupo. Yo tengo estampillas de

(10) _____ Salvador, (11) _____ Chile y

(12) _____ Venezuela. Este jueves vamos a hablar en la reunión sobre

(13) _____ valor de (14) _____ estampillas.

11-22 El torneo de tenis. Acaban de anunciar en la radio que va a haber un torneo de tenis, pero Gloria no ha tenido tiempo de apuntar toda la información. Ayúdala. Escucha la grabación cuantas veces sea necesario y luego elige la respuesta correspondiente según lo que escuchaste.

1. El torneo será:

    a. el domingo.   b. los domingos.

2. El torneo será:

    a. a la una.   b. a las tres.

3. El próximo torneo será en:

    a. el verano.   b. la primavera.

4. El próximo torneo será:

    a. el 15 de mayo.   b. el 25 de mayo.

5. Los jugadores viven en:

    a. La Habana.   b. el Perú.

11-23 Preguntas sobre el torneo. Gloria acaba de regresar del torneo de tenis, al cual Susana no pudo ir. En la siguiente grabación escucharás las preguntas que le hace Susana a su amiga. Escucha la grabación cuantas veces sea necesario y luego elige el artículo indefinido apropiado.

1. a. uno   b. un

2. a. una   b. un

3. a. unos   b. un

4. a. una   b. unas

5. a. una   b. un

11-24 Planes. Susana y Gloria están haciendo planes para este domingo. Completa el diálogo con los artículos definidos e indefinidos apropiados.

SUSANA: Hola, Gloria. ¿Qué quieres hacer (1) _____ domingo?

GLORIA: ¿Te apetece ir a (2) _____ competencia de ping-pong?

SUSANA: No, no me gusta (3) _____ ping-pong.

GLORIA: ¿Qué tal si vamos al estadio? Acaba de empezar (4) _____

temporada de fútbol y me gustaría ver (5) _____ partido del

domingo, porque va a jugar (6) _____ nuevo portero de

nuestro equipo.

SUSANA: Si quieres ir al estadio debes ponerte (7) _____ impermeable

porque va a llover mucho por (8) _____ tarde. Sería mejor

pensar en (9) _____ actividad para hacer en casa. ¿Quieres

jugar a (10) _____ cartas?

GLORIA: A mí me fascina (11) _____ póquer porque es

(12) _____ juego emocionante.

SUSANA: De acuerdo.

11-25 Un torneo de ajedrez. La Federación de Ajedrez celebra un campeonato este fin de semana. Completa las frases con el artículo definido o indefinido, según se necesite. Si el artículo no es necesario, pon una "X" en el espacio. Luego, completa las frases con la información correcta para formar oraciones lógicas, escribiendo las letras en los espacios correspondientes.

1. ____   ____ torneo de ajedrez será   a. la República Dominicana.

2. ____   Vendrán ____ participantes   b. club femenino de Puerto Rico.

3. ____   Habrá ____ jugador de   c. un evento fascinante.

4. ____   Habrá también ____ jugadora del   d. mil dólares.

5. ____   ____ gran premio será de   e. de todo el mundo.

11-26 El campeón de ajedrez. Pilar y su esposo Ignacio se presentan a sus nuevos vecinos. Primero, completa el siguiente párrafo con el artículo definido o indefinido. Si no se requiere ninguno, pon una "X" en el espacio en blanco. Después, escucha la grabación para verificar tus respuestas.

PILAR: Soy (1) _____ profesora de (2) _____

español en (3) _____ universidad y mi esposo es

(4) _____ campeón nacional de ajedrez. Él aprendió a jugar

cuando era niño y vivía en (5) _____ Paz, Bolivia.

IGNACIO: Es verdad, soy (6) _____ jugador excelente. Practico

muchas horas todos (7) _____ días. Por eso soy

(8) _____ campeón nacional.

3. Uses of the infinitive and the –ing (-*ndo*) form of the verb (TEXTBOOK P. 360)

11-27 Los videojuegos. Rita tiene muchos problemas con su hijo. A él lo único que le interesa son los videojuegos. Escoge la forma adecuada del verbo entre paréntesis según el contexto, para completar lo que cuenta Rita.

A mi hijo Jorge le fascinan los videojuegos. Al comienzo yo siempre estaba (1. buscar/buscando) juegos nuevos para él porque pensaba que lo ayudarían a concentrarse. A Jorge el trabajo en el colegio le parecía (2. aburriendo/aburrido). Pero en los últimos meses he estado (3. ver/viendo) que mi hijo pasa demasiado tiempo (4. jugar/jugando). He pasado las últimas semanas (5. pensando/pensado) en otras posibilidades para (6. ayudando/ayudar) a mi hijo a dejar los videojuegos. He (7. pensado/pensando) en (8. conseguido/conseguir) un terapista para él. También debo (9. reducir/reduciendo) sus horarios de videojuegos y buscar otras alternativas para que no se aburra.

11-28 El toreo. Nerea ha ido por primera vez a una corrida de toros y comparte su experiencia contigo. Completa las oraciones con el gerundio o el infinitivo de los verbos, según el contexto.

A muchas personas la idea de (1. ver/viendo) una corrida de toros les parece absurda porque opinan que es cruel (2. matar/matando) a un animal. A mí tampoco me gusta (3. participar/participando) en pasatiempos violentos. Sin embargo, después de (4. ir/yendo) a una corrida de toros por primera vez, salí de la plaza (5. pensar/pensando) que el toreo era un espectáculo fascinante. Hay momentos tensos cuando el toro sale (6. correr/corriendo) hacia el torero, pero es increíble ver cómo el torero domina al toro. Los espectadores se quedan fascinados (7. observar/observando) la gran habilidad con que el torero maneja el capote. Siempre me ha parecido que (8. torear/toreando) era una actividad peligrosa, pero no sabía que requería tanta gracia y tanto arte.

11-29 Mis opiniones. Tu novio te habla de sus aficiones y tú le das tu opinión al respecto. En la grabación siguiente escucharás una serie de oraciones. Completa las oraciones lógicamente con el infinitivo de uno de los siguientes verbos.

cocinar	escalar	nadar	pescar	ser
conocer	jugar	patinar	saltar	

1. A mí no me gusta _____. Es aburridísimo.

2. Me parece que _____ de un avión es una locura.

3. _____ es uno de los mejores ejercicios que puedes hacer.

4. A mis abuelos les gusta más _____ a los naipes.

5. _____ sobre hielo ha sido el sueño de toda mi vida.

11-30 Tus gustos. A continuación escucharás a un amigo y a su compañero de cuarto hablar de los gustos de cada uno. Escucha las siguientes preguntas y respuestas y elige la forma del verbo de la lista que debes usar para completar cada uno. Escribe las palabras en los espacios correspondientes.

aburridos / aburriendo / aburrida	entretenido / entreteniendo / entretenida
aterrador / aterradora / aterrorizando	jugado / jugando / jugar
correr / corrido / corriendo	

1. Me parecen _____.

2. Siempre ando _____ de un lugar a otro.

3. Esa actividad es _____.

4. Me gusta _____ a los naipes. Es _____.

11-31 El juego. Mariana le pregunta a Esteban qué le gusta hacer en el casino. Completa la conversación con infinitivos o gerundios, según el contexto.

MARIANA: Esteban, ¿juegas mucho en el casino?

ESTEBAN: Sí, me paso todos los sábados (1) _____ en el casino.

MARIANA: ¿Apuestas mucho dinero cuando vas al casino?

ESTEBAN: No, porque (2) _____ mucho me pone nervioso.

MARIANA: ¿Te gusta jugar al póquer?

ESTEBAN: Sí, (3) _____ al póquer es uno de mis pasatiempos favoritos.

MARIANA: ¿Fumas cuando estás en el casino?

ESTEBAN: No, está prohibido (4) _____ en el casino donde yo juego.

MARIANA: ¿Pierdes mucho dinero en el casino?

ESTEBAN: Nunca salgo del casino (5) _____ porque no apuesto mucho

dinero.

11-32 El juego de palabras. A continuación escucharás una serie de palabras entre las que hay adjetivos, infinitivos y gerundios. Escucha la lista cuantas veces sea necesario y luego escribe una oración original usando cada una de las palabras que escuches.

MODELO: apostar

Debes pagar las cuentas antes de apostar tu dinero.

1. _____

2. _____

3. _____

4. _____

¡Así lo expresamos!

Imágenes

11-33 El ritmo. A través de los siglos tanto la pintura como la música se han servido de influencia mutua. Existen cuadros que han sido inspiración de canciones, así como hay pintores que han creado obras inspiradas en temas musicales. Ve a un programa de búsqueda en la Internet y busca cuadros hechos por artistas hispanos que reflejen una influencia musical. Escoge uno de esos cuadros y escribe una breve descripción del mismo. ¿Cómo se compara el cuadro que encontraste con el de Jaime Antonio González Colson del texto?

_____

_____

_____

_____

_____

_____

_____

Ritmos

11-34 Los fines de semana. En la canción de los hermanos Rosario se habla sobre las actividades de los fines de semana en República Dominicana. Hay organizadores de fiestas en ese país que anuncian en la Internet sus fiestas de los fines de semana. Ve a un programa de búsqueda e investiga anuncios de fiestas en República Dominicana. Escribe un breve ensayo para describir la fiesta anunciada y lo que se podrá hacer ahí. ¿Qué semejanzas y qué diferencias hay entre el anuncio y la canción?

_____

_____

_____

_____

_____

Páginas

11-35 Antes de leer. Encontrarás el siguiente vocabulario en la lectura. Estúdialo y luego completa las oraciones de la actividad con las palabras o expresiones apropiadas. No te olvides hacer los cambios necesarios según el contexto.

a la larga	*in the long run*	**poliuretano**	*polyurethane*
ciencia cierta	*positively*	**queja**	*complaint*
comercializar	*to market*	**regañar**	*to scold*
fibra de vidrio	*fiberglass*	**tabla**	*board*
maniobra	*maneuver*		

1. Para hacer windsurf necesitas una buena _____ .

2. Yo sé a _____ que no me gusta cazar.

3. Cuando mis amigos no pescan ningún pez, yo oigo sus _____ .

4. Cuando mi hijo hace trampa yo lo _____ .

5. El paracaidista hizo una _____ antes de abrir el paracaídas

   (*parachute*).

11-36 A leer. Lee el artículo a continuación y luego contesta las preguntas con oraciones completas.

El monopatinaje

No se sabe a ciencia cierta el origen del monopatín o patineta (*skateboard*). Lo que sí se sabe es que los monopatines se empezaron a comercializar en masa en los años 60. Aun así, el monopatinaje no se popularizó hasta los años 70. Esto se debió, en parte, al desarrollo de mejores monopatines hechos de materiales nuevos. Se empezaron a hacer ruedas de poliuretano y tablas de fibra de vidrio o aluminio. Además, también fue en los años 70 que los monopatinadores crearon las primeras maniobras acrobáticas con sus propios nombres. Una de las primeras de estas fue la "ollie". Este truco se usa para hacer despegar la tabla.

El desarrollo de este nuevo deporte continuó durante los años 80 a pesar de que los participantes no tenían un estadio o cancha especializados para el monopatinaje. Es por eso que, durante su comienzo, se practicaba en la calle o cerca de edificios; esto les permitía a los monopatinadores ensayar sus maniobras. A la larga, las quejas de los dueños de los edificios hicieron que los monopatinadores perdieran lugares donde patinar tranquilamente. Felizmente, los años 90 vieron la construcción de muchos parques para el monopatinaje donde los patinadores podrían patinar sin preocuparse de ser regañados. También, se hicieron populares las competencias entre los monopatinadores, lo cual contribuyó a hacer más popular el deporte.

A pesar de la disponibilidad de parques, los monopatinadores siguen interesados en patinar en calles y aceras. Uno de los lugares más populares para los monopatinadores de todo el mundo es Barcelona. Las razones para este fenómeno son muchas. Primero, monopatinadores famosos como Tony Hawk han hecho videos donde se los puede ver patinando en diferentes sitios de la ciudad. En contraste con otras ciudades donde hay muchas restricciones para el monopatinaje, en Barcelona los monopatinadores gozan de cierta libertad para patinar a gusto. Además, la ciudad de Barcelona es una de las más bellas de Europa y está llena de cultura.

Si te interesa ir a Barcelona a practicar monopatinaje, deberías considerar algunos de los lugares mencionados en las revistas de monopatinaje. Entre estos se incluyen las escaleras del Museo de Arte Contemporáneo de Barcelona.

1. ¿Cuándo se creó el primer monopatín?

   _____

2. ¿Cuándo se hizo popular el monopatinaje?

   _____

3. ¿Qué es un "ollie"?

   _____

4. ¿Por qué se practicaba el monopatinaje en la calle?

   _____

5. ¿Por qué no podían practicar tranquilamente su deporte los monopatinadores?

_____

6. ¿Qué adelanto se produjo en el deporte en los años 90?

_____

7. ¿Por qué es Barcelona un buen lugar para practicar el monopatinaje?

_____

8. ¿Cuál es un buen lugar en Barcelona para practicar el monopatinaje?

_____

Taller

11-37 Antes de escribir. Piensa en un pasatiempo extraordinario en el que participaste alguna vez. Apunta algunos recuerdos sobre la experiencia.

_____

_____

_____

_____

11-38 A escribir. Narra la experiencia que tuviste. Explica por qué lo hiciste, cómo esperabas que fuera y cómo te sentiste al hacerlo. ¿Te gustaría participar en la actividad otra vez? Usa correctamente los tiempos del subjuntivo al escribir.

_____

_____

_____

_____

_____

_____

_____

11-39 Después de escribir. Revisa lo que acabas de escribir como si fueras otra persona, y luego escribe la descripción de nuevo haciendo los cambios necesarios.

_____

_____

_____

_____

_____

_____

_____

Temas que no pasan de moda

Primera parte

¡Así lo decimos! Vocabulario (Textbook p. 373)

12-1 En familia. Completa las siguientes oraciones usando una variación de cada palabra en itálica. Si necesitas ayuda, consulta la sección llamada *Ampliación* en el libro de texto.

MODELO: El Polo Norte fue *explorado* varias veces durante el siglo pasado. La *exploración* costó no sólo dinero sino también la vida de algunos de los exploradores.

1. Se tuvo que *rescatar* al joven del auto después del accidente. Los bomberos completaron

   _____ en menos de una hora.

2. *Rétate* a hacer lo mejor posible en tus estudios. Es un _____ que te

   beneficiará en el futuro.

3. *Adaptarse* a tener clases sin maestros humanos no será tan fácil como se piensa. Sin embargo,

   con los avances de la tecnología, esta _____ será más fácil en el futuro.

4. Los que no quieren _____ esperan que algún día se encuentre una cura

   para *la vejez*.

Nombre: _____ Fecha: _____

5. A muchos les preocupa que _____ de petróleo no sea posible dentro

de cincuenta años. Para entonces ya se *habrá extraído* la mayoría del petróleo que existe bajo

la tierra.

12-2 Una expedición submarina. Un grupo de científicos puertorriqueños va a explorar la región submarina segunda en el mundo por su profundidad, al norte de la isla. Completa la noticia del periódico sobre la futura expedición con estas palabras de *¡Así lo decimos!*

adaptarse	explorar	extraer	funciones	rescatar	reto

La próxima semana, cuatro científicos puertorriqueños estarán a bordo de una pequeña estación

submarina y su (1) _____ será llevar a cabo una expedición en el fondo del

mar. Su principal propósito será (2) _____ esta región casi desconocida de

nuestro planeta, así como recolectar muestras de nuevas especies de plantas y animales para

estudiarlas y poder (3) _____ otras especies en peligro de extinción. La

estación submarina es muy pequeña y tiene muchos aparatos electrónicos que desempeñarán

(4) _____ específicas. Por ejemplo, la estación tiene un par de brazos

mecánicos operados por control remoto, con los cuales esperan (5) _____

muestras de ese misterioso ecosistema. La tripulación se compone de un biólogo marino, un

ingeniero mecánico y una microbióloga. Según el biólogo Franco Rengel, será difícil para ellos

(6) _____ a vivir en un espacio tan pequeño sin poder ver la luz del sol,

pero el submarino está óptimamente equipado para que la misión sea todo un éxito.

Nombre: _____   Fecha: _____

12-3 Noticias de ciencia y tecnología. En la página sobre ciencia y tecnología del periódico hay noticias muy interesantes sobre los últimos avances. Completa la página del periódico con estas palabras de *¡Así lo decimos!*

adaptarse	explorar	funcionamiento	rescatar
el desafío	extraer	la propuesta	terapia genética
ensamblar	frenar	proteger	

Noticias de ciencia y tecnología

- Según la ingeniera Ana María Rodríguez, (1) _____ actual en la ingeniería de petróleo es encontrar formas de (2) _____ petróleo sin afectar negativamente el medio ambiente.

- Los científicos de la NASA quieren (3) _____ la posibilidad de vida en Marte, y por eso están analizando si en el subsuelo del planeta hay hielo que se evapora.

- Los grupos defensores del medio ambiente, como Greenpeace, aseguran que es absolutamente necesario (4) _____ el calentamiento del planeta para evitar una catástrofe mundial.

- El modelo *GrandSport* de la Maserati ha ganado varios premios internacionales por el mejor diseño y el mejor (5) _____.

- Una serie de experimentos de (6) _____ podrían permitir a los futuros padres escoger el sexo y algunas características físicas de sus hijos.

- Las compañías que producen carros se preguntan si los norteamericanos podrán

  (7) _____ a manejar carros más pequeños, para

  (8) _____ el medio ambiente mientras ahorran dinero.

- El ingeniero Oleg Krononenko de la estación espacial internacional (ISS) tuvo que

  (9)_____ las partes del inodoro que trajeron los miembros del transbordador *Discovery,* para solucionar el problema que tenían.

© 2010 Pearson Education, Inc.   Capítulo 12   Temas que no pasan de moda   **271**

• El grupo ambiental AIRE está planeando una expedición al Amazonas para tratar de

(10) _____ al Dr. Pierce, el famoso biólogo y activista ambiental que se

halla perdido en la selva.

12-4 Los huracanes. Entre agosto y noviembre del año 2007, los huracanes Dean, Félix y Noel afectaron terriblemente a los países del Caribe, América Central y México. Escucha la grabación sobre estos acontecimientos cuantas veces sea necesario y luego completa las oraciones con las palabras de *¡Así lo decimos!* que escuches.

1. Muchos centros turísticos dejaron de _____.

2. Después de una temporada de huracanes relativamente tranquila en 2006, muchos habitantes

   quedaron _____ al ver la fuerza de estos huracanes.

3. Los huracanes causaron la muerte de cientos de personas en varios de estos países

   _____.

4. Algunas personas pudieron ser _____, pero otras murieron.

5. Los caribeños deben _____ a estos cambios de clima debido a su

   ubicación geográfica.

12-5 ¿Sabes cuál es la palabra? Nuestros reporteros callejeros han salido a preguntarle a la gente qué piensa de los avances tecnológicos, y cómo se ven afectados. Escucha la siguiente grabación y, durante cada pausa, elige la palabra de la lista que complete la frase lógicamente.

adaptado	la célula	una propuesta	rescate
un autómata	un desafío	el quirófano	la vejez

1. _____

2. _____

3. _____

4. _____

5. _____

Nombre: _____ Fecha: _____

12-6 ¡Cuidado! Combinen estos lugares, personas y cosas para crear descripciones superlativas. Si no están de acuerdo, den otra opción.

MODELOS: San Francisco: ciudad / hermosa / mundo

San Francisco es la ciudad más hermosa del mundo.

o

No es verdad. Nueva York es la más hermosa del mundo.

1. *Soy leyenda* con el actor Will Smith

2. Picasso

3. la asistencia de autómatas en la cirugía

4. Yosemite

5. la nuestra

6. *Alfa Centauro* de Isaac Asimov

7. encontrar una cura para el SIDA

8. la de Detroit

a. el avance científico / crucial / los últimos años

b. la fábrica / grande / todas

c. la novela / intrigante / ciencia ficción

d. la clase / interesante / universidad o escuela

e. el campo de investigación / importante / medicina

f. el artista / famoso / Siglo XX

g. la película / emocionante / década

h. el parque nacional / hermoso / país

1. _____

2. _____

3. _____

4. _____

5. _____

6. _____

7. _____

8. _____

¡Así lo hacemos! Estructuras

1. *Se* for unplanned events (TEXTBOOK P. 377)

12-7 Todo salió mal. Raquel tuvo un día desastroso ayer. Después de escuchar lo que dice, indica si las siguientes frases son **Ciertas, Falsas** o si **No se dice** en la grabación.

1. A Raquel se le cayó el café en el carro.   Cierto   Falso   No se dice.

2. A Raquel se le rompió un brazo.   Cierto   Falso   No se dice.

3. Después del accidente Raquel se olvidó dónde vivía.   Cierto   Falso   No se dice.

4. A Raquel se le ocurrió que podría quedar discapacitada.   Cierto   Falso   No se dice.

5. A la mamá de Raquel no se le perdió la cartera.   Cierto   Falso   No se dice.

12-8 Los aparatos electrónicos. Luz no puede hacer su trabajo porque los aparatos de la oficina no funcionan. Completa su conversación con la supervisora con los pronombres directos e indirectos apropiados.

SRA. ORDÓÑEZ: Luz, ¿por qué no has sacado las fotocopias que te pedí? ¿(1)

_____ (2) _____ olvidó hacerlo?

LUZ: No pude sacar las copias porque (3) _____

(4) _____ rompió la fotocopiadora esta mañana.

SRA. ORDÓÑEZ: ¿Hablaste con nuestro nuevo cliente sobre su pedido?

LUZ: Bueno, nosotros estábamos hablando por teléfono cuando

(5) _____ (6) _____ cortó la

conexión.

SRA. ORDÓÑEZ: ¿Por qué no usas tu teléfono celular?

LUZ: No lo tengo; (7) _____ (8) _____

quedó en casa.

SRA. ORDÓÑEZ: ¿Y no (9) _____ (10) _____

ocurrió escribirle un correo electrónico?

LUZ: No puedo, porque (11) _____

(12) _____ perdió la contraseña para acceder al programa.

SRA. ORDÓÑEZ: Escríbele una carta, entonces.

LUZ: La impresora del ordenador está rota. Los secretarios intentaban moverla

esta mañana cuando (13) _____

(14) _____ cayó.

SRA. ORDÓÑEZ: ¡Qué desastre! Debemos hablar con nuestro técnico para que nos repare los aparatos.

LUZ: Es que el técnico no ha venido a la oficina hoy. (15) _____

(16) _____ enfermó el hijo y se quedó en casa con él.

SRA. ORDÓÑEZ: Parece que hoy no podremos trabajar. ¡Qué mala suerte!

12-9 ¿Alguna vez? Raquel se siente mejor hoy y está hablando con una amiga sobre cosas que les han pasado. Escucha la serie de preguntas y completa las siguientes oraciones, escribiendo el verbo que escuches con el **se** accidental. El verbo debe estar en pretérito.

MODELO: ¿Alguna vez se te ha ocurrido una idea genial?

Sí, el año pasado *se me ocurrió* ayudarle a cocinar a mi mamá y desde entonces, ella me paga por hacerlo.

1. Sí, cuando yo tenía 10 años _____ Pepito.

2. Sí, una vez _____ ir al aeropuerto para recoger a mis padres.

3. Sí, el año pasado _____ un anillo de diamantes que me habían regalado mis padres.

4. Sí, una vez, _____ el traje de baño en casa cuando iba a la playa.

12-10 La tecnología moderna. Guillermo piensa en la tecnología que necesita en su vida. Completa las oraciones con los pronombres apropiados y el presente del indicativo o subjuntivo de los verbos según corresponda.

1. Mi esposa y yo necesitamos cerraduras (*locks*) que sólo requieran una contraseña porque (se nos pierden / se nos pierdan) frecuentemente las llaves de la casa.

2. Quiero un autómata para que me prepare la cena porque a mí siempre (se me quema / se me queme) la comida.

3. Voy a comprarle una agenda electrónica a mi hijo mayor para que no (se le olvida / se le olvide) lo que tiene que hacer para sus clases.

4. Les compraré un teléfono celular a mis hijas con tal de que no (se les ocurre / se les ocurra) usarlo más de cinco minutos al día.

5. Debemos comprar un ordenador nuevo antes de que (se nos estropea / se nos estropee) el que tenemos.

6. Me gustaría tener un robot que siguiera a mis hijos y reparara todo lo que rompen — ¡(se les cae / se les caiga) todo!

12-11 Una fábrica robotizada. El señor Núñez explica por qué va a reemplazar a sus empleados con un sistema robotizado. Completa el párrafo con los verbos y los pronombres apropiados de la lista.

se te cayeron	se te perdió	se rompió
se me ocurrió	se me quemaron	se nos terminó

Colegas, siento decirles que ahora que ha empezado el nuevo milenio

(1) _____ robotizar la fábrica. A nosotros ya

(2) _____ la época de la mano de obra humana. Para competir

con las grandes compañías, debemos usar los métodos de producción más eficaces, y los autómatas

no tienen fallas como los seres humanos. Hace unos meses ustedes no limpiaron el equipo después

de usarlo y (3) _____ una máquina. David, tú eres un poco torpe. La

semana pasada (4) _____ más de diez productos. Matilde, ayer no

pudimos entrar en el almacén porque a ti (5) _____ la llave. ¡Y tienen

vicios peligrosos! Hace unos días a mí (6) _____ unos documentos

importantes porque alguien dejó un cigarrillo en mi escritorio. Lo siento mucho, pero es mejor que

pruebe con los autómatas para ver si así habrá menos problemas.

12-12 En mis propias palabras. Raquel y tú están jugando a tu juego favorito: ¡el juego de las palabras! A continuación escucharás una serie de verbos. Escucha la lista cuantas veces sea necesario y luego escribe una oración original usando y escribiendo la forma apropiada de cada uno de los verbos con el **se** accidental.

MODELO: dañarse

Se me dañó la computadora; por eso no pude hacer mi tarea.

1. _____

2. _____

3. _____

4. _____

Conéctate

12-13 El futuro. Hacer predicciones sobre el futuro suele ser interesante pero siempre conlleva un cierto nivel de riesgo. A pesar de tomar todos los factores posibles en cuenta, uno todavía se puede equivocar. Muchas predicciones que se han hecho en el pasado no han resultado. Por ejemplo, en 1938 el *New York Times* declaró que la familia americana promedio (*average*) no tenía tiempo para la televisión; en 1943 Thomas Watson, el director de IBM, afirmó que el mercado global para la computadora no sobrepasaría la compra de cinco computadoras. Ve a un programa de búsqueda en la Internet y busca predicciones similares que resultaron no ser acertadas. Luego, busca una predicción actual que pienses que también resultará errónea. Escribe un breve ensayo en el cual describas ambas predicciones y lo que opinas al respecto.

_____

_____

_____

_____

_____

_____

_____

_____

_____

_____

Segunda parte

¡Así lo decimos! Vocabulario (TEXTBOOK P. 383)

12-14 En familia. Completa las siguientes oraciones con una variación de cada palabra en itálica. Si necesitas ayuda, consulta la sección llamada *Ampliación* en el libro de texto.

MODELO: Los científicos esperan una subvención (*grant*) del gobierno para *expandir* su investigación sobre los usos de las células madre. *La expansión* del programa empezará tan pronto como tengan suficientes fondos.

1. Hay que ponerle un _____ del corazón al paciente y *monitorizarlo*

    durante veinticuatro horas.

2. Me gustaría tener uno de los carros _____. Sería fantástico *volar* todos

    los días al trabajo.

3. No *especules* sobre cuándo tendremos una cura para el cáncer. Toda predicción es pura

    _____.

4. El futurólogo hace *conjeturas* basadas en la tecnología actual. Es divertido

    _____ sobre el conocimiento técnico que vamos a tener dentro de

    cincuenta años.

12-15 Proyectos para el nuevo milenio. El doctor Rojas es un astrofísico que está trabajando en muchos proyectos para el nuevo milenio. Completa las oraciones con estas palabras de *¡Así lo decimos!*

cohete	conjetura	nave espacial	órbita	renombrado	superficie

El doctor Rojas, el famoso y (1) _____ científico, tiene una propuesta

(*proposal*) para diseñar un (2) _____ más económico que los

que se usan ahora para los viajes al espacio. El Dr. Rojas está estudiando la posibilidad

de hacer llegar una (3) _____ a Marte, que aterrice (*lands*) en la

Nombre: _____ Fecha: _____

(4) _____ del planeta. El doctor Rojas quiere averiguar si existe agua en

Marte. Su (5) _____ es que existen zonas con hielo en los polos del

planeta. Él espera que su nave espacial llegue a la (6) _____ de Marte antes

del año 2015.

12-16 El futuro según la ciencia. Completa las siguientes oraciones con palabras de *¡Así lo decimos!* ¡OJO! Hay que hacer el cambio apropiado al verbo.

cometa   especular   predicción   profecía   sistema solar   trayectoria

1. Hacer una _____ es un intento de pronosticar el futuro, pero sin datos

   científicos.

2. Con ayuda de la ciencia, uno puede hacer una _____ sobre algunas

   cosas que pueden pasar en el futuro.

3. Por ejemplo, sabemos que la órbita del _____ Halley hace que se

   acerque a la Tierra cada 75 ó 76 años.

4. La _____ de Halley hará que la próxima vez que regrese será en el año

   2061.

5. Antes, cuando las personas no sabían nada sobre astronomía, se _____

   que Halley era un mal augurio (*bad omen*).

6. Ahora sabemos que existen muchos objetos como Halley en nuestro _____.

12-17 Los platillos voladores (UFOs). Omar nos cuenta una noticia que escuchó ayer. Escucha la grabación cuantas veces sea necesario y después completa las oraciones con las palabras que escuchaste.

1. Ayer hubo un incidente que causó mucha _____.

2. Unas personas aseguran que vieron _____ un platillo volador en el cielo.

3. Estas personas aseguran que era un objeto volador no identificado (UFO) y que tenía una

   _____ en línea recta hacia la Tierra.

4. Los científicos entrevistados aseguran que no se puede _____ que haya

   vida fuera de nuestro _____.

12-18 ¿Sabes cuál es la palabra? A Omar le interesa mucho todo lo relacionado con los viajes espaciales. Escucha la siguiente grabación y durante las pausas elige las palabras de la lista que complete cada frase lógicamente.

especular	nave espacial	predicción
expandir	órbita	la superficie
monitor	el planeta	volador

1. _____

2. _____

3. _____

4. _____

5. _____

12-19 ¡Cuidado! Completa las oraciones con **desde** o **puesto que** según el contexto.

Muchos astrónomos investigan técnicas para predecir cuándo será el próximo choque de un

meteorito con la Tierra. Se sabe que ha habido muchos, (1) _____ hay

cráteres (2) _____ el extremo norte hasta el extremo sur de la Tierra.

En 2007, uno chocó en una región remota de Perú y formó un cráter que tenía

(3) _____ quince metros de ancho hasta diez metros de profundidad.

(4) _____ el choque, cientos de habitantes de la región se han quejado

de náuseas y fuertes dolores de cabeza. Aunque al principio se temía que gases nocivos salieran del

meteorito, pronto se hizo evidente que eran gases de la Tierra, (5) _____

el meteorito había chocado con una vena de arsénico. Los científicos que estudian el choque ahora

usan respiradores y tanques de oxígeno, (6) _____ todavía hay gases

nocivos en el área.

¡Así lo hacemos! Estructuras

2. The passive voice (TEXTBOOK P. 386)

12-20 La conquista del cosmos. Muchos avances tecnológicos que hoy nos permiten saber más sobre el universo fueron logrados por individuos y grupos de científicos. Escribe oraciones completas con la voz pasiva.

MODELO: primer cometa artificial / lanzar / los alemanes

El primer cometa artificial fue lanzado por los alemanes.

1. telescopio / inventar / Galileo Galilei

_____

2. agujeros negros / descubrir / Stephen Hawking

_____

3. energía solar / utilizar / primera vez / en 1878

_____

4. primer satélite artificial, Sputnik, / construir / en Korolev

_____

5. teoría de la relatividad / proponer / Albert Einstein

_____

6. galaxias NGC 4261 y M100 / fotografiar / el telescopio Hubble

_____

7. meteorito proveniente / Marte / analizar / en un laboratorio norteamericano

_____

8. existencia de otros planetas / fuera / nuestro sistema solar / verificar / científicos de Harvard y de la universidad estatal de San Francisco

_____

_____

12-21 Los autómatas. Un científico predice lo que harán los robots del futuro. Escucha la grabación cuantas veces sea necesario, y luego cambia las oraciones de la voz activa a la pasiva.

MODELO: Los autómatas guiarán las naves espaciales.

Las naves espaciales *serán guiadas* por los autómatas.

1. Los trabajos domésticos _____ por los autómatas.

2. Las bombas _____ por los autómatas.

3. La sangre de los pacientes _____ por los autómatas.

4. Las víctimas _____ por los autómatas.

5. Las máquinas _____ por los autómatas.

12-22 Tu película. Tienes una idea para una película de ciencia ficción y quieres mandársela a un director famoso de Hollywood. Completa el resumen de lo que sucede en tu película con la voz pasiva en el pasado de los verbos de la lista.

alertar	derribar	donar	monitorizar	tomar

En la película de ciencia ficción *Meteorito,* un meteoro que se acercaba a la Tierra

(1) _____ por unos científicos del observatorio universitario. Las

autoridades de las ciudades en peligro (2) _____ y algunas

precauciones (3) _____; por eso nadie resultó herido. Sin embargo,

muchos edificios y casas (4) _____ por el meteorito. Millones de dólares

(5) _____ por el gobierno para reconstruir estos pueblos.

12-23 ¿Sabía usted? En la radio están anunciando la nueva *Enciclopedia del Siglo XX.* Escucha la grabación cuantas veces sea necesario y luego cambia las frases que escuchaste de la voz activa a la pasiva. Tendrás que escribir el verbo en el presente o el pretérito del indicativo, según el contexto.

MODELOS: ¿Sabía usted que el teléfono móvil se usó por primera vez en 1983?

Desde 1983 *se usa* el teléfono móvil.

o

¿Sabía usted que en 1983 fabricaron el teléfono móvil?

En 1983 *se fabricó* el teléfono móvil.

Nombre: _____   Fecha: _____

1. En 1901 _____ la primera lavadora eléctrica.

2. En 1903 _____ el primer avión con motor.

3. Desde 1909 _____ café instantáneo.

4. Desde 1923 _____ comida congelada.

5. En 1940 _____ los primeros bolígrafos.

12-24 Inventos del Siglo XX. Tu hermana ha decidido pedir una copia de la *Enciclopedia del Siglo XX*. Está tan contenta que te llama para contarte algunas de las cosas que ha aprendido. Escucha la grabación cuantas veces sea necesario y luego cambia las oraciones de la voz activa a la pasiva.

MODELO: Los astronautas exploraron el planeta Marte en el año 2004.

El planeta Marte *fue explorado* por los astronautas.

1. El fax _____ por Arthur Korn.

2. El primer avión _____ por los hermanos Wright.

3. El primer tractor _____ por Henry Ford.

4. El bolígrafo _____ por Ladislao Josef Biro y el químico Georg Biro.

5. El primer satélite artificial, Sputnik 1, _____ por la exUnión Soviética en 1957.

12-25 Invenciones y descubrimientos del Siglo XXI. Todos conocemos los inventos y adelantos que se realizaron en el Siglo XX, pero ahora te toca imaginar y pensar en qué nuevos descubrimientos e invenciones se van a producir a lo largo del Siglo XXI. Escribe dos oraciones completas usando la voz pasiva en el futuro y otras dos usando el **se** pasivo en el futuro.

MODELOS: *En el Siglo XXI la vacuna definitiva para curar el SIDA será descubierta.*

o

En el Siglo XXI se descubrirá la vacuna definitiva para curar el SIDA.

1. _____

2. _____

3. _____

4. _____

3. Diminutives and augmentatives (TEXTBOOK P. 389)

12-26 Los objetos del futuro. Piensa en cómo serán los objetos del futuro. Completa las oraciones con los diminutivos y aumentativos de las palabras subrayadas, según el contexto.

1. Los <u>coches</u> probablemente serán muy pequeños, porque usarán menos gasolina que los

   _____ que eran populares en el pasado.

2. Los <u>teléfonos</u> serán más compactos. El éxito de la tecnología celular hará que la gente prefiera

   los _____ que puedan llevar en el bolsillo en lugar de los

   _____ que usamos ahora.

3. Las <u>computadoras</u> seguirán evolucionando. Las _____ que tenemos en

   nuestras oficinas y casas serán reemplazadas por unas portátiles.

4. Los <u>televisores</u> serán más grandes que nunca. Todos querrán cambiar sus

   _____ por los _____ de pantalla gigante.

5. Las <u>casas</u> serán más pequeñas. Con la superpoblación del mundo no habrá sitio para estas

   _____ que tenemos ahora, y todos viviremos en

   _____.

12-27 Una conversación entre dos científicos. Escucharás un diálogo muy divertido entre dos astrónomos. Después de escuchar, rellena los espacios en blanco con la forma regular de las palabras que están en diminutivo y aumentativo.

MODELO: ¿Hablaste con el astronomillo?

             ¿Hablaste con el *astrónomo*?

DRA. PAULÍN: Dr. Ramos, ¡Mire este (1) _____ por el telescopio! Luce

             como un (2) _____ gigantesco.

DR. RAMOS: Lo veo, Dra. Paulín, pero no es tan grande. Me parece más bien una

             (3) _____ de nieve. Tiene una

             (4) _____ blanca y salen

             (5) _____ verdes.

DRA. PAULÍN: Dr. Ramos, con todo respeto, creo que está equivocado. Lo que yo veo es un

(6) _____. Tiene cráteres enormes y

(7) _____ altas. Parece que va a caer sobre la Tierra.

DR. RAMOS: Bueno, lo dudo. Todavía está a unas (8) _____ de distancia

de la Tierra. Vamos a ver si lo podemos desviar con unos

(9) _____.

DRA. PAULÍN: Pero, Dr. Ramos, ¡ya está llegando ahorita…!

12-28 La vida extraterrestre. Algo que nos preocupa a todos y sobre todo a los científicos, es si hay vida o no en otros planetas. Completa el siguiente artículo con el diminutivo o aumentativo de las palabras de la lista, según el contexto.

| fósil | meteoros | planeta | problema | trozo |

¿Hay vida en otras partes del universo? Muchos científicos se dedicarán al estudio de este gran

(1) _____ en el nuevo milenio. Todavía no tenemos evidencia firme, pero

hay algunas señales que apuntan a la posibilidad de vida extraterrestre. Existen meteoros enormes

en el espacio, pero al entrar en la atmósfera terrestre, su tamaño se reduce y se convierten en

(2) _____. Algunos de los que han caído en la Tierra se han analizado y se

han encontrado dentro de ellos unos pequeños (3) _____ que parecen

provenir de bacterias. Se estudiará un satélite de Júpiter, porque se cree que hay agua por debajo de

los enormes (4) _____ de hielo que cubren la superficie. Se sabe que hay

otros sistemas de planetas en el universo, y tal vez algunos de estos cuerpos tengan las

condiciones necesarias para sostener formas de vida. Hasta ahora sólo se han podido detectar

(5) _____ enormes, más grandes que Júpiter, pero se puede suponer que

también hay planetas más pequeños. Estos descubrimientos no comprueban la presencia de vida

extraterrestre, pero demuestran que merece la pena buscarla.

Nombre: _____ Fecha: _____

12-29 El juego de los diminutivos y aumentativos. En este juego debes cambiar las palabras que faltan por sus diminutivos o aumentativos. Escucha la grabación cuantas veces sea necesario y luego rellena los espacios en blanco con el diminutivo o aumentativo de la palabra según el contexto de la oración.

MODELO: Necesito que vengas ahora mismo.

Necesito que vengas *ahorita* mismo.

1. Necesito ir esta tarde al puerto para hablar con el _____ grandote que trabaja ahí.

2. El incendio no fue grave; afortunadamente fue _____.

3. Mi esposo trabaja con _____.

4. Me encantaría tener una _____ donde vivir; algo así como una mansión.

5. Estoy muy preocupada porque tengo un _____.

¡Así lo expresamos!

Imágenes

12-30 El arte y la ciencia. El arte y la ciencia han tenido siempre una estrecha relación. Uno sólo tiene que pensar en Leonardo daVinci y sus dibujos de aparatos fantásticos para ver cómo ambos se han influído entre sí. Hoy en día, los científicos están elaborando conceptos tan abstractos que muchas veces recurren al arte para poder explicárselos mejor al público. Ve a un programa de búsqueda en la Internet y escribe las palabras "ciencia" y "arte". Escoge una de las imágenes que veas y compárala con el cuadro de Remedios Varo del texto. ¿Qué relación entre el arte y la ciencia ves reflejada en ambas obras? Escribe un ensayo breve para explicar tus ideas.

_____

_____

_____

_____

_____

_____

_____

_____

Ritmos

12-31 Veinte preguntas. ¿Has jugado al juego de las veinte preguntas alguna vez? Es un juego divertido que, a la vez, nos puede ayudar a razonar mejor. Ve a un programa de búsqueda en la Internet, escribe "20 preguntas" y juega. Después que hayas jugado, el programa te dará resultados que indican si respondiste correctamente a las preguntas o no. ¿Qué preguntas no entendiste? ¿Por qué?

_____

_____

_____

_____

_____

_____

_____

_____

Páginas

12-32 Antes de leer. ¿Qué sabes tú sobre la exploración espacial? ¿Qué sabes sobre el planeta Marte? Lee las siguientes preguntas y contéstalas según tu conocimiento del tema.

1. ¿Quién fue el primer hombre que caminó en la luna?

   _____

2. ¿Cuál es el nombre del primer trasbordador espacial de poder nuclear?

   _____

3. ¿Por qué se llama a Marte el planeta rojo?

   _____

4. ¿Qué planeta es el más cercano al sol?

   _____

5. ¿Cuál es el planeta más grande del sistema solar?

   _____

Si acertaste en todas las respuestas, has logrado el rango de experto/a intergaláctico/a. Si sólo tuviste entre cuatro y tres respuestas acertadas, eres un/a cadete espacial. Si contestaste bien entre dos respuestas y una eres un/a novato/a interplanetario/a, y... si no contestaste ninguna pregunta bien, ¡eres un/a terrícola (*earthling*) permanente!

12-33 A leer. Lee el siguiente artículo y luego completa las frases con información basada en la lectura.

Viaje a Marte

Entre los retos que enfrentaremos en este siglo estará la exploración de nuestro sistema solar. Hasta el momento, hemos explorado el espacio fuera de nuestro planeta de tres maneras. Por una parte, nuestros científicos han usado telescopios como el Hubble para estudiar planetas y galaxias distantes. Por otra parte, hemos enviado exploradores tanto humanos como robóticos a otros planetas de nuestro sistema solar.

Uno de estos casos es el planeta Marte. Desde el comienzo de los años 60 se han enviado exploradores robóticos para investigar la superficie del planeta rojo. Una de las misiones que tuvo más éxito fue el resultado del proyecto Viking de la agencia nacional espacial norteamericana (NASA). La primera de las dos naves Viking aterrizó en Marte el 20 de julio de 1976, y la segunda llegó el 3 de septiembre de 1976. Estas dos naves lograron transmitir impresionantes fotos del paisaje marciano además de un sinnúmero de (*countless amount of*) observaciones científicas.

Esta tradición de exploración robótica continúa hoy en día. El 25 de mayo de 2008 la nave Phoenix aterrizó en el polo de Marte. Como sus antepasados del Viking, Phoenix ha enviado fotos espectaculares del paisaje marciano además de llevar a cabo experimentos científicos.

Pero estas misiones robóticas no sólo sirven para entender mejor nuestro planeta vecino, sino que también nos ayudan a prepararnos para enviar astronautas a Marte. De hecho, NASA se ha propuesto la meta de enviar astronautas al planeta y de establecer allí una base antes del año 2030. Los preparativos para esa misión ya están en marcha y uno de ellos es el mismo proyecto Phoenix.

1. Entre los retos del Siglo XXI estará _____.

2. Hemos enviado exploradores tanto _____.

3. Una de las misiones que tuvo más éxito fue el _____.

4. La tradición de exploración robótica continúa con la nave _____.

5. Las misiones robóticas sirven para _____.

Taller

12-34 Antes de escribir. Piensa en algunas de las predicciones que has oído sobre lo que pasará en el Siglo XXI. ¿Cuáles te parecen probables? Apunta los cambios que crees que tendrán lugar en algún aspecto de la vida (por ejemplo: en la medicina, la ciencia, la educación, la política o en las relaciones familiares) en el Siglo XXI.

_____

_____

_____

_____

12-35 A escribir. Escribe una composición breve en la que expliques cómo será el aspecto de la vida sobre el que has escrito en el Siglo XXI. Usa el **se** impersonal para expresar qué pasará en el futuro.

_____

_____

_____

_____

_____

12-36 Después de escribir. Revisa lo que acabas de escribir como si fueras otra persona, y luego escribe la descripción de nuevo haciendo los cambios necesarios.

_____

_____

_____

_____

_____

Regular Verbs: Simple Tenses

Infinitive Present Participle Past Participle	Indicative					Subjunctive		Imperative
	Present	Imperfect	Preterit	Future	Conditional	Present	Imperfect	Commands
hablar hablando hablado	hablo hablas habla hablamos habláis hablan	hablaba hablabas hablaba hablábamos hablabais hablaban	hablé hablaste habló hablamos hablasteis hablaron	hablaré hablarás hablará hablaremos hablaréis hablarán	hablaría hablarías hablaría hablaríamos hablaríais hablarian	hable hables hable hablemos habléis hablen	hablara hablaras hablara habláramos hablarais hablaran	habla (tú), no hables hable (usted) hablemos hablad (vosotros), no habléis hablen (Uds.)
comer comiendo comido	como comes come comemos coméis comen	comía comías comía comíamos comíais comían	comí comiste comió comimos comisteis comieron	comeré comerás comerá comeremos comeréis comerán	comería comerías comería comeríamos comeríais comerían	coma comas coma comamos comáis coman	comiera comieras comiera comiéramos comierais comieran	come (tú), no comas coma (usted) comamos comed (vosotros), no comáis coman (Uds.)
vivir viviendo vivido	vivo vives vive vivimos vivís viven	vivía vivías vivía vivíamos vivíais vivían	viví viviste vivió vivimos vivisteis vivieron	viviré vivirás vivirá viviremos viviréis vivirán	viviría vivirías viviría viviríamos viviríais vivirían	viva vivas viva vivamos viváis vivan	viviera vivieras viviera viviéramos vivierais vivieran	vive (tú), no vivas viva (usted) vivamos vivid (vosotros), no viváis vivan (Uds.)

Regular Verbs: Perfect Tenses

Indicative										Subjunctive			
Present Perfect		**Past Perfect**		**Preterit Perfect**		**Future Perfect**		**Conditional Perfect**		**Present Perfect**		**Past Perfect**	
he	hablado	había	hablado	hube	hablado	habré	hablado	habría	hablado	haya	hablado	hubiera	hablado
has	comido	habías	comido	hubiste	comido	habrás	comido	habrías	comido	hayas	comido	hubieras	comido
ha	vivido	había	vivido	hubo	vivido	habrá	vivido	habría	vivido	haya	vivido	hubiera	vivido
hemos		habíamos		hubimos		habremos		habríamos		hayamos		hubiéramos	
habéis		habíais		hubisteis		habréis		habríais		hayáis		hubierais	
han		habían		hubieron		habrán		habrían		hayan		hubieran	

Irregular Verbs

Infinitive / Present Participle / Past Participle	Indicative					Subjunctive		Imperative
	Present	**Imperfect**	**Preterit**	**Future**	**Conditional**	**Present**	**Imperfect**	**Commands**
andar andando andado	ando andas anda andamos andáis andan	andaba andabas andaba andábamos andabais andaban	anduve anduviste anduvo anduvimos anduvisteis anduvieron	andaré andarás andará andaremos andaréis andarán	andaría andarías andaría andaríamos andaríais andarían	ande andes ande andemos andéis anden	anduviera anduvieras anduviera anduviéramos anduvierais anduvieran	anda (tú), no andes ande (usted) andemos andad (vosotros), no andéis anden (Uds.)
caer cayendo caído	caigo caes cae caemos caéis caen	caía caías caía caíamos caíais caían	caí caíste cayó caímos caísteis cayeron	caeré caerás caerá caeremos caeréis caerán	caería caerías caería caeríamos caeríais caerían	caiga caigas caiga caigamos caigáis caigan	cayera cayeras cayera cayéramos cayerais cayeran	cae (tú), no caigas caiga (usted) caigamos caed (vosotros), no caigáis caigan (Uds.)

Irregular Verbs (continued)

Infinitive / Present Participle / Past Participle	Indicative					Subjunctive		Imperative
	Present	Imperfect	Preterit	Future	Conditional	Present	Imperfect	Commands
dar / dando / dado	doy / das / da / damos / dais / dan	daba / dabas / daba / dábamos / dabais / daban	di / diste / dio / dimos / disteis / dieron	daré / darás / dará / daremos / daréis / darán	daría / darías / daría / daríamos / daríais / darían	dé / des / dé / demos / deis / den	diera / dieras / diera / diéramos / dierais / dieran	da (tú), no des / dé (usted) / demos / dad (vosotros), no deis / den (Uds.)
decir / diciendo / dicho	digo / dices / dice / decimos / decís / dicen	decía / decías / decía / decíamos / decíais / decían	dije / dijiste / dijo / dijimos / dijisteis / dijeron	diré / dirás / dirá / diremos / diréis / dirán	diría / dirías / diría / diríamos / diríais / dirían	diga / digas / diga / digamos / digáis / digan	dijera / dijeras / dijera / dijéramos / dijerais / dijeran	di (tú), no digas / diga (usted) / digamos / decid (vosotros), no digáis / digan (Uds.)
estar / estando / estado	estoy / estás / está / estamos / estáis / están	estaba / estabas / estaba / estábamos / estabais / estaban	estuve / estuviste / estuvo / estuvimos / estuvisteis / estuvieron	estaré / estarás / estará / estaremos / estaréis / estarán	estaría / estarías / estaría / estaríamos / estaríais / estarían	esté / estés / esté / estemos / estéis / estén	estuviera / estuvieras / estuviera / estuviéramos / estuvierais / estuvieran	está (tú), no estés / esté (usted) / estemos / estad (vosotros), no estéis / estén (Uds.)
haber / habiendo / habido	he / has / ha / hemos / habéis / han	había / habías / había / habíamos / habíais / habían	hube / hubiste / hubo / hubimos / hubisteis / hubieron	habré / habrás / habrá / habremos / habréis / habrán	habría / habrías / habría / habríamos / habríais / habrían	haya / hayas / haya / hayamos / hayáis / hayan	hubiera / hubieras / hubiera / hubiéramos / hubierais / hubieran	
hacer / haciendo / hecho	hago / haces / hace / hacemos / hacéis / hacen	hacía / hacías / hacía / hacíamos / hacíais / hacían	hice / hiciste / hizo / hicimos / hicisteis / hicieron	haré / harás / hará / haremos / haréis / harán	haría / harías / haría / haríamos / haríais / harían	haga / hagas / haga / hagamos / hagáis / hagan	hiciera / hicieras / hiciera / hiciéramos / hicierais / hicieran	haz (tú), no hagas / haga (usted) / hagamos / haced (vosotros), no hagáis / hagan (Uds.)

Irregular Verbs (continued)

Infinitive Present Participle Past Participle	Present	Imperfect	Preterit	Future	Conditional	Present	Imperfect	Commands
		Indicative				Subjunctive		Imperative
ir yendo ido	voy vas va vamos vais van	iba ibas iba íbamos ibais iban	fui fuiste fue fuimos fuisteis fueron	iré irás irá iremos iréis irán	iría irías iría iríamos iríais irían	vaya vayas vaya vayamos vayáis vayan	fuera fueras fuera fuéramos fuerais fueran	ve (tú), no vayas vaya (usted) vamos, no vayamos id (vosotros), no vayáis vayan (Uds.)
oír oyendo oído	oigo oyes oye oímos oís oyen	oía oías oía oíamos oíais oían	oí oíste oyó oímos oísteis oyeron	oiré oirás oirá oiremos oiréis oirán	oiría oirías oiría oiríamos oiríais oirían	oiga oigas oiga oigamos oigáis oigan	oyera oyeras oyera oyéramos oyerais oyeran	oye (tú), no oigas oiga (usted) oigamos oíd (vosotros), no oigáis oigan (Uds.)
poder pudiendo podido	puedo puedes puede podemos podéis pueden	podía podías podía podíamos podíais podían	pude pudiste pudo pudimos pudisteis pudieron	podré podrás podrá podremos podréis podrán	podría podrías podría podríamos podríais podrían	pueda puedas pueda podamos podáis puedan	pudiera pudieras pudiera pudiéramos pudierais pudieran	
poner poniendo puesto	pongo pones pone ponemos ponéis ponen	ponía ponías ponía poníamos poníais ponían	puse pusiste puso pusimos pusisteis pusieron	pondré pondrás pondrá pondremos pondréis pondrán	pondría pondrías pondría pondríamos pondríais pondrían	ponga pongas ponga pongamos pongáis pongan	pusiera pusieras pusiera pusiéramos pusierais pusieran	pon (tú), no pongas ponga (usted) pongamos poned (vosotros), no pongáis pongan (Uds.)

Irregular Verbs (continued)

Infinitive / Present Participle / Past Participle	Indicative Present	Indicative Imperfect	Indicative Preterit	Indicative Future	Indicative Conditional	Subjunctive Present	Subjunctive Imperfect	Imperative Commands
querer / queriendo / querido	quiero / quieres / quiere / queremos / queréis / quieren	quería / querías / quería / queríamos / queríais / querían	quise / quisiste / quiso / quisimos / quisisteis / quisieron	querré / querrás / querrá / querremos / querréis / querrán	querría / querrías / querría / querríamos / querríais / querrían	quiera / quieras / quiera / queramos / queráis / quieran	quisiera / quisieras / quisiera / quisiéramos / quisierais / quisieran	quiere (tú), no quieras / quiera (usted) / queramos / quered (vosotros), no queráis / quieran (Uds.)
saber / sabiendo / sabido	sé / sabes / sabe / sabemos / sabéis / saben	sabía / sabías / sabía / sabíamos / sabíais / sabían	supe / supiste / supo / supimos / supisteis / supieron	sabré / sabrás / sabrá / sabremos / sabréis / sabrán	sabría / sabrías / sabría / sabríamos / sabríais / sabrían	sepa / sepas / sepa / sepamos / sepáis / sepan	supiera / supieras / supiera / supiéramos / supierais / supieran	sabe (tú), no sepas / sepa (usted) / sepamos / sabed (vosotros), no sepáis / sepan (Uds.)
salir / saliendo / salido	salgo / sales / sale / salimos / salís / salen	salía / salías / salía / salíamos / salíais / salían	salí / saliste / salió / salimos / salisteis / salieron	saldré / saldrás / saldrá / saldremos / saldréis / saldrán	saldría / saldrías / saldría / saldríamos / saldríais / saldrían	salga / salgas / salga / salgamos / salgáis / salgan	saliera / salieras / saliera / saliéramos / salierais / salieran	sal (tú), no salgas / salga (usted) / salgamos / salid (vosotros), no salgáis / salgan (Uds.)
ser / siendo / sido	soy / eres / es / somos / sois / son	era / eras / era / éramos / erais / eran	fui / fuiste / fue / fuimos / fuisteis / fueron	seré / serás / será / seremos / seréis / serán	sería / serías / sería / seríamos / seríais / serían	sea / seas / sea / seamos / seáis / sean	fuera / fueras / fuera / fuéramos / fuerais / fueran	sé (tú), no seas / sea (usted) / seamos / sed (vosotros), no seáis / sean (Uds.)

Irregular Verbs (continued)

Infinitive Present Participle Past Participle	Indicative — Present	Imperfect	Preterit	Future	Conditional	Subjunctive — Present	Imperfect	Imperative — Commands
tener teniendo tenido	tengo tienes tiene tenemos tenéis tienen	tenía tenías tenía teníamos teníais tenían	tuve tuviste tuvo tuvimos tuvisteis tuvieron	tendré tendrás tendrá tendremos tendréis tendrán	tendría tendrías tendría tendríamos tendríais tendrían	tenga tengas tenga tengamos tengáis tengan	tuviera tuvieras tuviera tuviéramos tuvierais tuvieran	ten (tú), no tengas tenga (usted) tengamos tened (vosotros), no tengáis tengan (Uds.)
traer trayendo traído	traigo traes trae traemos traéis traen	traía traías traía traíamos traíais traían	traje trajiste trajo trajimos trajisteis trajeron	traeré traerás traerá traeremos traeréis traerán	traería traerías traería traeríamos traeríais traerían	traiga traigas traiga traigamos traigáis traigan	trajera trajeras trajera trajéramos trajerais trajeran	trae (tú), no traigas traiga (usted) traigamos traed (vosotros), no traigáis traigan (Uds.)
venir viniendo venido	vengo vienes viene venimos venís vienen	venía venías venía veníamos veníais venían	vine viniste vino vinimos vinisteis vinieron	vendré vendrás vendrá vendremos vendréis vendrán	vendría vendrías vendría vendríamos vendríais vendrían	venga vengas venga vengamos vengáis vengan	viniera vinieras viniera viniéramos vinierais vinieran	ven (tú), no vengas venga (usted) vengamos venid (vosotros), no vengáis vengan (Uds.)
ver viendo visto	veo ves ve vemos veis ven	veía veías veía veíamos veíais veían	vi viste vio vimos visteis vieron	veré verás verá veremos veréis verán	vería verías vería veríamos veríais verían	vea veas vea veamos veáis vean	viera vieras viera viéramos vierais vieran	ve (tú), no veas vea (usted) veamos ved (vosotros), no veáis vean (Uds.)

Stem-Changing and Orthographic-Changing Verbs

Infinitive / Present Participle / Past Participle	Indicative					Subjunctive		Imperative
	Present	Imperfect	Preterit	Future	Conditional	Present	Imperfect	Commands
almorzar (z, c) almorzando almorzado	almuerzo almuerzas almuerza almorzamos almorzáis almuerzan	almorzaba almorzabas almorzaba almorzábamos almorzabais almorzaban	almorcé almorzaste almorzó almorzamos almorzasteis almorzaron	almorzaré almorzarás almorzará almorzaremos almorzaréis almorzarán	almorzaría almorzarías almorzaría almorzaríamos almorzaríais almorzarían	almuerce almuerces almuerce almorcemos almorcéis almuercen	almorzara almorzaras almorzaras almorzáramos almorzarais almorzaran	almuerza (tú) no almuerces almuerce (usted) almorcemos almorzad (vosotros) no almorcéis almuercen (Uds.)
buscar (c, qu) buscando buscado	busco buscas busca buscamos buscáis buscan	buscaba buscabas buscaba buscábamos buscabais buscaban	busqué buscaste buscó buscamos buscasteis buscaron	buscaré buscarás buscará buscaremos buscaréis buscarán	buscaría buscarías buscaría buscaríamos buscaríais buscarían	busque busques busque busquemos busquéis busquen	buscara buscaras buscara buscáramos buscarais buscaran	busca (tú) no busques busque (usted) busquemos buscad (vosotros) no busquéis busquen (Uds.)
corregir (g, j) corrigiendo corregido	corrijo corriges corrige corregimos corregís corrigen	corregía corregías corregía corregíamos corregíais corregían	corregí corregiste corrigió corregimos corregisteis corrigieron	corregiré corregirás corregirá corregiremos corregiréis corregirán	corregiría corregirías corregiría corregiríamos corregiríais corregirían	corrija corrijas corrija corrijamos corrijáis corrijan	corrigiera corrigieras corrigiera corrigiéramos corrigierais corrigieran	corrige (tú) no corrijas corrija (usted) corrijamos corregid (vosotros) no corrijáis corrijan (Uds.)
dormir (ue, u) durmiendo dormido	duermo duermes duerme dormimos dormís duermen	dormía dormías dormía dormíamos dormíais dormían	dormí dormiste durmió dormimos dormisteis durmieron	dormiré dormirás dormirá dormiremos dormiréis dormirán	dormiría dormirías dormiría dormiríamos dormiríais dormirían	duerma duermas duerma durmamos durmáis duerman	durmiera durmieras durmiera durmiéramos durmierais durmieran	duerme (tú), no duermas duerma (usted) durmamos dormid (vosotros), no dormáis duerman (Uds.)

Stem-Changing and Orthographic-Changing Verbs (continued)

Infinitive / Present Participle / Past Participle	Indicative					Subjunctive		Imperative
	Present	Imperfect	Preterit	Future	Conditional	Present	Imperfect	Commands
incluir (y) incluyendo incluido	incluyo incluyes incluye incluimos incluís incluyen	incluía incluías incluía incluíamos incluíais incluían	incluí incluiste incluyó incluimos incluisteis incluyeron	incluiré incluirás incluirá incluiremos incluiréis incluirán	incluiría incluirías incluiría incluiríamos incluiríais incluirían	incluya incluyas incluya incluyamos incluyáis incluyan	incluyera incluyeras incluyera incluyéramos incluyerais incluyeran	incluye (tú), no incluyas incluya (usted) incluyamos incluid (vosotros), no incluyáis incluyan (Uds.)
llegar (g, gu) llegando llegado	llego llegas llega llegamos llegáis llegan	llegaba llegabas llegaba llegábamos llegabais llegaban	llegué llegaste llegó llegamos llegasteis llegaron	llegaré llegarás llegará llegaremos llegaréis llegarán	llegaría llegarías llegaría llegaríamos llegaríais llegarían	llegue llegues llegue lleguemos lleguéis lleguen	llegara llegaras llegara llegáramos llegarais llegaran	llega (tú) no llegues llegue (usted) lleguemos llegad (vosotros) no lleguéis lleguen (Uds.)
pedir (i, i) pidiendo pedido	pido pides pide pedimos pedís piden	pedía pedías pedía pedíamos pedíais pedían	pedí pediste pidió pedimos pedisteis pidieron	pediré pedirás pedirá pediremos pediréis pedirán	pediría pedirías pediría pediríamos pediríais pedirían	pida pidas pida pidamos pidáis pidan	pidiera pidieras pidiera pidiéramos pidierais pidieran	pide (tú), no pidas pida (usted) pidamos pedid (vosotros), no pidáis pidan (Uds.)
pensar (ie) pensando pensado	pienso piensas piensa pensamos pensáis piensan	pensaba pensabas pensaba pensábamos pensabais pensaban	pensé pensaste pensó pensamos pensasteis pensaron	pensaré pensarás pensará pensaremos pensaréis pensarán	pensaría pensarías pensaría pensaríamos pensaríais pensarían	piense pienses piense pensemos penséis piensen	pensara pensaras pensara pensáramos pensarais pensaran	piensa (tú), no pienses piense (usted) pensemos pensad (vosotros), no penséis piensen (Uds.)

Stem-Changing and Orthographic-Changing Verbs (continued)

Infinitive / Present Participle / Past Participle	Indicative Present	Indicative Imperfect	Indicative Preterit	Indicative Future	Indicative Conditional	Subjunctive Present	Subjunctive Imperfect	Imperative Commands
producir (zc) produciendo producido	produzco produces produce producimos producís producen	producía producías producía producíamos producíais producían	produje produjiste produjo produjimos produjisteis produjeron	produciré producirás producirá produciremos produciréis producirán	produciría producirías produciría produciríamos produciríais producirían	produzca produzcas produzca produzcamos produzcáis produzcan	produjera produjeras produjera produjéramos produjerais produjeran	produce (tú), no produzcas produzca (usted) produzcamos pruducid (vosotros), no produzcáis produzcan (Uds.)
reír (i, i) riendo reído	río ríes ríe reímos reís ríen	reía reías reía reíamos reíais reían	reí reíste rio reímos reísteis rieron	reiré reirás reirá reiremos reiréis reirán	reiría reirías reiría reiríamos reiríais reirían	ría rías ría riamos riáis rían	riera rieras riera riéramos rierais rieran	ríe (tú), no rías ría (usted) riamos reíd (vosotros), no riáis rían (Uds.)
seguir (i, i) (ga) siguiendo seguido	sigo sigues sigue seguimos seguís siguen	seguía seguías seguía seguíamos seguíais seguían	seguí seguiste siguió seguimos seguisteis siguieron	seguiré seguirás seguirá seguiremos seguiréis seguirán	seguiría seguirías seguiría seguiríamos seguiríais seguirían	siga sigas siga sigamos sigáis sigan	siguiera siguieras siguiera siguiéramos siguierais siguieran	sigue (tú), no sigas siga (usted) sigamos seguid (vosotros), no sigáis sigan (Uds.)
sentir (ie, i) sintiendo sentido	siento sientes siente sentimos sentís sienten	sentía sentías sentía sentíamos sentíais sentían	sentí sentiste sintió sentimos sentisteis sintieron	sentiré sentirás sentirá sentiremos sentiréis sentirán	sentiría sentirías sentiría sentiríamos sentiríais sentirían	sienta sientas sienta sintamos sintáis sientan	sintiera sintieras sintiera sintiéramos sintierais sintieran	siente (tú), no sientas sienta (usted) sintamos sentid (vosotros), no sintáis sientan (Uds.)
volver (ue) volviendo vuelto	vuelvo vuelves vuelve volvemos volvéis vuelven	volvía volvías volvía volvíamos volvíais volvían	volví volviste volvió volvimos volvisteis volvieron	volveré volverás volverá volveremos volveréis volverán	volvería volverías volvería volveríamos volveríais volverían	vuelva vuelvas vuelva volvamos volváis vuelvan	volviera volvieras volviera volviéramos volvierais volvieran	vuelve (tú), no vuelvas vuelva (usted) volvamos volved (vosotros), no volváis vuelvan (Uds.)

NOTAS

NOTAS

NOTAS

NOTAS